ENCANTO E RESPONSABILIDADE NO CUIDADO DA VIDA

Luciana Bertachini
Leo Pessini
(orgs.)

ENCANTO E RESPONSABILIDADE NO CUIDADO DA VIDA

Lidando com desafios éticos em situações críticas e de final de vida

Dados Internacionais de Catalogação na Publicação (CIP)
(Câmara Brasileira do Livro, SP, Brasil)

Encanto e responsabilidade no cuidado da vida : lidando com desafios éticos em situações críticas e de final de vida / Luciana Bertachini e Leo Pessini, (orgs.). – 1. ed. – São Paulo : Paulinas : Centro Universitário São Camilo, 2011.

Vários autores.
ISBN 978-85-356-2845-6

1. Bioética 2. Cuidados paliativos 3. Doentes em fase terminal - Cuidados 4. Ética profissional 5. Humanização 6. Pessoal médico e paciente 7. Relações interpessoais I. Bertachini, Luciana. II. Pessini, Leo. III. Série.

11-06846 CDD-362.1756

Índice para catálogo sistemático:

1. Bioética clínica : Cuidados paliativos : Doentes em fase terminal : Humanização da assistência à saúde 362.1756

1ª edição – 2011
1ª reimpressão – 2012

Direção-geral: *Bernadete Boff*
Editora responsável: *Vera Ivanise Bombonatto*
Copidesque: *Anoar Jarbas Provenzi*
Coordenação de revisão: *Marina Mendonça*
Revisão: *Ruth Mitzuie Kluska*
Assistente de arte: *Sandra Braga*
Gerente de produção: *Felício Calegaro Neto*
Projeto gráfico: *Manuel Rebelato Miramontes*
Capa e diagramação: *Wilson Teodoro Garcia*

Paulinas
Rua Dona Inácia Uchoa, 62
04110-020 – São Paulo – SP (Brasil)
Tel.: (11) 2125-3500
http://www.paulinas.org.br – editora@paulinas.com.br
Telemarketing e SAC: 0800-7010081

Centro Universitário São Camilo
Rua Padre Chico, 688
05008-010 — São Paulo — SP (Brasil)
Tel.: (11) 3465-2603 — Fax: (11) 3465-2612
http://www.saocamilo-sp.br

Ao meu pai Waldemar, pelo incentivo às minhas ideias.
Aos meus sobrinhos Andres, Pedro Humberto e
Giovanni, com quem cresço todos os dias.
A José Rambaldi Filho, pela sua amizade digna
que me encanta e fortalece.
A São Francisco de Assis, pela nobreza dos seus
ensinamentos e o meu sentido de fé.

Luciana Bertachini

Aos meus coirmãos camilianos brasileiros, que em 2012
comemoram 90 anos (1922-2012) de serviços no âmbito
da assistência, educação no âmbito da saúde
e cuidado dos enfermos no Brasil.
Em especial ao meu querido irmão João Pessini,
que tão cedo partiu de nosso convívio familiar.
O amor é a maior prova de que sempre viverá
em nossos corações e no coração de Deus.

Leo Pessini

Prefácio

Em um concerto musical, o brilho de um solista só se completa quando compartilha harmonicamente com os demais componentes da orquestra. De forma semelhante, os professores Luciana Bertachini e Leo Pessini se unem a uma plêiade de profissionais da saúde e áreas afins para refletir sobre os referenciais da bioética clínica no que concerne à ética do cuidado de pacientes diante do sofrimento, da dor e da terminalidade da vida.

Neste início de século, denominado por alguns de pós-modernidade e por outros de hipermodernidade, deparamos com transformações de cunho científico e tecnológico impensáveis há pouco mais de meio século. As ciências biomédicas, aliadas à tecnologia, permitem manipular o ser humano em todas as fronteiras da vida, aflorando no indivíduo e na sociedade questões éticas que vão de encontro aos valores espirituais que alimentam a dignidade humana. São estes valores internos que regulam nossas ações em comunhão com a natureza e com o próximo, e determinam nossa conduta ética.

Conforme o filósofo Kant, a pessoa humana, em sua "viagem" por este mundo, é acompanhada por três perguntas existenciais: O que sou capaz de fazer? O que devo fazer? O que posso esperar? Este é o paradigma norteador deste livro voltado para situações críticas de final de vida no contexto científico e tecnológico da sociedade atual.

A leitura dos capítulos e anexos permite afirmar que o objetivo proposto é alcançado de forma cristalina, apontando

para a importância do cuidar como alternativa à obstinação terapêutica das unidades de terapia intensiva como forma de preservar a essência do ser humano, ou seja, sua dignidade pessoal. Nesta trilha, é destacada a importância do relacionamento interpessoal, que Paul Ricoeur denomina como o respeito ao si mesmo como um outro. O cuidado com o outro se revela como paz, *filia*, *ágape*, mutualidade, dom e arte. Arte que se traduz em respeito, estima, reconhecimento como denominador comum da noção de cuidado. O profissional da saúde exerce sua arte do cuidado em situações que extrapolam o conhecimento técnico-científico, pois lida com pessoas fragilizadas física e emocionalmente, exigindo escolhas e decisões entre vários rumos possíveis. Possuir vasto conhecimento científico, certificados de pós-graduação e muitos anos de exercício profissional não significam, porém, um padrão de excelência. O que justifica este padrão é a postura ética que o profissional enfrenta no dia a dia junto a seus pacientes; este é o indicador mais importante de sua eficiência.

Parabenizo os autores e recomendo com convicção este livro a todos os profissionais da saúde que convivem com situações críticas e terminalidade de vida, principalmente em cuidados paliativos e componentes de comitês de bioética com a responsabilidade de tomar decisões perante o uso de novas tecnologias médicas.

Prof. Dr. Virgínio Cândido Tosta de Souza

Introdução

Reencantar-se com a arte de cuidar!

> Responsabilidade é o cuidado reconhecido como dever pelo outro ser e que, devido à ameaça da vulnerabilidade, se converte em preocupação.
>
> HANS JONAS

1. Em busca do encanto perdido

Vivemos hoje uma verdadeira "crise de cuidados", cujos sintomas mais evidentes se manifestam na absolutização ingênua do tecnicismo sem coração, no descuido, descaso, indiferença e abandono da vida mais vulnerável que clama aos céus! Para citar apenas alguns exemplos: encontramo-nos com crianças famintas perambulando nos cruzamentos de nossas cidades, percebemos o aumento do número dos excluídos das benesses do progresso, o descaso para com os idosos, o utilitarismo depredatório em relação ao meio ambiente, ao lado de instituições de saúde tecnicamente impecáveis, mas frias, sem calor e alma humana.

Felizmente estamos começando a ter exemplos de sensibilidade e solidariedade competentes em relação ao cuidado da vida humana vulnerabilizada pela doença e sofrimento que nos deixam esperançosos ao nos apontar que *a essência da vida é o cuidado*. Mas o que entender por cuidado? A expressão *terapêutica* deriva do grego *therapéuo*, que significa "eu cuido". Na Grécia antiga, o *thérapeuter* era aquele que se colocava junto ao que sofre, que compartilhava da experiência da enfermidade do doente para poder compreendê-la, e então mobilizar seus conhecimentos e sua arte de cuidar, sem saber se poderia realmente curar. Para compreender a doença, ele se interessava pela totalidade de vida do doente, inclinando-se para ouvi-lo e examiná-lo. Essa inclinação (*klinos*, em grego, termo do qual deriva a palavra *clínica*) significava também uma reverência e respeito ante o sofrimento do outro.

Considerar a pessoa não simplesmente como um corpo, não a reduzindo à dimensão pura e simplesmente biológica, é um grande desafio. Uma visão holística, multi, inter e transdisciplinar é imperiosa. O ser humano é um todo uno, um nó de relações. Ser gente é possuir corpo, é ter um psiquismo e coração, é conviver com os outros, é cultivar uma esperança e é crescer na perspectiva de fé em valores humanos.

É zelando, promovendo e cuidando desta unidade vulnerável pela dor e sofrimento que estaremos sendo instrumentos propiciadores de vida digna. Quem cuida e se deixa tocar pelo sofrimento do outro se torna um radar de alta sensibilidade, se humaniza no processo e, para além do conhecimento científico, tem a preciosa chance e o privilégio de crescer em sabedoria. Esta sabedoria nos coloca na rota da valorização e descoberta de que a vida não é um bem a ser privatizado, muito menos um problema a ser resolvido nos circuitos digitais e eletrônicos da informática, mas um "mistério" e dom a ser vivido prazerosamente e partilhado solidariamente com os outros.

Cuidar sempre é possível, mesmo quando a cura não é mais possível. Sim, deparamo-nos com doentes ditos "incuráveis", mas que nunca deixam de ser "cuidáveis". Cuidar, mais que um ato isolado, é uma atitude constante de ocupação, preocupação e ternura para com o semelhante, é uma atitude que sabe unir competência técnico-científica, humanismo e ternura humana.

2. Ao dizer adeus à vida...

A vida humana, desde seu instante inicial até o momento final, reveste-se de mistério, beleza, razão, emoção, perdas, alegrias, conquistas, derrotas, despedidas, encontros e transcendência. Um dos momentos mais difíceis é justamente dizer adeus a alguém querido quando está se despedindo da vida. A dor da perda, o luto, quando não bem trabalhado ou vivido, torna-se um trauma, impedindo que a pessoa continue a viver também com alegria.

A morte de um ente querido é, por vezes, a principal ruptura que acontece na vida e requer um ajustamento, tanto no modo de olhar o mundo como nos planos para viver nele. A reação a esta perda, em nível físico, emocional, social e espiritual, varia de pessoa para pessoa e depende das circunstâncias que marcam a partida: tipo de relacionamento que existe, proximidade, qualidade dos mecanismos de defesa, entre outros fatores.

Elisabeth Kübler-Ross (1926-2004), famosa tanatóloga norte-americana, uma das pioneiras no século XX na arte de cuidar de quem está prestes a se despedir da vida, nos diz que nesse momento único e irrepetível com o qual todos terão de se defrontar, gostando ou não, temos como desafio *encontrar tempo* para expressarmos basicamente *quatro sentimentos profundos*, que são, na verdade, a essência de nossa existência humana.

Estes quatro sentimentos são traduzidos em quatro simples expressões: a primeira, *obrigado*. Expressar gratidão e agradecer pela vida, pelas pessoas, pelas conquistas, enfim, por tudo. Urge reencontrarmo-nos com a vida e com todos os seus desafios em uma atitude de gratidão!

A segunda, *desculpe*. Ninguém é perfeito. Somos frágeis e vulneráveis, caímos, erramos com frequência, ferimos e também somos feridos na convivência humana. O drama é quando essa experiência se transforma em culpa mortal que não dá lugar ao perdão que liberta. Há toda uma jornada a ser feita, que começa com estranhamento, agressões, aproximação, comunicação, ajuda, proximidade e respeito.

A terceira expressão é *eu te amo*. Revela profunda afinidade, afetividade e ternura humana. É o que faz com que os nossos olhos brilhem e vejamos as cores da vida, mesmo quando vivemos dias cinzentos. Sem amor dificilmente se encontra uma razão para viver, bem como para partir.

Finalmente, a quarta: *adeus*. Nesse sentido, o aparente absurdo do fim pode se tornar uma conclusão feliz de uma jornada de vida e um novo início.

É preciso encontrar tempo para aceitar a morte, para deixar partir, para tomar decisões, para compartilhar a dor, para acreditar de novo, para perdoar, para se sentir novamente bem consigo, para rir e para amar, descobrindo que amar é também dar permissão para as pessoas queridas partirem.

Kübler-Ross diz que as questões inacabadas são o maior desafio da vida das pessoas, e é também com elas que lidamos quando enfrentamos a morte. Estas questões dizem respeito à vida e às nossas indagações mais essenciais, como: Será que investi meu tempo para viver o mais plenamente possível? Há muitas lições a serem aprendidas na vida, quando nos colocamos como aprendizes. Finaliza Kübler-Ross dizendo que, "quanto mais assuntos concluímos, mais plenamente viveremos. Então, quando chegar a nossa hora, poderemos exclamar, felizes: *Meus Deus, eu vivi!*".

3. A presente obra

É neste contexto hodierno de descaso e indiferença diante da vida humana mais vulnerabilizada que nasce nossa proposta de redescoberta do encantamento e vivência responsável no cuidado. A presente obra, intitulada *Encanto e responsabilidade no cuidado da vida: lidando com desafios éticos em situações críticas e de final de vida*, quer ser uma luz de esperança em meio a esta escuridão desnorteante.

Na verdade, trata-se de uma continuação de nosso trabalho profissional e de amigos da causa da humanização da assistência à saúde, como cuidadores. É também um aprofundamento de nossa reflexão ética humanista de três obras já publicadas: *Humanização e cuidados paliativos* (5. ed. São Paulo: Loyola, 2011); *Cuidar do ser humano; ciência, ternura e ética* (2. ed. São Paulo: Paulinas, 2010) e *O que entender por cuidados paliativos* (São Paulo: Paulus, 2006).

Elaboramos um itinerário reflexivo ágil, de caráter inter e multidisciplinar, com importantes contribuições da medicina, psicologia, enfermagem, fonoaudiologia, filosofia, teologia e jornalismo, entre outros saberes profissionais no âmbito da saúde, para que o leitor possa se sentir interpelado e se envolver de coração na temática em discussão. Agradecemos aos colaboradores deste projeto, militantes ardorosos e cuidadores exímios em suas competências profissionais

específicas no âmbito da saúde: Alexandre Andrade Martins, Edson de Oliveira Andrade, Débora Montezemolo, Elma Zoboli, José Eduardo de Siqueira, Ludger Honnelfelder, Maria Júlia Kovács, Maria Teresa Veit, Mônica Manir, Marcelo Alvarenga Callil, Paula Madureira, Vicente Augusto de Carvalho e Virgínio Cândido Tosta de Souza.

Ressaltamos que parte expressiva dos textos que compõem esta obra foi publicada em revistas especializadas em saúde e bioética em nosso país. Registramos nossos agradecimentos aos editores e organizadores responsáveis por estas publicações científicas, a saber: revista de Bioética do Conselho Federal de Bioética e revistas *O mundo da saúde* e *Bioethikos* do Centro Universitário São Camilo (SP).

Na *seção de anexos*, achamos importante reproduzir duas entrevistas concedidas por Leo Pessini e conduzidas por Mônica Manir, publicadas no jornal *O Estado de S.Paulo*, no caderno "Aliás", a saber: "Vida e morte: uma questão de dignidade" (17/3/2005) e "A vida em mãos alheias" (21/2/2010). Trata-se de uma discussão com o grande público (sociedade) sobre questões éticas ligadas ao final de vida, discutindo os conceitos de eutanásia, distanásia, ortotanásia e cuidados paliativos. Encerramos a nossa obra com um texto que descreve o processo de implantação da Unidade de Cuidados Paliativos no IBCC (Instituto Brasileiro de Controle do Câncer, São Paulo). Os autores, Débora Monzemolo e Dr. Marcelo Alvarenga Callil, são os profissionais responsáveis pela implantação.

Didaticamente, dividimos esta publicação em quatro momentos ou seções que estão em sintonia com as quatro expressões e sentimentos-chave descritos pela médica norte-americana Elisabeth Kübler-Ross. São palavras significativas que fomentam reflexões no decorrer da leitura de todos os capítulos da obra.

As expressões (gratidão/*obrigado*, perdão/*desculpe*, ternura/*eu te amo* e partida/*adeus*) constituem um verdadeiro itinerário de despedir-se da vida com dignidade e com a chance de expressar frações da complexidade humana através do delicado "valor emocional das palavras".

Ampliando o foco de nossa obra, que se restringiu ao cuidado da vida humana em situação crítica e na fase terminal, podemos dizer que a ética do cuidado neste preciso momento histórico em que vivemos tem diante de si três grandes desafios:

a) o compromisso ético-político-ecológico de promover e defender a vida em todos os níveis (humana e cósmico-ecológica);
b) a ciência com consciência e ternura, a competência tecnocientífica aliada à competência ética, partindo do âmbito pessoal, passando pelo comunitário, sociopolítico até chegar ao planetário;
c) a reflexão ética capaz de educar para resgatar os valores fundamentais que constroem uma vida humana saudável e feliz.

É urgente que nos reencantemos responsavelmente pela arte de cuidar. O futuro da humanidade e da vida no planeta dependerá de como responderemos a estes desafios. Faz pensar o texto epigráfico de Hans Jonas, que mostra o cuidado como uma responsabilidade de todos para evitar a autodestruição.

Luciana Bertachini
Leo Pessini

Um dos mais profundos sentimentos do ser humano é ser reconhecido e sentir-se valorizado. Quando agradecemos, expressamos reconhecimento pelo dom da vida, pelas pessoas, pelas conquistas, enfim, por tudo o que a vida nos presenteia. Na experiência da dor da perda ocorre o desencantamento; choramos, reclamamos, nos recolhemos e silenciamos... É saudável encararmos a vida e os desafios que ela nos apresenta em uma atitude de gratidão! É pela gratidão que transformamos nosso pesar em compaixão e nossas experiências de dor e sofrimento em resiliência e sabedoria de vida para os outros.

Parte I

Gratidão
Obrigado

Capítulo 1

Conhecendo o que são os cuidados paliativos: conceitos fundamentais

Leo Pessini
Luciana Bertachini

Este artigo objetiva realçar a importância e a necessidade de compreendermos melhor as dimensões da vida humana, destacando a dimensão do cuidado da dor e do sofrimento humanos. Destacamos os cuidados paliativos sob diferentes aspectos: conceitos, princípios, trajetória nos cenários mundial e brasileiro, pontuando as informações atualizadas em cuidados paliativos para proporcionar ao idoso e sua família uma melhor qualidade de vida. Em nível mundial existem programas institucionais, associações, publicações e eventos sobre esta temática; destacando-se duas mulheres luminares — Cicely Saunders e Elizabeth Kübler-Ross — como referências expressivas no processo da conscientização crescente da relação entre os estados físicos e mentais, trazendo para o campo geriátrico um conceito mais compreensivo do sofrimento e da arte de cuidar no final da vida. Perguntamo-nos quais devem ser as abordagens em cuidados de saúde nos contextos geriátrico e gerontológico, bem como suas valiosas contribuições na manutenção das capacidades funcionais do idoso e no resgate de suas competências. Neste contexto valorizamos a comunicação que personaliza o encontro e a leitura afetiva entre o idoso, seus familiares e a equipe de saúde.

Introduzindo: o que entender por cuidados paliativos?

O termo "paliativo" deriva do latim *pallium*, que significa "manto", "capote". Aponta-se para a essência dos cuidados paliativos: aliviar os sintomas, a dor e o sofrimento em pacientes portadores de doenças crônico-degenerativas ou em fase final, objetivando o paciente em sua globalidade de ser e aprimorar sua qualidade de vida. Etimologicamente, significa prover um manto para aquecer "aqueles que passam frio", uma vez que não podem mais ser ajudados pela medicina curativa.

Os cuidados paliativos não dizem respeito primordialmente a cuidados institucionais. Constituem fundamentalmente uma filosofia de cuidados que pode ser utilizada em diferentes contextos e instituições, ou seja, no domicílio da pessoa portadora de doença crônico-degenerativa ou em fase terminal,[1] na instituição de saúde onde está internada ou no *Hospice*, uma unidade específica dentro da instituição de saúde destinada exclusivamente para esta finalidade.

Segundo Cicely Saunders, a pioneira da concepção do moderno *Hospice*, os "cuidados paliativos se iniciam a partir

---

[1] Muito se discute hoje à respeito da definição de paciente terminal, ou então qual o conceito de enfermidade terminal. A Associação Espanhola de Cuidados Paliativos (Secpal), no seu Guia de Cuidados Paliativos, aponta para uma série de características importantes não somente para definir o que seja enfermidade terminal, mas também para estabelecer adequadamente a terapêutica. Os elementos fundamentais são os seguintes: "(1) Presença de uma enfermidade avançada, progressiva e incurável; (2) falta de possibilidades razoáveis de respostas ao tratamento específico; (3) presença de inúmeros problemas ou sintomas intensos, múltiplos, multifatoriais e cambiantes; (4) grande impacto emocional no paciente, família e equipe de cuidados, estreitamente relacionado com a presença explícita, ou não, da morte; (5) prognóstico de vida inferior a seis meses" (cf. http://secpal.com/guacp/index).

do entendimento de que cada paciente tem sua própria história, relacionamentos, cultura, e merecem respeito, como um ser único e original. Este respeito inclui proporcionar o melhor cuidado médico disponível e disponibilizar a ele as conquistas das últimas décadas, de forma que todos tenham a melhor chance de viver bem o seu tempo" (SAUNDERS, 2004, p. 7).

O conceito de "cuidados paliativos" evoluiu ao longo do tempo à medida que esta filosofia de cuidados de saúde foi se desenvolvendo em diferentes regiões do mundo. Os cuidados paliativos foram definidos tendo como referência não um órgão, idade, tipo de doença ou patologia, mas antes de tudo a avaliação de um provável diagnóstico e possíveis necessidades especiais da pessoa doente e sua família.

Tradicionalmente, os cuidados paliativos foram vistos como sendo aplicáveis exclusivamente no momento em que a morte era iminente. Hoje os cuidados paliativos são oferecidos no estágio inicial do curso de uma doença progressiva, avançada e incurável (SEPULVEDA, 2005).

Em 1987, a medicina paliativa foi reconhecida como uma especialidade médica, sendo definida como "o estudo e gestão dos pacientes com doença ativa, progressiva e ultra-avançada, para os quais o prognóstico é limitado e o enfoque do cuidado é a qualidade de vida" (DOLYLE; HANKS; CHERNY; CALMAN, 2005, p. 1). Inicialmente, este conceito surgiu atrelado à prática médica. No entanto, quando outros profissionais como enfermeiras, terapeutas ocupacionais, fisioterapeutas, fonoaudiólogos ou capelães são envolvidos, é referida como cuidados paliativos antes que medicina paliativa, porque tal cuidado é quase sempre multiprofissional ou interdisciplinar. O Manual de Medicina Paliativa de Oxford (2005), em sua terceira edição (2005), embora faça esta distinção conceitual, utiliza os dois conceitos como sendo sinônimos.

Hospice, antes de ser um lugar físico, é um conceito. Trata-se de uma filosofia e modelo de cuidado, bem como uma forma organizada de proporcionar cuidados de saúde. As duas expressões são frequentemente consideradas como sinônimos, visto que a filosofia do *Hospice* expandiu seu âmbito de atuação no decorrer do tempo, ao incluir pessoas que estão morrendo não somente de câncer mas de muitas outras doenças com prognósticos de menos de seis meses de vida, além daquelas que passam pelo processo do morrer longo, crônico e imprevisível.

A Organização Mundial da Saúde (OMS) em 1990 definiu cuidados paliativos como sendo "o cuidado ativo total de pacientes cuja doença não responde mais ao tratamento curativo. Controle da dor e de outros sintomas e problemas de ordem psicológica, social e espiritual são prioritários. O objetivo dos cuidados paliativos é proporcionar a melhor qualidade de vida para os pacientes e seus familiares" (WORLD HEALTH ORGANIZATION, 1990). Essa definição é louvável, pois se centrar no paciente enfatiza a natureza multifacial da condição humana e identifica a qualidade de vida como seu objetivo último. Sendo assim, o uso do termo "curativo" não se justifica, uma vez que muitas condições crônicas não podem ser curadas, mas podem ser compatíveis com uma expectativa de vida de várias décadas.

A OMS definiu, em 1998, cuidados paliativos para crianças com desordens pediátricas crônicas como "o cuidado ativo total para o corpo, mente e espírito, assim como o apoio para a família; tem início quando a doença é diagnosticada, e continua independente de a doença da criança estar ou não sendo tratada. Os profissionais da saúde devem avaliar e aliviar o estresse físico, psíquico e social da criança; para serem efetivos exigem uma abordagem multidisciplinar que inclui a família e a utilização dos recursos disponíveis na comunidade; os cuidados paliativos podem ser implementados mesmo se os recursos forem limitados e realizados em centros comunitários de saúde, até mesmo nas casas das crianças" (WORLD HEALTH ORGANIZATION, 1998).

Esta mesma organização internacional redefiniu, em 2002, o conceito de cuidados paliativos, enfatizando a prevenção do sofrimento. Eis o novo conceito: "Cuidados paliativos é uma abordagem que aprimora a qualidade de vida dos pacientes e famílias que enfrentam problemas associados com doenças ameaçadoras de vida, através da prevenção e alívio do sofrimento, por meios de identificação precoce, avaliação correta e tratamento da dor e outros problemas de ordem física, psicossocial e espiritual" (WORLD HEALTH ORGANIZATION, 2002).

É importante notar que os cuidados paliativos não devem ser vistos hoje como essencialmente diferentes de outras formas ou áreas de cuidados de saúde. Isto tornaria difícil, se não impossível, a sua integração no curso regular dos cuidados de saúde. Muitos aspectos cruciais dos cuidados paliativos aplicam-se perfeitamente à medicina curativa, bem como, por outro lado, o desenvolvimento dos cuidados paliativos pode influenciar positivamente outras formas de cuidados de saúde, ao valorizar aspectos que ficaram em segundo plano a partir do domínio da medicina chamada científico-tecnológica, tais como as dimensões humanas e ético-espirituais da pessoa humana.

1. Alguns princípios fundamentais dos cuidados paliativos

A partir da definição de 2002 de Cuidados paliativos da OMS, temos os seguintes princípios fundamentais (COUNCIL OF EUROPE, 2003, pp. 15-17):

Os cuidados paliativos:

a) *Valorizam atingir e manter um nível ótimo de dor e administração dos sintomas.* Isso exige uma cuidadosa avaliação de cada doente, levando em conta sua história detalhada, exame físico e pesquisas. Os doentes devem ter acesso imediato a toda medicação necessária, incluindo uma gama de opioides e de formulações.

b) *Afirmam a vida e encaram o morrer como um processo normal.* O que todos nós partilhamos em comum é a realidade inexorável de nossa morte. Os pacientes que solicitam cuidados paliativos não devem ser vistos como resultantes de falhas médicas. Os cuidados paliativos visam assegurar aos doentes condições que os capacitem e encorajem a viver sua vida de uma forma útil, produtiva e plena, até o momento de sua morte. A importância da reabilitação, em termos de bem-estar físico, psíquico e espiritual, não pode ser negligenciada.

c) *Não apressam e nem adiam a morte.* Intervenções de cuidados paliativos não devem ser para abreviar a vida "prematuramente". Da mesma maneira que as tecnologias disponíveis na moderna prática médica não são aplicadas para prolongar a vida de forma não natural. Os médicos não são obrigados a continuar tratamentos considerados fúteis e excessivamente onerosos para os pacientes, da mesma forma que os pacientes podem recusar tratamentos médicos. Em cuidados paliativos, o objetivo é assegurar a melhor qualidade de vida possível; logo, o processo da doença conduz a vida para um final natural, por meio do qual os doentes devem receber conforto físico, emocional e espiritual. Especificamente, presta-se atenção para o fato de que a eutanásia e o suicídio assistido não estão incluídos em nenhuma definição de cuidados paliativos.

d) *Integram aspectos psicológicos e espirituais dos cuidados do paciente.* Um nível elevado de cuidado físico é certamente de vital importância, mas não suficiente em si mesmo. A pessoa humana não deve ser reduzida a uma mera entidade biológica.

e) *Oferecem um sistema de apoio para ajudar os pacientes a viver, tão ativamente quanto possível, até o momento da sua morte.* É importante ressaltar que o paciente estabelece os objetivos e as prioridades. Nesse sentido, o papel do profissional da saúde é capacitar e assistir o paciente para que atinja seu objetivo identificado. É evidente que as prioridades de um paciente podem mudar dramaticamente com o tempo.

O profissional deve estar consciente dessas mudanças e, consequentemente, responder a elas.

f) *Ajudam a família a lidar com a doença do paciente e no luto.* Em cuidados paliativos a família é uma unidade de cuidados; para tanto, as questões e dificuldades dos membros da família devem ser identificadas e trabalhadas. O cuidado para com o luto se inicia bem antes do momento da morte do doente.

g) *Exigem uma abordagem em equipe.* Fica evidente que nenhuma pessoa, ou especialidade, por si só prepara adequadamente profissionais para lidar com a complexidade das questões pertinentes ao período dos cuidados paliativos. Embora a equipe central consista em um médico, um enfermeiro e um assistente social com o fim de prover o cuidado necessário, faz-se necessário contar com a colaboração de uma equipe ainda maior de profissionais médicos, enfermeiros, fisioterapeutas, terapeutas ocupacionais, psicólogos, entre outros. Para que este grupo trabalhe de forma coesa, é crucial estabelecer e partilhar metas e objetivos comuns, bem como utilizar meios rápidos e efetivos de comunicação.

h) *Buscam aprimorar a qualidade de vida.* A questão da qualidade de vida tem atraído grande interesse de pesquisa nos últimos anos, uma vez que é importante reconhecer que tal fato não é simplesmente uma medida de conforto físico ou de capacidade funcional. Trata-se, antes, de algo que somente pode ser definido pela pessoa doente, e que pode ser alterado significativamente ao longo do tempo.

i) *São aplicáveis no estágio inicial da doença, concomitantemente com as modificações da doença e terapias que prolongam a vida.* Ao longo da história, os cuidados paliativos foram associados aos cuidados oferecidos aos doentes de câncer em face da morte iminente. Reconhece-se que os cuidados paliativos têm muito a oferecer aos pacientes e familiares no estágio inicial do curso da doença, tendo em vista a possibilidade do avanço da doença e a não contenção de seu progresso. Dessa forma, exige-se que os serviços de cuidados paliativos estejam intimamente integrados aos demais serviços de saúde, seja no hospital, seja em instituições comunitárias.

A partir dos princípios acima descritos, constata-se que os cuidados paliativos não são definidos somente a partir de um determinado tipo de doença. Potencialmente, aplicam-se a pacientes de todas as idades, com base em uma avaliação de seus prováveis diagnósticos e necessidades específicas. Além do mais, os serviços de cuidados paliativos têm como foco central atingir a melhor qualidade de vida possível para cada paciente e sua família, o que envolve atenção específica em relação ao controle dos sintomas e a adoção de abordagem holística que leve em conta as experiências de vida da pessoa e a situação atual. Trata-se de um cuidado que abarca tanto a pessoa que está morrendo como aquelas que lhe são próximas (familiares e amigos), exigindo uma especial atenção à prática de uma comunicação aberta e sensível com os pacientes, familiares e cuidadores.

2. Algumas questões éticas em cuidados paliativos

As questões éticas envolvidas em cuidados paliativos baseiam-se no reconhecimento de que o paciente incurável ou em fase terminal não é um resíduo biológico por quem nada mais pode ser feito, um ser necessitado de anestesia, cuja vida não deve ser prolongada desnecessariamente. Estamos sempre diante de uma pessoa e, como tal, capaz até o momento final de relacionamento, de tornar a vida uma experiência de crescimento e de plenitude.

Os profissionais devem reconhecer os limites da medicina e evitar o excesso de tratamento, a chamada distanásia, ou o tratamento fútil e inútil. É importante desafiar a ilusão de que existe somente uma forma de lidar com a dor e o sofrimento: eliminando-os. É necessário enfatizar que a chamada "dor total", conceito cunhado por Cicely Saunders, que se expressa no medo da morte, na ansiedade da separação, na solidão, no lidar com difíceis questões existenciais, o sentir-se um peso para os outros como um dependente inútil, não pode ser tratada ou cuidada somente através do instrumental técnico-científico. No caso da "dor total", a eficácia dos analgésicos está relacionada à possibilidade de incluir no tratamento médico os relacionamentos humanos significativos, afetivos.

Seguindo os quatro princípios definidos por Beauchamp e Childress (2002), ou seja, o respeito pela *autonomia*, *beneficência*, *não maleficência* e *justiça*, bem como em todas as outras áreas dos cuidados médicos, os médicos e outros profissionais do cuidado devem respeitar a autonomia do paciente, ao concordar com as prioridades e objetivos do cuidado com os pacientes e cuidadores, ao não esconder a informação desejada pelo paciente e ao respeitar os desejos do paciente de não ser tratado, quando este tratamento simplesmente nada mais faz do que prolongar o processo do morrer.

Os cuidadores devem atentamente medir os benefícios e o ônus do tratamento (beneficência) e avaliar os riscos e benefícios de cada decisão clínica (não maleficência), para evitar o tratamento fútil e inútil, a distanásia (PESSINI, 2001), que não se coaduna com os objetivos de prevenção, cura, cuidado, reabilitação e alívio da dor.

Deve-se observar que esta perspectiva da bioética principialista norte-americana pode ser insuficiente nesta área de cuidados de saúde. Uma ética do cuidado e das virtudes apresenta-se como apropriada e necessária em cuidados paliativos. A ética do cuidado enfatiza essencialmente a natureza vulnerável e dependente dos seres humanos. Portanto, enfatiza que a ética não diz somente respeito ao processo de decidir, mas também envolve a qualidade das relações, tais como continuidade, abertura e confiança. A ética das virtudes critica o enfoque ético baseado nas decisões a partir do caráter, enfatizando a importância de ações virtuosas (PESSINI, 2004).

Os pacientes com doenças avançadas ou em estado terminal têm fundamentalmente os mesmos direitos que os outros pacientes, tais como o direito de receber cuidados médicos apropriados, apoio pessoal, direito de ser informado, mas também o direito de recusar procedimentos diagnósticos e/ou tratamentos quando estes simplesmente nada acrescentam diante da morte prevista. A recusa de tratamento não deve influenciar na qualidade dos cuidados paliativos. Acima de tudo, o mais importante é que os pacientes em cuidados paliativos têm o direito ao grau máximo de respeito pela sua dignidade, ao melhor analgésico de dor disponível e ao alívio do sofrimento.

Embora cada país tenha suas peculiaridades sociopolítico-culturais, é enriquecedor considerar o que acontece e se faz em outros países como fonte de inspiração. É neste sentido que olhamos para o que Associação Húngara de Hospices e cuidados paliativos preconiza em termos de princípios éticos em cuidados paliativos (COUNCIL OF EUROPE, 2003, pp. 20-21):

a) Os membros da equipe de cuidados devem respeitar a autonomia dos pacientes, ao concordar com as suas prioridades e objetivos, bem como conversar sobre as opções de tratamento. Conjuntamente formular o plano de cuidados, sem nunca esconder a informação que o paciente deseja receber, atendendo às suas necessidades de informação sobre qualquer tratamento e respeitando inclusive a opção do paciente, se este optar por abandonar o tratamento proposto.

b) A equipe de cuidados deve avaliar os benefícios e riscos do tratamento (beneficência), avaliar os riscos em relação aos benefícios de cada decisão clínica (não maleficência), compreender que o paciente tem o direito ao mais alto nível de padrão de cuidado no contexto dos recursos disponíveis e entender as decisões em contexto de alocação e uso de recursos.

c) Os direitos fundamentais dos pacientes que estão no final da vida são: receber cuidados médicos necessários, ser respeitado em sua dignidade, ser apoiado e cuidado nas suas necessidades. Além do mais, os pacientes têm direito ao alívio da dor e do sofrimento, à informação, à autodeterminação e à recusa de tratamentos.

d) O paciente tem o direito de receber informações detalhadas a respeito de seu estado de saúde. Inclui-se aqui qualquer avaliação médica, exames e intervenções propostas para considerar vantagens potenciais e riscos e intervenções, bem como decisão sobre tais exames e intervenções. Além disso, o paciente tem direito de receber informações a respeito de qualquer procedimento e método alternativo, bem como o processo de tratamento e os resultados esperados.

e) Os pacientes têm o direito de participar nas decisões relacionadas aos seus cuidados de saúde, isto é, exame e tratamento proposto. A obtenção do consentimento informado do paciente é uma exigência anterior a qualquer intervenção médica.

f) O direito de recusar tratamentos fúteis. Caso o paciente sofra de uma doença considerada incurável e terminal, que, segundo o conhecimento médico atual, provavelmente levará à morte em um curto período de tempo, intervenções de suporte de vida ou de salvamento de vida podem ser eticamente recusadas, deixando a doença seguir seu caminho natural. O que se deseja evitar é a distanásia. O paciente pode nomear outra pessoa para o exercício deste direito,

em caso de vir a se tornar incapaz. Esta declaração pode ser anulada a qualquer momento, se o paciente assim o desejar. Não se deve esquecer de que, quando os pacientes optam por interromper o tratamento, sua dor e sofrimento devem continuar sendo aliviados.

g) Cada ato e decisão deve ser documentado de forma escrita.

Uma das obras clássicas mais completas e respeitadas em medicina e/ou cuidados paliativos, o famoso *Oxford textbook of palliative medicine* (2005),[2] em sua terceira edição dedica toda a terceira parte às questões éticas. Embora tenhamos como objetivo do presente texto somente introduzir de forma sintética as questões éticas, não deixa de ser importante e até necessário encaminhar o leitor interessado em aprofundar ulteriormente as questões específicas de ética em cuidados paliativos à relação dos temas abordados e seus autores. Uma introdução justifica a importância de uma visão ética em cuidados paliativos, apresentando os conceitos-chave de ética, o processo de lidar e decidir perante situações conflitivas (K. Calman). Artigos específicos aprofundam as questões: (a) Confidencialidade na pesquisa e no exercício profissional (N. MacDonald); (b) a verdade

---

[2] Ver especialmente a terceira parte da obra de Doyle, Hanks, Cherny, Calman (2005), que apresenta o seguinte roteiro de conteúdo: *3. Ethical issues – 3.1. Introduction* (Kenneth Calman), pp. 55-57; *3.2. Confidentiality* (Neil MacDonald), pp. 58-61; *3.3. Truth-telling and consent* (Robin Downie and Fiona Randall), pp. 61-65; *3.4. Educating for professional competence in palliative medicine* (Grahm Buckley and Ann Smyth), pp. 65-70; *3.5. Palliative medicine and children: ethical and legal issues* (Len Doyal, Ann Goldman, Vic Larcher, and Cyril Chantler), pp. 70-76; *3.6. Ethical issues in palliative care research* (Neil MacDonald and Charles Weijer), pp. 76-83; *3.7. Euthanasia and withholding treatment* (David J. Roy), pp. 84-97.

e o consentimento: o quanto de verdade? Dizer a verdade e habilidades de comunicação, consentimento e competência, receber e compreender a informação (R. Downie e F. Randall); (c) educar para a competência profissional em medicina paliativa (G. Buckley e A. Smyth); (d) a medicina paliativa e crianças: questões éticas e legais (L. Doyal, A. Goldman, V. Larcher e C. Chantler); (e) questões éticas de pesquisa em cuidados paliativos (N. MacDonald e C. Weijer) e, finalmente, (f) eutanásia e a não implementação de tratamento (D. J. Roy) (DOYLE; HANKS; CHERNY; CALMAN, 2005).

Um destaque especial faz-se necessário em relação à pesquisa em cuidados paliativos, já que desde seu início a pesquisa é parte integrante do desenvolvimento de cuidados paliativos. Graças às descobertas em pesquisas, tivemos importante progresso no campo da dor e da gestão dos sintomas. Muitas práticas paliativas baseiam-se em evidências históricas e em muitos casos sem a necessária fundamentação em métodos científicos.

Claro que o recrutamento de pacientes para um determinado estudo é difícil e exige muito tempo devido à própria natureza dos cuidados paliativos. Além disso, existem determinadas características clínicas que complicam a pesquisa neste campo. Os pacientes frequentemente são pessoas idosas sofrendo de alguma condição que afeta muitos sistemas no corpo, e não somente um órgão, que é comumente severa e acompanhada de muitos sintomas simultâneos. A doença é progressiva e seus sintomas mudam muito rapidamente, sobretudo nos estágios finais. O tempo de sobrevivência é limitado e o uso de múltipla medicação é frequente. A pesquisa em pacientes em fase terminal tem sido questionada eticamente, de modo especial por causa da *vulnerabilidade* deste grupo de pacientes e sua *inabilidade de tomar parte no processo de decisão*, pois existe alta incidência de desordens cognitivas e dificuldades em se conceder seu *consentimento livre e informado*, uma vez que existe dependência da instituição em que são cuidados, sentimentos de gratidão, entre outros elementos intervenientes.

Tais desafios não são específicos da área de cuidados paliativos, mas também se encontram em outras áreas da medicina, como na geriatria e medicina intensiva. Por isso, não existe razão para inserir os cuidados paliativos em uma categoria especial. A pesquisa nesta área deve atender aos princípios éticos consagrados internacionalmente que governam toda e qualquer pesquisa clínica. Contudo, deve-se prestar atenção ao processo de avaliação dos riscos e benefícios de um determinado projeto de pesquisa, cuja interpretação pode diferir muito, segundo o estágio da progressão da doença. Os objetivos de cuidado frequentemente mudam nos estágios finais, com a qualidade de vida se tornando a prioridade maior a ser honrada (COUNCIL OF EUROPE, 2003, pp. 30-31).

3. Cuidados paliativos em geriatria / gerontologia

O relatório Europeu da Organização Mundial da Saúde sobre cuidados paliativos enfaticamente afirma que "existe considerável evidência de que as pessoas idosas sofrem desnecessariamente, por causa de uma falta de avaliação generalizada e tratamento de seus problemas e falta de acesso a programas de cuidados paliativos" (CASSIDY; DAVIES, 2005, p. 20.).

Alguns questionamentos levantados pelo médico geriatra canadense Dr. S. Lawrence Librach, no último Congresso Mundial de Gerontologia, no Rio de Janeiro (junho de 2005), nos fazem refletir. Ele parte de uma afirmação para depois elaborar um questionamento: "O papel da geriatria/gerontologia como especialidade tem se preocupado com a avaliação e a falta de tratamento das doenças nos idosos, bem como com a restauração das funções e a qualidade de cuidado de vida para os idosos. Pergunto: 'Os que cuidam dos idosos conseguem reconhecer que a morte é o resultado mais comum para todos os seus pacientes? A gerontologia pode aceitar cuidados paliativos de qualidade como uma necessidade básica e essencial para os pacientes?' No Canadá, somente 15% dos pacientes podem ter acesso a cuidados paliativos e na maioria pacientes de câncer. No Reino Unido, 50% de todos os pacientes recebem algum tipo de cuidados paliativos durante o curso de sua doença, mas o número dos que recebem cuidados paliativos em doenças que não sejam o câncer é muito menor" (LIBRACH, 2005).

E no Brasil? Sabemos que a população brasileira está envelhecendo, mas não temos informações registradas em relação a programas de cuidados paliativos e idosos especificamente.

Para a abordagem desta questão baseamo-nos nas reflexões de Cassel, ao introduzir a obra pioneira *Cuidados paliativos em geriatria* (*Geriatric palliative care*). Essa especialista destaca que a convergência de dois conceitos historicamente distantes — cuidados paliativos e medicina geriátrica — "convergem, cada um ampliando o objetivo e revigorando o outro, e passam a ter grande potencial no aprimoramento da qualidade dos cuidados" (MORRISON; MEIER, 2003).

A medicina geriátrica emergiu a partir do extraordinário aumento da expectativa de vida da população, e continua a crescer na atualidade. Este significativo aumento do tempo de vida é uma grande conquista, atribuída em parte aos avanços da civilização, padrão de vida, saúde pública e crescente intervenção de cuidados médicos.

A medicina geriátrica reconheceu os processos fisiológicos fundamentais do envelhecimento, porém os médicos especialistas no acompanhamento e cuidado de pessoas idosas necessitavam ir além do sistema de doença e órgão único, ou seja, superar a abordagem sob a ótica de uma única especialidade, para considerar a intervenção a partir de múltiplas doenças crônicas e medicações além de um *status* fisiológico altamente variável. Há um quarto de século, os geriatras frequentemente afastavam os especialistas, argumentando que as tecnologias invasivas não beneficiariam os idosos e que os pacientes e familiares preferiam uma abordagem mais conformista de aceitação da mortalidade.

Este cenário mudou muito na contemporaneidade, de tal forma que o papel mais frequente dos geriatras tem sido convencer especialistas relutantes ou intervencionistas de que uma mulher aos 95 anos tem uma boa chance de se beneficiar de um procedimento cirúrgico ou de uma intervenção de reabilitação. A geriatria diz mais respeito à sobrevivência e ao processo de convencer os clínicos a não serem fatalistas quando estão diante de pacientes idosos e a buscarem de forma assertiva através dos problemas tratáveis o aprimoramento da qualidade de vida e seu funcionamento, enfatizando que o fundamento de tudo é o paciente, em sua humanidade e dignidade.

Os cuidados paliativos ironicamente também são uma "nova" especialidade que surge do reconhecimento das conquistas da moderna tecnologia médica. Esta, embora tenha salvo muitas vidas, não pode simplesmente desconsiderar a dimensão mortalidade e finitude humanas. Os pioneiros em cuidados paliativos reconhecem a importância das raízes históricas da medicina e enfermagem no cuidado dos que estão morrendo, aliviando a dor e o sofrimento, procurando na abordagem responder às questões e incluindo a família como uma unidade única de cuidados junto aos pacientes em final de vida. Este objetivo é atualíssimo e tão importante hoje, quanto o foi no início do século passado.

Nas suas origens, os cuidados paliativos enfocavam principalmente o objetivo de aprimorar a qualidade de vida dos pacientes no final de seus dias. Seu foco era a qualidade de vida para os poucos dias ou semanas remanescentes de vida que um paciente poderia ter, respeitando a dignidade individual e humanidade. Na última década, superou-se a perspectiva de que os cuidados paliativos somente são moralmente relevantes quando "nada mais pode ser feito para prolongar a vida".

Hoje, a filosofia de cuidados paliativos reconhece que existe uma transição gradual e a necessidade de equilíbrio entre as tentativas legítimas de prolongar a vida quando se tem chances reais de recuperação e a gestão paliativa dos sintomas e a aceitação de um processo que não tem mais cura. Isto é muito verdadeiro no cuidado de pacientes em estágios avançados de doenças, tais como Alzheimer, Parkinson, e assim por diante.

Atualmente, mais de 80% dos norte-americanos morrem com mais de 65 anos, e aumenta significativamente o número dos que vivem bem mais de 80 anos, chegando até a um número expressivo de pessoas que celebram seu centenário de vida. A maioria destas não morre de uma forma rápida, característica de um câncer metastático, mas como consequência da acumulação de múltiplas doenças degenerativas, além da crescente fragilidade inevitável do processo biológico humano. Embora esta trajetória seja menos previsível, o prognóstico último permanece muito claro.

No centro de toda a questão do aumento da "expectativa de vida" estão o paciente, o clínico e o imperativo de estabelecer uma relação comunicativa que permita uma parceria significativa em um dos momentos mais profundos da vida. Cresce muito a responsabilidade do clínico em criar um relacionamento com pacientes e familiares no sentido de ajudar no enfrentamento deste complexo cenário, ouvir e acolher as expressões de sentimentos de sofrimento. Este cuidador torna-se um fator-chave para ajudar as pessoas a encontrarem um sentido no final da vida.

Cuidados paliativos em geriatria é uma obra pioneira, que conta com a colaboração de uma seleção de mais de vinte especialistas na área. Está estruturada em cinco partes, que enumeraremos a seguir. Além disso, elencaremos as questões mais relevantes em relação a esta temática:

a) O contexto social e cultural do envelhecimento e fragilidade (avaliando a qualidade de vida e do morrer nos idosos, o lugar do amor no cuidado de pessoas com demência avançada, hidratação e alimentação artificial, idade, custos e cuidados paliativos, aspectos éticos em cuidados paliativos em geriatria, respeitando a diversidade).

b) Doença e síndrome – aspectos específicos dos cuidados paliativos: a fragilidade e suas implicações no cuidar, doença cardíaca, câncer, demência e doenças neurodegenerativas, doença crônico-pulmonar e câncer pulmonar; estágio final de doença renal e interrupção da diálise.

c) Sintomas de estresse em pacientes idosos: dor, dispneia, sintomas gastrointestinais, fadiga, *delirium*, ansiedade e depressão.

d) Comunicação: planejando o cuidado antecipadamente com os idosos, comunicação médico-paciente, decidir para os cognitivamente comprometidos.

e) Estruturas de cuidado para os cronicamente doentes com necessidades de cuidados paliativos em casas de repouso, cuidados em domicílio para idosos e cuidados paliativos no hospital.

No Brasil, começamos a ter publicações de referência na área, com destaque para a obra *Geriatria; fundamentos, clínica e terapêutica*, em que para além de uma abordagem biológica do processo de envelhecimento avança para os temas ligados ao cuidado, humanização e ética. Abriu-se espaço para questões como o doente idoso terminal: considerações gerais e cuidados paliativos; problemas éticos em geriatria; o idoso e a dignidade no processo de morrer (CARVALHO FILHO; PAPALÉO NETO, 2005).

No XVIII Congresso Mundial de Gerontologia, realizado no Rio de Janeiro (26-30/6/2005), praticamente houve um silêncio total em relação a estas questões ligadas ao final da vida, cuidados paliativos e dor. Somente um workshop sobre cuidados no final da vida, do qual participamos,[3] somente um seminário sobre dor — embora um dos sintomas mais comuns nos idosos seja a dor — e uma conferência sobre "a busca do morrer com dignidade: questões e desafios no cuidado de final da vida para os idosos" (LIBRACH, 2005). S. Lawrence Librach, professor de cuidados paliativos e controle da dor da Universidade de Toronto e Diretor do Centro de Cuidados paliativos do Mount Sinai Hospital (Canadá), se pergunta se a geriatria ou gerontologia não estaria tentando negar a morte. Além deste sinal evidente no maior evento mundial da área, que basicamente silencia em torno do tema, pesquisando artigos no *Journal Geriatrics* dos últimos doze anos, encontrou somente sete artigos sobre cuidados paliativos e cuidados de final de vida e sobre a morte e o morrer. Na quase totalidade são relatórios de casos e editoriais. Uma outra pesquisa realizada com artigos do *Journal Archives of Geriatrics & Gerontology* dos últimos dez anos encontrou somente sete artigos sobre cuidados de final de vida, incluindo relatórios de casos, estimativas de sobrevivência, mas nenhum artigo especificamente sobre cuidados paliativos ou *Hospice* (LIBRACH, 2005).

---

[3] Os temas e os apresentadores deste *workshop* sobre *End of life care* foram os seguintes: (1) *Palliative Care for Dementia: Making the Case* — Amitai S. Oberman, MD, Department of Geriatrics, Home Hospice in the Valleys, Nazareth — Israel; (2) *The Ten Things Everyone should Know About Pain Management in the Elderly Palliative Care Patient*, S. Lawrence Librach MD, Professor of Palliative Care, University of Toronto, Canada; (3) Dysthanasia: (futile treatment): Key Ethical Questions, Leo Pessini, Ph.D, Saint Camillus University Center — São Paulo (SP).

Numa perspectiva integradora, os cuidados paliativos e os valores fundamentais da geriatria coincidem: o paciente está no centro dos cuidados, a perspectiva é de uma abordagem interdisciplinar, holística e compreensiva, além de paciente e família serem vistos como uma única unidade de cuidados. Uma prioridade é garantir na medida do possível a independência funcional e qualidade de vida, avaliação regular e formal que assegure a identificação e o tratamento das intercorrências no momento certo. Ambas as especialidades, medicina geriátrica e cuidados paliativos, vão muito além de proporcionar cuidados somente em um determinado local específico. O cuidado é prestado onde o paciente se encontra, seja em sua casa, seja no hospital, seja na casa de repouso, em qualquer estágio da doença e qualquer que seja o diagnóstico. "O objetivo é prestar cuidado certo, para o paciente certo, no momento certo" (LIBRACH, 2005, p. 12).

4. Comunicação entre pacientes, familiares e profissionais da saúde

A habilidade para estabelecer uma boa comunicação é parte essencial em todas as áreas dos cuidados de saúde, não exclusividade dos cuidados paliativos (COUNCIL OF EUROPE, 2003, pp. 33-34). A comunicação envolve muito mais que o processo de simplesmente dar uma informação. É um processo que envolve muitas pessoas, em que os objetivos incluem troca de informação, compreensão mútua e apoio, enfrentamento de questões difíceis e frequentemente dolorosas, além de lidar com o estresse emocional associado a todas essas questões (PAES DA SILVA, 2004, pp. 263-272.). Exige tempo, compromisso e desejo sincero de ouvir e compreender as preocupações do outro. Trata-se de "prover resposta", quando não existem respostas, e em grande parte de "simplesmente" estar com a pessoa onde está e ser uma presença empática com ela na sua dor.

A comunicação no âmbito dos cuidados de saúde não é um mero "opcional", mas é um componente vital, inerente e necessário, razão pela qual no currículo de formação dos profissionais da saúde cada vez mais se inclui o aprofundamento de questões relacionadas à comunicação. A comunicação não envolve somente os cuidados dos profissionais da saúde e paciente, mas também a relação entre os profissionais da saúde e família, pacientes e sua família, entre outros âmbitos (BERTACHINI; GONÇALVES, 2002; DOYLE; HANKS; CHERNY; CALMAN, 2005).[4]

4.1. Comunicação entre pacientes e profissionais da saúde

Os pacientes encontrarão diversos profissionais da saúde durante o curso de uma doença típica. Cada encontro proporciona uma oportunidade de comunicação. Muito do que comunicamos é por meio da linguagem, mas muito também nos comunicamos pela linguagem não verbal. Em geral, os pacientes exigirão honestidade, precisão, acessibilidade e informação consistente em relação à sua doença e suas

---

[4] Ver especialmente a seção 4, exclusiva sobre comunicação, que apresenta o seguinte conteúdo: *Section 4: Communication and palliative medicine.* 4.1. Communication with the patient and family in palliative medicine (Lesley Fallowfield), pp. 101-107; 4.2. Communication with professionals (David Jeffrey), pp. 107-112; 4.3. Communication with the public, politicians, and the media (Kenneth Caman), pp. 112-115.

implicações. Com muita frequência, profissionais e familiares sentirão a necessidade de ocultar ao paciente a verdade por causa do desejo de manter a esperança, estratégia esta que, embora bem intencionada, pode trazer muitas dificuldades com o avançar da doença. Más notícias são sempre más notícias, mas a maneira como ela é comunicada e o quanto os pacientes se sentirão apoiados, aceitos e compreendidos, tudo isso terá um impacto significativo em sua habilidade de viver nesta nova realidade.

Logo após o comunicado de uma má notícia, geralmente informações adicionais não são ouvidas. Portanto, espaçar a informação, dando aos pacientes e famílias o tempo necessário para "digeri-la", é fundamental. Aos pacientes deve-se oferecer uma informação a respeito de sua doença, tratamento, opções e prognósticos, de uma maneira sensível, que comunique apoio, honestidade e calor humano. Em termos de autonomia e respeito pela escolha do paciente, é importante que estes tenham a informação necessária por meio da qual possam fazer uma escolha informada. Diante de dificuldades cognitivas, é importante que os profissionais da saúde avaliem regularmente até que nível existe compreensão do que é comunicado, e busquem, quando da manifestação de impedimentos, alternativas viáveis.

4.2. Comunicação entre paciente e familiares

Em cuidados paliativos, pacientes e familiares vivem, com muita frequência, sob intenso estresse, o que faz com que não raro exista pouca comunicação entre as várias partes envolvidas, gerando em tais circunstâncias espaços para desentendimento e ressentimento. As pessoas sentem que estão carregando injustamente o peso de cuidar. Velhas rivalidades e ciúmes podem vir à tona, e o processo pode rapidamente escapar do controle.

Os profissionais da saúde têm o dever de cuidar, identificar estas dinâmicas e responder a esta realidade. Ao menos podem "modelar" o fato de modo que a informação seja partilhada e que as pessoas manifestem "sinceridade" com elas próprias e com os outros, a despeito de seus sentimentos e emoções.

Nesse sentido, merecem uma atenção especial as necessidades das crianças e adolescentes. Em situações familiares muito tensas, crianças são por vezes excluídas do processo em uma tentativa bem-intencionada de "protegê-las". Do mesmo modo que os adultos, as crianças necessitam também de uma oportunidade para serem ouvidas, compreendidas e integradas no coração da família, o quanto possível. Enquanto necessitadas de apoio e explicação, as crianças podem ser também fonte de muito conforto e apoio aos seus pais e outras pessoas adultas (KOVÁCS, 2004).

4.3. Comunicação entre os profissionais da saúde

Profissionais de diferentes especialidades podem ser envolvidos no cuidado de um único paciente; consequentemente, é necessário que o local de cuidados facilite o processo de troca de informações de forma rápida, acurada, destacando o que realmente é relevante. Além das questões ligadas às limitações de tempo, procedimentos comuns de comunicação colaboram também na definição de papéis, limites e diferentes concepções de cuidado.

Como em família, a questão não é simplesmente a mera troca de informação, mas antes é necessário compreender o ponto de vista do outro, particularmente quando existem diferenças de opiniões em relação às estratégias apropriadas de tratamento. Em tais circunstâncias, um estudo de caso pode proporcionar a oportunidade para mútuo entendimento, com a expectativa de chegar a um consenso e coerência de ações para com o paciente. É aconselhável criar uma oportunidade para troca aberta de opiniões, preferencialmente com um facilitador externo, ou seja, não pertencente à instituição local.

Sendo assim, os profissionais da saúde necessitam cada vez mais de uma formação educativa em relação aos dilemas éticos vinculados aos cuidados dos pacientes na fase final de suas vidas, que lhes possibilite uma visão alargada destas questões para discuti-las adequadamente com os pacientes e familiares, quando necessário.

Com muita frequência, dilemas éticos surgem no tratamento paliativo. É o caso, por exemplo, no tratamento da dor com altas dosagens de morfina, que pode ter como consequência a abreviação ou o prolongamento da vida; ou quando um paciente insistentemente deseja morrer, mesmo no caso de ainda existirem opções paliativas.

5. Duas grandes pioneiras na arte de cuidados no final de vida: Cicely Saunders e Elizabeth Kübler-Ross

Não podemos deixar de registrar algumas anotações, ainda que introdutórias, a respeito das duas maiores personalidades da contemporaneidade que “revolucionaram” a arte de cuidar dos pacientes que estão na fase final de vida.

São Cicely Saunders, que introduziu no contexto dos cuidados de saúde uma filosofia de cuidados paliativos institucionais, e Elizabeth Kübler-Ross, que inovou ao descrever todo o processo pelo qual passa a pessoa na fase final de vida. Apresentamos sucintamente alguns dados biográficos, bem como sua contribuição original.

5.1. Dame Cicely Saunders

Aos 87 anos, no dia 14 de julho de 2005, Cicely Saunders (1918-2005) despediu-se da vida, no St. Christopher's Hospice, por ela fundado em 1967. No dizer de Barbara Monroe, diretora administrativa desta instituição, "a visão e o trabalho de Cicely Saunders transformaram o cuidado dos que estão morrendo e a prática da medicina no Reino Unido e ao redor do mundo. Ela é uma inspiração para todos nós. Cuidamos de Cicely no St. Christopher's Hospice como uma paciente por algum tempo. Sentiremos sua falta. Sua influência continuará no mundo à medida que trabalharmos juntos em cuidados paliativos e *Hospice* ao apoiarmos as pessoas que estão morrendo e seus entes queridos".[5]

Cicely Saunders começou sua carreira profissional primeiro como enfermeira e assistente social. Depois estudou medicina, para segundo ela mesma "cuidar bem dos pacientes terminais, esquecidos pelos médicos tradicionais". Ela é reconhecida como a fundadora do movimento moderno de *Hospice*. O St. Christopher's Hospice, por ela fundado, foi o primeiro *Hospice* que, segundo uma visão holística da

---

[5] St. Christopher's Hospice. Dame Cicely Saunders, OM, founder and President of St. Christopher's Hospice, dies. Disponível em: http:// www.stchristophers.org.uk/page.cfm. Acessado em 20 de julho de 2005.

pessoa humana e dos cuidados integrados, ligou o alívio da dor e o controle de sintomas com o cuidado humanizado, o ensino e a pesquisa clínica. Esta nova filosofia de cuidados direcionada aos pacientes fora de possibilidades terapêuticas influenciou muito os cuidados em saúde ao redor do mundo, bem como gerou novas atitudes em relação à morte, ao morrer e diante da dor da perda de um ente querido.

Mais de 50 mil estudantes estiveram em treinamento no St. Christopher's Hospice ao longo desses anos para tornarem-se líderes em cuidados paliativos, como médicos, enfermeiras e outros profissionais, com o estabelecimento de programas em cuidados paliativos em mais de 120 países.

Cicely Saunders,[6] como já sublinhamos no início deste trabalho, cunhou o conceito de "dor total", uma combinação de elementos das dimensões física, psíquica, social e espiritual da pessoa humana. Assim ela relata como chegou a esse conceito: "Logo ficou claro que cada morte era tão única como a vida que a precedeu e que toda experiência daquela vida estava refletida no momento do morrer. Isto levou-nos ao conceito de 'dor total', que foi apresentado como um complexo de elementos físicos, emocionais, sociais e espirituais. Toda esta experiência para o paciente inclui ansiedade, depressão e medo; preocupações com a família que passará pelo luto e frequentemente a necessidade de encontrar algum sentido na situação, uma realidade mais profunda em que confiar. Isto se tornou a tônica de ensino e escritos sobre assuntos tais como a natureza, o cuidado da

---

6 Para conhecer mais profundamente o trabalho de Cicely Saunders, confira CLARK (2002).

dor terminal e a família como uma unidade de cuidados" (SAUNDERS, 1996, p. 1.560).

Diante da mentalidade utilitarista de eliminar o sofredor por causa do sofrimento, Saunders propõe que "o sofrimento somente é intolerável se ninguém cuida". Podemos lembrar também de Victor Frankl: "O homem não é destruído pelo sofrimento, mas pelo sofrimento sem sentido". Difícil não nos emocionar ao ouvirmos Saunders dizer: "Como o *Hospice* moderno começou ouvindo os pacientes, deixemos que um paciente tenha a última palavra: 'Solidão não é tanto uma questão de estar sozinho, mas mais de não pertencer'" (SAUNDERS, 2005, p. 20).

Sempre lembraremos Cicely Saunders, do seu humanismo profissional ao anunciar que, "ao cuidar de você no momento final da vida, quero que você sinta que me importo pelo fato de você ser você, que me importo até o último momento de sua vida, e faremos tudo o que estiver ao nosso alcance, não somente para ajudá-lo a morrer em paz, mas também para você viver até o dia de sua morte" (SAUNDERS, 1976).

5.2. Elizabeth Kübler-Ross

Elizabeth Kübler-Ross, psiquiatra suíça radicada nos Estados Unidos, que ficou mundialmente conhecida por seus escritos e trabalho com pacientes na fase final de vida, faleceu aos 78 anos de idade (1926-2004), em Scottsdale, Arizona, EUA. Em 1969, escreveu seu livro mais importante, que a projetou internacionalmente, causando grande impacto na área dos cuidados de saúde: *On death and dying* ["Sobre a morte e o morrer"], no qual descreve os estágios pelos quais as pessoas passam quando estão na fase final de vida: negação, raiva, barganha, depressão e aceitação. Kübler-Ross introduziu o estudo da tanatologia na área médica e também impulsionou os *Hospices* nos Estados Unidos. Autora de mais de 20 livros, traduzidos em 26 idiomas, foi escolhida em *Time Magazine* em 1999 como "um dos 100 mais importantes pensadores do século XX".

Em um de seus últimos livros, em coautoria com Kessler, *Life lessons* (2000), registramos um dos depoimentos mais contundentes, que nos permite refletir sobre a dimensão de finitude de nossas vidas:

> Durante este período chamado Vida todos temos lições a aprender. Este fato fica muito claro quando trabalhamos com os que estão à beira da morte. Essas pessoas aprendem muito no final da vida, geralmente quando já é muito tarde para que apliquem esses conhecimentos.
>
> Depois que me mudei para o deserto do Arizona, em 1995, sofri um derrame no dia das mães que me deixou paralítica. Passei os anos seguintes à beira da morte. Às vezes eu achava que iria viver poucas semanas. Frequentemente fiquei desapontada porque isso não aconteceu, pois eu me sentia pronta. Mas não morri porque ainda estou aprendendo as lições da vida, minhas últimas lições. Elas contêm verdades essenciais a respeito da nossa vida, são os próprios segredos da vida. Por isso quis escrever mais um livro, não sobre a morte e o morrer, mas sobre a vida e o viver.
>
> Cada um de nós tem dentro de si um Gandhi e um Hitler. O Gandhi corresponde ao que há de melhor em nós, nosso lado capaz da maior compaixão, enquanto o Hitler corresponde ao que há de pior, nossos aspectos negativos e mesquinhos. Nosso crescimento consiste em trabalhar os aspectos negativos, livrando-nos de suas manifestações, descobrir e desenvolver o que há de melhor em nós e nos outros. Aprender as

> lições de vida capazes de curar nosso espírito — nossa alma — e de trazer à tona a pessoa que realmente somos. Estamos na Terra para curar uns aos outros e a nós mesmos.
>
> Quando falo em aprender nossas lições, eu me refiro a resolver as questões inacabadas. Essas questões dizem respeito à vida e às nossas indagações mais essenciais, como: "Será que de fato investi meu tempo para viver o mais plenamente possível? Será que coloquei minha realização em ganhar dinheiro e prestígio? Muitas pessoas existiram, mas na verdade nunca viveram". E gastaram uma tremenda quantidade de energia para não tomar conhecimento de seus assuntos inacabados.
>
> Como as questões inacabadas são o maior problema da vida, é também com elas que lidamos quando enfrentamos a morte. A maioria de nós morre com uma grande quantidade de questões inacabadas. Há tantas lições a serem aprendidas na vida que é impossível dominá-las em uma única existência. Mas quanto mais lições aprendemos, mais assuntos concluímos e mais plenamente viveremos. Então, quando chegar a nossa hora, poderemos exclamar felizes: "Meu Deus, eu vivi" (KÜBLER-ROSS; KESSLER, 2004, p. 11).

No dia 25 de agosto de 2004, jornais noticiavam a morte de Elizabeth Kübler-Ross, comentando seus últimos momentos de vida, testemunhados por seu dileto amigo David Kessler e familiares. Seu filho mais velho disse que sua mãe, nos últimos meses de vida, estava colhendo os frutos do movimento que ela ajudou a fundar, encontrando conforto de amigos e familiares provenientes de todas as partes do mundo, através de e-mails, cartas e telegramas. Centenas de pessoas vieram visitá-la.

Numa entrevista a Reuters, em 1997, ao falar a respeito de sua própria visão sobre a vida e o viver, disse "Eu sempre fiz o que senti que fosse o certo, não o que as outras pessoas esperavam de mim. Eu nunca ouvi a opinião das outras pessoas", disse ela. Perguntada se ela tinha algo a se lamentar na sua vida, disse: "Sinto em não tocar um instrumento. Amaria tocar e cantar. Quando eu morrer, vou dançar primeiramente em todas as galáxias... vou tocar, dançar e cantar" (SCHWAARTZ; KÜBLER-ROSS).

"Esperar pela morte não era um grande desafio para ela", disse ele. "Seu único problema ao enfrentar a morte era a paciência", ele disse. Uma de suas últimas palavras, segundo o filho: "Vou dançar em todas as galáxias. Sem sombra de dúvida, sei que não existe morte da forma como a compreendemos, o corpo morre, mas não a alma". Nunca temendo a morte, ela simplesmente seguiu o que acreditou, ou seja, que "a vida não termina quando você morre, mas começa". David, seu amigo, diz que sua amiga "morreu com aceitação em sua face" (NOBLE; KÜBLER-ROSS, 2004; WATSON; LUCAS; HOY; BACK, 2005).

Referências bibliográficas

ANGERAMI-CAMON, V. A. (org.). *Espiritualidade e prática clínica*. São Paulo: Thomson, 2004.

BEAUCHAMP, T.; CHILDRESS, J. *Princípios de ética biomédica*. São Paulo: Loyola, 2002.

BERTACHINI, L. *Envelhecer*; desafios, valores e dignidade (vídeo).

_____; GONÇALVES, M. J. Comunicação na terceira idade. *O mundo da saúde*, 2002, 26, 2, pp. 483-489.

BRYSON, K. A. Spirituality, meaning, and transcendence. *Palliative and supportive care*, 2004, 2, 321-328.

CALMAN, K. Ethical issues. In: DOYLE, D.; HANKS, G.; CHERNY, N.; CAMON, K. (eds.). *Oxford textbook of palliative medicine*. 3. ed. New York: Oxford University Press, 2005. pp. 53-57.

CARVALHO FILHO, E. T.; PAPALÉO NETO, M. *Geriatria*; fundamentos, clínica e terapêutica. 2. ed. São Paulo: Atheneu, 2005.

CASSEL, E. J. *The nature of suffering and the goals of medicine*. 2. ed. New York: Oxford University Press, 2004.

CASSIDY, J. P.; DAVIES, D. J. Cultural and spiritual aspects of palliative medicine. In: DOYLE, D.; HANKS, G.; CHERNY, N.; CALMAN, K. (eds.). *Oxford textbook of palliative medicine*. 3. ed. New York: Oxford University Press, 2005.

CLARK, D. *Cicely Saunders*; founder of the Hospice movement; selected letters 1959-1999. New York: Oxford University Press, 2002.

Congresso Mundial de Gerontologia. Rio de Janeiro, junho de 2005.

COUNCIL OF EUROPE. *Recommendation Rec 24 of the Committee of Ministers to member states on the organization of palliative care*; adopted on 12 nov. 2003. Disponível em: http//www.coc.int. Acessado em 2 de agosto de 2005.

O *mundo da saúde*, jan./mar. 2003, 27, 1 (cuidados paliativos).

DAVIES, E.; HIGGINSON, I. J. (eds.). *The solid facts palliative care*. Europe: World Health Organization, 2004.

DOKA, K. J.; JENNINGS, B.; CORR, C. A. (eds.). *Living with grief*; ethical dilemmas and end-of-life care. Washington: Hospice Foundation of America, 2005.

DOLYLE, D.; HANKS, G.; CHERNY, N. I.; CALMAN, K. (eds.). Introduction. In: *Oxford textbook of palliative medicine*. 3. ed. New York: Oxford University Press: 2005.

DU BOULAY, S. C. *Saunders*; the founder of the modern Hospice movement. London: Hodder & Stoughton, 1984.

FRANKL, V. *Man's search for meaning*. London: Hodder & Stoughton, 1962.

_____. *Um sentido para a vida*; psicoterapia e humanismo. 11. ed. Aparecida: Ideias e Letras, 2005.

HENNEZEL, M. A morte íntima: aqueles que vão morrer nos ensinam a viver. Aparecida: Ideias e Letras, 2004.

JENNINGS, B.; RYNDES, T.; D'ONOFRIO, C.; BAILY, M. A. Access to Hospice Care: Expanding Boundaries, Overcoming Barriers. *A Special Supplement to the Hastings Center Report*, mar./apr. 2003, pp. s1-s60.

KOVÁCS, M. J. Comunicação nos programas de cuidados paliativos: uma abordagem multidisciplinar. In: PESSINI, L.; BERTACHINI, L. *Humanização e cuidados paliativos*. São Paulo: Loyola/Centro Universitário São Camilo, 2004. pp. 275-286.

KÜBLER-ROSS, E.; KESSLER, D. *Os segredos da vida*. Rio de Janeiro: Sextante, 2004.

_____. *Life lessons*. New York: Scribner, 2000 (ed. bras.: *Os segredos da vida*. São Paulo: Sextante, 2004).

LATTANZI-LICHT, M.; MSAHONEY, J.; MILLER, G. W. *The Hospice Choice*; in pursuit of a peaceful death; guide to Hospice care. New York: Simon Schuster, 1998.

LIBRACH, S. L. The quest to die with dignity: issues and challenges in end of life care for the elderly (Power-point). In: *Congresso Mundial de Gerontologia*. Rio de Janeiro, junho de 2005.

MORRISON, R. S.; MEIER, D. E. (eds.). *Geriatric palliative care*. Oxford: Oxford University Press, 2003.

NOBLE, H. B.; KÜBLER-ROSS, E. Who Changed Perspectives on Death, Dies at 78. *New York Times*, 25 aug. 2004. Disponível em: www.nytimes.com/2004/08/25/health/25. Acessado em 5 de setembro de 2004.

PAES DA SILVA, M. J. Comunicação com paciente fora de possibilidades terapêuticas: reflexões. In: PESSINI, L.; BERTACHINI, L. *Humanização e cuidados paliativos*. São Paulo: Loyola/Centro Universitário São Camilo, 2004. pp. 263-272.

PESSINI, L. *Distanásia*; até quando prolongar a vida? São Paulo: Centro Universitário São Camilo/Loyola, 2001.

_____. Envelhecimento e dignidade humana: ame o(a) idoso(a) que você é ou está nascendo em você! In: PASQUALOTTI, A.; PORTELLA, M. R.; TETINELLI, L. A. (orgs.). *Envelhecimento humano*; desafios e perspectivas. Passo Fundo/RS: Universidade de Passo Fundo, 2004. pp. 311-324.

SAUNDERS, C. *Beyond the horizon*; a search for meaning in suffering. Darton: Longman/Tood, 1990.

_____. Care of the dying; the problem of euthanasia. *Nursing Times*, 1976, 72, 27, 1.049-1.052.

_____. Foreword. In: DOYLE, D.; HANKS, G.; CHERNY, N.; CALMAN, K. (eds.). *Oxford textbook of palliative medicine*. 3. ed. Oxford: Oxford University Press, 2005.

_____. Into the valley of the shadow of death; a personal therapeutic journey. *BMJ*, 1996, 313.

_____. Preface. In: DAVIES, E.; HIGGINSON, I. J. (eds.). *The solid facts palliative care*. Europe: World Health Organization, 2004.

SCHWAARTZ, D.; KÜBLER-ROSS, E. Dies. Famed for work on Dying. *Yahoo News*, 25 Aug.

SEPULVEDA, C. Los cuidados paliativos: perspectiva de la Organización Mundial de la Salud. *Dolentium hominum*, 2005, 58, 1, 16-19.

SOCIEDADE ESPANHOLA DE CUIDADOS PALIATIVOS (SECPAL). *Guía de cuidados paliativos*. Disponível em: http://secpal.com/guia/guiacp/index. Acessado em 9 de julho de 2005.

TULSKY, J. A. Doctor — patient communicative. In: MORRISON, R. S.; MEIER, D. E. *Geriatric palliative care*. New York: Oxford University Press, 2003. pp. 314-31.

WATSON, M. S.; LUCAS, C. F.; HOY, A. M.; BACK, I. N. *Oxford handbook for palliative care*. Oxford: Oxford University Press, 2005. pp. 625-635.

WORLD HEALTH ORGANIZATION. *Cancer pain relief and palliative care in children*. Genève: OMS, 1998. Disponível em: http:// www.who.int/cancer/palliative/definition/en/print.html. Acessado em 30 de julho de 2005.

_____. *Cancer pain relief and palliative*; a report of a OMS expert committee. Genève: OMS, 1990.

_____. *National cancer control programs*; policies and managerial guidelines. 2. ed. Genève: OMS, 2002.

Capítulo 2

O cuidado: no encontro interpessoal o cultivo da vida

Elma Zoboli

Na sua origem semântica (latim), a palavra "cuidado" significa "desvelo", "preocupação pela pessoa querida ou por um objeto de estimação". Trata-se de uma atitude de preocupação com o outro que parte, e ao mesmo tempo possibilita a sensibilidade para uma experiência humana e o reconhecimento do outro como sujeito digno. Os profissionais da saúde que assumem o cuidado como modo-de-ser-no-mundo o fazem de dois modos: pelo trabalho ou pelo cuidado. Via trabalho, a interação é tecnicista, de domínio sobre as coisas. Via cuidado, busca-se não o domínio sobre, mas sim a convivência respeitosa. As duas dimensões não se excluem, se complementam. Cuidar está na essência do ser humano, e os profissionais da saúde são desafiados diuturnamente, para além de toda e qualquer ação de tratamento de cura, a perseverar numa atitude de cuidado. Mesmo nas situações rotuladas como "não tem mais nada que fazer", entendido na linha da cura, tem tudo a ver na implementação de cuidados de afetividade, alívio da dor e sofrimento, higiene, espiritualidade e presença solidária.

Introduzindo

Na saúde, "cuidado" é uma palavra com diversos entendimentos. Um deles contrapõe curar e cuidar, sendo o cuidado visto como "prêmio de consolação" para quando a medicina perde a batalha contra a morte. Esquece-se de que a finitude é algo inerente à concretude da vida humana; por isso, cuidamos sempre e curamos frequentemente, não sempre. O cuidado é entendido também como atenção biológica avaliada por resultados fisiológicos a serem alcançados. O trato humano é outro uso comum da palavra cuidado, expressando a incorporação de um modo humano de agir aos conhecimentos e às habilidades profissionais no intuito de humanizar a saúde. Englobando todos, está o cuidado como referencial ético para a saúde. Como proposta ética, o cuidado não é apenas um dos elementos da atenção em saúde, mas seu mote, sua razão de ser.

Para a noção da ética do cuidado, ao longo da história da humanidade, contribuíram várias abordagens: mitológica, filosófica, psicológica, literária. Isto revela que não há uma única ideia de cuidado, mas um conjunto de noções unidas por sentimentos, narrativas e temas recorrentes.

Em geral, o cuidado é qualquer ação que contribui para que as pessoas e os grupos possam viver bem, ou seja, é o que promove e fomenta a "boa vida" e "boa saúde". Cuidar constitui ato de vida, pois a vida que não é cuidada morre: plantas, animais e pessoas. Também as relações humanas, que constituem a própria vida humana, se não cuidadas fenecem: amizade, amor conjugal, relações familiares, relação entre profissional da saúde e paciente, relação da equipe multiprofissional.

O cuidado "consiste em esforços transpessoais de ser humano para ser humano no sentido de proteger, promover e preservar a humanidade, ajudando as pessoas a encontrarem significado na doença, sofrimento e dor, bem como na existência" (WALDOW, 2006).

1. Origens do cuidado

A palavra "cuidado" deriva do latim *cura* ou *coera*, que, usada em um contexto de relações de apreço e amizade, expressa atitude de cuidado, desvelo, preocupação e inquietação pela pessoa querida ou por um objeto de estimação. Também remete a *cogitare-cogitatus*, que significa cogitar, pensar, colocar atenção, mostrar interesse, revelar uma atitude de desvelo e preocupação (BOFF, 1999).

Assim, já em sua origem etimológica, "cuidado" traz duas significações, intrinsecamente unidas: (i) a atitude de desvelo, solicitude, atenção para com o outro; (ii) a preocupação e a inquietação decorrentes de sentir-se responsável pelo outro, em virtude de nos reconhecermos copartícipes interdependentes de uma rede de vida que se entrelaça em um "todo" orgânico, complexo e dialético. Os seres humanos formam uma teia de relações vitais das quais são corresponsáveis e codependentes, podendo potenciar ou ameaçar a vida.

2. Cuidado: a essência do ser

O cuidado como proposta ética corresponde a uma atitude, um modo-de-ser-no-mundo. É a maneira como a pessoa estrutura e funda suas relações com as coisas, os outros, o mundo e com ela mesma. É uma atitude de ocupação, preocupação, responsabilização radical e aproximação vincular com o outro que parte, e ao mesmo tempo possibilita a sensibilidade para com a experiência humana e o reconhecimento do outro como pessoa e como sujeito digno.

É essencial para a compreensão do cuidado (GILLIGAN, 1993):

- a consciência da conexão entre as pessoas, reconhecendo a responsabilidade de uns pelos outros e
- a convicção de que a comunicação é o modo de solucionar os conflitos.

Por acreditar na solução não violenta de conflitos, as pessoas envolvidas em questões éticas não são vistas como adversários em uma pendência de direitos, e o caminho para soluções duradouras é o diálogo incansável, a tolerância constante e a busca permanente de convergências nas diversidades, e não a violência. A solução dos conflitos, então, consiste em ativar esta rede de relações pela comunicação cooperativa e não competitiva, visando à inclusão de todos mediante a potencialização positiva das relações em vez do rompimento das conexões. Os conflitos éticos são problemas que envolvem as relações humanas, e a violência é destrutiva para todos. A paz é simultaneamente método e meta do cuidado de todos por todos. O juízo moral não pode se pautar exclusivamente pelas regras, em uma abordagem formal e abstrata; ao contrário, tem de se guiar por uma abordagem contextual e narrativa nutrida por uma vida vivida de forma suficientemente intensa para criar uma paixão pelo humano.

As atividades de cuidado são as que fazem o mundo social seguro, evitando o isolamento e prevenindo a agressão. Portanto, não correspondem à mera enunciação de regras limitantes da abrangência dos atos agressivos. Nessa perspectiva, a agressão deixa de ser entendida como um impulso incontrolável que deve ser contido, para ser vista como um sinal de ruptura na conexão, de falha no relacionamento. O ideal do cuidado consiste, então, em uma atividade de relacionamento, de perceber e responder às necessidades, de tomar conta do mundo buscando a manutenção da teia de conexão de modo que ninguém seja deixado sozinho (GILLIGAN, 1993).

3. A essência do cuidado na saúde

Os profissionais da saúde que tomam o cuidado como modo-de-ser-no-mundo não "prestam cuidado", mas "são cuidado". O cuidado, na saúde, é atitude essencial para determinar ações que, inerentemente, visem fomentar uma existência saudável do outro ou da comunidade.

Distinguem-se dois modos-de-ser-no-mundo: trabalho e cuidado (BOFF, 1999). O "modo-de-ser-no-mundo trabalho" (BOFF, 1999) é intervencionista, em uma interação tecnicista que configura a dominação das coisas e das pessoas para colocá-las a serviço dos interesses de terceiros. Para alcançar objetivos utilitários, divide a realidade a fim de enfraquecê-la e subjugá-la por meio de poder agressivo.

No "modo-de-ser-no-mundo cuidado" (BOFF, 1999), a relação não é "sujeito-objeto", mas "sujeito-sujeito". Não se almeja "domínio sobre", mas "convivência com", em uma proximidade, uma acolhida do outro, sentindo-o, respeitando-o, provendo-lhe sossego e repouso. A experiência que se vive é a do valor intrínseco das pessoas.

Estes dois modos-de-ser não se opõem; complementam-se. Negar o cuidado leva à desumanização e ao embrutecimento das relações, mas se exagerado resulta na preocupação obsessiva por tudo e todos, em uma "responsabilidade imobilizadora". Cuidar é a essência do humano, mas o humano não é apenas cuidado (BOFF, 1999).

O grande desafio é combinar cuidado e trabalho, considerando a integralidade da experiência humana na atenção à saúde. Como fazê-lo? Em que medida lançar mão de cada um? A resposta não está em uma "receita pronta", tem de ser construída diariamente em uma profunda sensibilidade, comunhão e sintonia com a própria vida; em uma atmosfera de cuidado e mútua responsabilidade solidária.

Os profissionais da saúde, sob a inspiração da alteridade, têm de encontrar mediações técnicas, procedimentos, instrumentos, condições organizacionais e processos de trabalho que, considerando o alcance e as possibilidades das situações particulares, levem à máxima concretização do cuidado possível.

O compromisso, a reflexão e a conduta éticos fundamentam-se na dignidade da pessoa. Assim, o eixo verdadeiro do encontro entre profissional da saúde e paciente está em uma relação interpessoal, em que "um" e "outro" se reconhecem pessoas em uma relação de ajuda (CORREIA, 1993).

O fundamental na ética do cuidado é empenhar-se na compreensão do outro e de sua realidade, saindo de si mesmo para abrir-se e acolher. O profissional sente-se chamado a agir para eliminar o intolerável, reduzir o sofrimento, estar atento às necessidades, atualizar sonhos (WALDOW, 2006).

4. As dimensões da ação em saúde: tratar e cuidar

As ações em saúde têm duas dimensões: uma técnica, relacionada com o diagnóstico e tratamento, que pode ser designada como "tratar"; outra mais voltada à pessoa em sua integralidade, o "cuidar" (PACHECO, 2002). Equivalem, na saúde, ao "modo-de-ser trabalho" o "tratar" e ao "modo-de-ser cuidado" o "cuidar".

No "tratar" (PACHECO, 2002) executam-se procedimentos técnicos e especializados tendo em vista a doença e a finalidade principal de reparar órgãos doentes na busca da cura. Pensa-se no doente, mas esquecendo-se de sua integralidade como pessoa. As necessidades físicas, especialmente as relativas à doença, recebem atenção, mas as que ultrapassam isto, como as psicológicas e espirituais, muitas vezes, são deixadas de lado.

O profissional que age guiado pelo "tratar" centra-se na doença, vendo o paciente como um conjunto de órgãos comprometidos em suas funções. Diante dele, age como um cientista ante seu objeto de estudo, entusiasmando-se pela situação clínica, especialmente se for incomum ou grave (PACHECO, 2002). A preocupação é agir com eficácia, empregando todos os meios diagnósticos e terapêuticos possíveis na única finalidade de vencer a luta contra a doença. O profissional tende a "levar" o doente a aceitar "tudo" para seu tratamento que "promete cura". A recusa do paciente a algo é vista como "traição" ou "incompetência para decidir". Quando a cura não é possível, o profissional frustra-se, podendo até mesmo "abandonar" o doente, se não "de fato", com seus comportamentos. No "tratar", o paciente reduz-se a um diagnóstico feito por um profissional da saúde que se relaciona com um "número de leito". Trata-se de apenas mais um caso.

O profissional da saúde, no "tratar" (PACHECO, 2002), prioriza e valoriza o técnico para tratar o doente com eficácia e competência, mas sem envolver-se emocionalmente. Conversar e ouvir a pessoa doente ou sua família não importa, pois não se pode "perder tempo" na execução rigorosa de todas as tarefas e técnicas para restabelecer a saúde, mesmo que gerando mais sofrimento do que benefícios para o doente. Ser bom profissional significa não sentir compaixão e não revelar quaisquer sentimentos (PACHECO, 2002).

No mote do "cuidar", o profissional da saúde presta atenção global e continuada a um doente, que é, antes de tudo, uma pessoa, um ser único e insubstituível. O trabalho centra-se em prover atenção ao que a pessoa necessite, e não somente ao requerido pela doença. O paciente não é só um caso a mais, mas uma pessoa única, singular, em uma situação particular e que carece e merece ser assistida de maneira individualizada, integral e respeitosa.

O profissional da saúde não se preocupa apenas em "tratar a doença" ou "aliviar os sinais e sintomas", embora isto continue sendo parte importante de sua atenção. Sua presença não é meramente física ou profissional, mas de uma pessoa capaz de escutar, entender e acolher, em uma relação entre profissional e paciente de abertura, compreensão e confiança que valoriza e possibilita decisões compartilhadas no cuidado.

Ao "cuidar" o outro, profissional e paciente são um fim em si mesmos e não meros meios para fins científicos, técnicos ou institucionais. Isso implica sensibilidade, interesse, respeito, atenção, compreensão, consideração e afeto para poder responder às vivências de aflição e sofrimento. O cuidado é compromisso que decorre de envolvimento; resulta em ação que inclui afeto, consideração, promoção do bem-estar do outro (WALDOW, 2006); enfim, permite o cultivo da vida.

A história de Joana, uma astronauta, e seus dois companheiros de viagem Davi e Manolo (TONG, 1998) pode ilustrar as diferenças entre "cuidar" e "tratar":

> Enquanto Davi, Manolo e Joana estavam em órbita ao redor da lua, ocorre um problema com o sistema de suporte de vida de Joana. Ela contata o controle geral, mas as tentativas de conserto falham e só resta manterem-se em contato, conversando, até que sua morte sobrevenha. Diante disso, seus companheiros de viagem reagem de maneira diferente, denotando distintos modos-de-ser.
>
> Manolo considera que tem para com Joana a obrigação de fazer todo o possível para salvá-la. Assim, refaz todas as tentativas que já se mostraram inúteis para corrigir o problema e, finalmente, quando está plenamente convencido de que nada mais pode ser feito, conclui que fez tudo que estava a seu alcance, que cumpriu sua obrigação e, como não há mais nada a ser feito, retorna a seus outros afazeres.
>
> Davi também tenta todo o possível para salvar a vida de Joana, mas, quando percebe que de fato nada pode ser feito para salvá-la, continua em seu cuidadoso compromisso com sua companheira: durante suas tentativas de salvá-la imagina a situação de Joana; condói-se por seu sofrimento; espera que não esteja sofrendo demais; torce para que encontre pensamentos consoladores; deseja que saiba quanto ela significa

> para ele e quanto lamenta sua perda. Quando reconhece que nada pode ser feito, angustia-se e continua tomado por seus pensamentos e sentimentos relativos à Joana, embora não se empenhe mais em tentativas infrutíferas ou sem esperança, reconhecendo que a situação está definida, e permanece a seu lado até o fim.

Davi e Manolo agem de maneira diferente, embora executem as mesmas rotinas. Davi faz tudo em meio a uma resposta de vínculo, de acolhimento; demonstra cuidado, preocupação, responsabilização em relação à Joana e não somente um sentimento de dever. Por aliar "tratar" e "cuidar", Davi ilustra a atitude que possibilita os profissionais da saúde serem eficientes e eficazes em seu trabalho e, ao mesmo tempo, manterem-se fiéis na realização de um compromisso de cuidado.

Os pacientes percebem a conjugação de sentimentos e procedimentos técnicos, pois estes são executados com amor, carinho e dedicação. O "sentir-se cuidado" desperta no paciente sentimentos e emoções positivas, que favorecem sua autonomia e o retomar da vida (WALDOW, 2006).

O desafio de integrar trabalho e cuidado implica mesclar "tratar" e "cuidar" em uma aliança de procedimentos técnicos com ações de desvelo, atenção, respeito, acolhimento e preocupação. É fazer conviver: as dimensões da produção e da técnica com o cuidado; da efetividade e da eficácia com a solidariedade, gentileza e cordialidade.

Por meio do toque e de procedimentos executados com destreza e habilidade, mas também com delicadeza e gentileza, o profissional da saúde demonstra o quanto o corpo do paciente é precioso para ele. Por meio de ações educativas e orientações competentes e claras, mas também cordiais, leais e dialógicas, o profissional familiariza o paciente ao que lhe era até então estranho e amedrontador. Com sua presença disponível à escuta e ao acolhimento, o profissional da saúde expressa sua preocupação e corresponsabilização pela saúde do paciente. E escuta-se mais com o coração do que com os ouvidos, pois escutar é abrir-se cordialmente ao outro, acolhendo.

Os profissionais da saúde precisam superar o modo de ser operadores de técnicas, decifradores de exames, executores de rotinas, manuais e procedimentos, para conceder direito de cidadania a sua capacidade de sentir e aproximar-se do outro. É preciso dar espaço à lógica da cordialidade, da gentileza, do acolhimento e não só à lógica da conquista, da dominação e do uso utilitário dos outros.

Fazem-se urgentes a mútua acolhida, a abertura generosa que supõe o despojamento dos conceitos e pré-conceitos, pois só assim captamos a diferença como diferença e não como desigualdade ou inferioridade.

Isso significa renunciar à vontade de poder que reduz tudo e todos a objetos, desconectados da subjetividade humana; significa ver a criança, o jovem, o adulto, o idoso, enfim todo aquele que é assistido como pessoa, como sujeito, em sua integralidade, pois é pessoa em sua totalidade existencial que busca a atenção dos profissionais da saúde.

Significa impor limites à obsessão pela eficácia a qualquer custo, reconhecendo quando se deve parar e tendo humildade para admitir que se pode estar errado ou que não se sabe.

Significa derrubar a barreira da racionalidade fria e abstrata para dar lugar ao cuidado, deixando de se esconder atrás dos equipamentos, rotinas, procedimentos para escutar a voz, voltar para o rosto e olhar nos olhos da pessoa que clama por uma resposta a seu apelo de cuidado.

É urgente, então, assumir o cuidado como proposta ética, como atitude de solicitude e responsabilidade mútua nas ações, porque as estruturas humanas e sociais preocupam-se cada vez menos com as pessoas e mais com a economia. Até mesmo os serviços de saúde estão cada vez mais preocupados com ganhos, pesquisas, tecnociência, inovações, contenção de custos, padronização de normas e procedimentos e têm se esquecido do mais valioso: as pessoas, sejam os profissionais, sejam os pacientes. As demais preocupações são necessárias, mas sua motivação e finalidade têm de ser a pessoa, e seu objetivo alcançar a melhor atenção em saúde para a pessoa ou a comunidade.

A rede de conexões da qual depende a vida de todos e de cada um só poderá ser bem urdida se tentarmos a seguinte ordem: "O bem particular se ordena ao bem comum, a economia se submete à política, a política se rege pela ética e a ética se inspira numa espiritualidade, vale dizer, numa ótica nova acerca do universo, do lugar que o ser humano ocupa nele e do mistério da existência" (BOFF, 2005). Há séculos, temos inflacionado o campo da economia e da política e enfraquecido as esferas da ética e da espiritualidade, o que contribuiu para crise civilizacional e para a perda de sentido e do horizonte utópico da história humana. É preciso empenho teórico e prático para resgatar a ética e a espiritualidade como bases da vida humana e planetária, com sustentabilidade e com um futuro (BOFF, 2005).

A ética vai além da consciência profissional, tem a ver com o compromisso de cuidado. Enquanto a consciência profissional leva a trabalhar duro para cumprir com as tarefas, os deveres e respeitar os princípios, o compromisso de cuidado cobra uma responsabilização radical pela promoção da autonomia e cidadania das pessoas, pela viabilização do desenvolvimento pleno de suas capacidades, enfim pela promoção de uma vida saudável para todos.

5. Por que se resiste ao cuidado?

O cuidado tem sido visto, no mundo moderno, apenas como uma cativante emoção ou uma frágil ideia, e a ética do cuidado tem tido o *status* de contracultura. É fácil compreendermos o porquê: ao apoiar sua visão da condição humana na capacidade das pessoas importarem-se umas com as outras, com as coisas, com a comunidade, com a sociedade, com uma trajetória de vida ou consigo próprias, a ética do cuidado confronta e desafia os sistemas de pensamento racionalistas, abstratos e impessoais que detêm abrangente ascendência e hegemonia social, ética, política e religiosa.

Ao tomar como central algo tão intangível e instável como a relação humana, a ética do cuidado desafia a própria ética a um completo repensar de si mesma, pois sua história construiu-se, basicamente, sobre a ideia de que a lógica da razão bastava para o equacionamento moral. É preciso coragem para aceitar que sentimentos, emoções e outras circunstâncias da realidade, enquanto inerentes aos relacionamentos humanos, podem ser incluídos na tomada de decisão ética sem prejuízo à clareza e à racionalidade do juízo moral. Ao contrário, este ganha: assume caráter de deliberação prudencial que cultiva a mútua atenção cordial e amplia-se para além de julgamentos que correm o risco de serem culpabilizadores e moralizantes.

Na saúde, os pacientes chegam aos profissionais e serviços de saúde vulneráveis por sua doença e sofrimento. Alcançá-los na condição em que estão por meio das relações humanas verdadeiramente construídas pode ser a maneira de mostrar-lhes respeito, apreço, atenção e "cuidado".

Referências bibliográficas

BOFF, L. *Saber cuidar*; ética do humano: compaixão pela terra. São Paulo: Vozes, 1999.

_____. *Virtudes para um outro mundo possível*; volume I: hospitalidade: direito e dever de todos. Petrópolis: Vozes, 2005.

CORREIA, F. A. *A alteridade como critério fundamental e englobante da bioética*. [tese de doutorado] Campinas: Unicamp, 1993.

GILLIGAN, C. *In a different voice*; psychological theory and women's development. Massachusetts: Harvard University Press, 1993.

PACHECO, S. *Cuidar a pessoa em fase terminal*; perspectiva ética. Lourdes: Lusociência, 2002.

TONG, R. The ethics of care: a feminist virtue ethics of care for healthcare practioners. *Journal of Medicine and Philosophy*, 1998, 23, 131-152.

WALDOW, V. R. *Cuidar*; expressão humanizadora da enfermagem. São Paulo: Vozes, 2006.

Capítulo 3

Cuidando do cuidador profissional

Maria Júlia Kovács

Este artigo aborda o tema da morte no século XXI, como profissionais da saúde a enfrentam, as consequências na sua saúde física e psíquica. A morte é vista como inimiga, oculta, vergonhosa, ferindo a onipotência do homem moderno. É tema interdito, provocando entraves na comunicação entre pacientes, familiares e profissionais. Com o avanço da medicina, a morte ocorre no hospital. O cotidiano dos profissionais da saúde em face da morte envolve escolhas difíceis de serem realizadas, gerando estresse adicional. Na mentalidade da morte interdita não se autoriza a expressão de emoções e dor, levando ao adoecimento e ao aumento dos casos de depressão, aumentando a incidência da Síndrome de *Burnout* entre profissionais. Os profissionais da saúde escolhem trabalhar com a morte e o morrer, trazendo sua forma pessoal de lidar com a dor e perdas. Não conseguir evitar a morte ou aliviar o sofrimento traz ao profissional a vivência de sua finitude. Estabelece-se relação entre intenso estresse, colapso e luto não reconhecido. Alguns profissionais não aceitam e não reconhecem seu luto. Os programas de cuidados paliativos procuram modificar esta disfunção ao estimular o trabalho de equipe nos cuidados ao paciente e à família. Uma proposta de cuidados ao cuidador é apresentada com seus objetivos específicos. Outras formas de cuidados são apresentadas refletindo-se sobre cuidados e favorecendo o trabalho da equipe.

1. A morte e o luto hoje

No século XXI, a morte é vista como inimiga, oculta, vergonhosa, que fere a onipotência do homem moderno (ARIÈS, 1977). É considerada tema interdito, provocando entraves na comunicação entre pacientes, familiares e profissionais.

Oculta-se a morte com estratégias defensivas. Interditar a morte oferece poder ilusório àquele profissional que acredita que pode combatê-la, escancarando sua fragilidade.

A morte pode ser vista como fato natural, parte da vida ou como inimiga a ser vencida a qualquer custo. Os "combatentes" da morte na atualidade são os profissionais da saúde, principalmente médicos aos quais se atribui (e alguns se atribuem) o papel de donos da vida e da morte (ZAIDHAFT, 1990; ESSLINGER, 2003; KOVÁCS, 2003).

Em função do avanço da medicina, o local da morte deixa de ser a casa para ocorrer no hospital; o doente não é mais visto como pessoa, não tendo mais direito de planejar seu final de vida e a morte. A família que vive seu sofrimento pode ser considerada presença incômoda (ESSLINGER, 2003). O conceito de morte roubada ao paciente é de Marie de Hennezel (2001), cujo trabalho durante anos foi o de acompanhar pacientes em unidades de cuidados paliativos. Diferencia três situações:

a) A morte roubada ao paciente: neste tipo de morte, o paciente não consegue exercer seu direito de autonomia, ter sua vontade respeitada, ter possibilidade de se autogovernar e ter participação ativa no seu processo terapêutico. Para não ocorrer morte roubada, o diálogo entre equipe de saúde, paciente e familiares é de suma importância, e as informações dadas pelo médico devem ser claras e acessíveis, sem ocultar a verdade. É necessário esclarecer sobre diagnóstico, prognóstico, efeitos colaterais de tratamentos e medicamentos, o que permitirá que se façam escolhas adequadas.

b) A morte pedida pelo paciente. Segundo Hennezel (2001), o pedido do paciente para morrer precisa ser compreendido, pois pode não ser desejo de morte, e sim alívio de sintomas ou acolhimento de sofrimento, que pode não estar sendo tratado de forma adequada pela equipe de saúde. É importante que o sofrimento seja entendido em seus aspectos físicos, sociais, espirituais e emocionais. A comunicação entre paciente, familiares e equipe de saúde é um dos principais eixos no tratamento do paciente.

c) A morte exigida pelo paciente. É o pedido para morrer de fato, uma abreviação da vida. Pode se relacionar com a interrupção de tratamentos obstinados e fúteis ou um pedido de eutanásia.

Seja qual for a dimensão do pedido do paciente, o que se espera são a escuta e a compreensão do que está sendo comunicado, mesmo que não se atenda o seu pedido. Levando em consideração o que Hennezel propõe, parece ficar evidenciado o cotidiano dos profissionais da saúde diante das situações de morte, que envolvem escolhas nem sempre fáceis e possíveis de serem realizadas (até em termos legais), o que pode gerar na equipe de saúde um estresse adicional. Profissionais afirmam que é difícil efetuarem procedimentos

com os quais não concordam, principalmente quando causam sofrimento adicional ao paciente, configurando a distanásia (PESSINI, 2002).

Na situação da morte roubada ao paciente, rouba-se também a possibilidade de despedidas, término de projetos, pedidos de perdão, dificulta-se ao paciente e familiares o luto antecipatório, como definido por Rando (1993). Jann (1998), em sua dissertação de mestrado intitulada *Enfrentando o morrer: a experiência de luto(a) do paciente com câncer avançado e seus familiares*, apresenta os conceitos e as controvérsias envolvendo o termo, destacando o valor adaptativo das reações de luto, antes da morte propriamente dita.

O luto antecipatório segundo Pine (1986) ocorre ao longo de um *continuum*, que vai do momento da notícia de uma doença grave até o momento da concretização da morte. Além dos familiares e do paciente, os profissionais da saúde vivem lutos cotidianos em sua prática profissional. Será que eles têm direito de expressar sua dor? Em seu processo de formação, são oferecidas possibilidades teóricas e experienciais para lidar com dor, perdas e morte?

Na década de 1950, observa-se contestação da abordagem defensiva em relação à morte. Elisabeth Kübler-Ross e Cicely Saunders propõem a reumanização da morte (KOVÁCS, 2003). Cuida-se dos sintomas e do sofrimento na esfera psicossocial e espiritual. O doente passa a ser centro dos cuidados, incluindo-se a família no tratamento. Essa mentalidade permitiu o desenvolvimento dos cuidados paliativos (SAUNDERS, 1991, 1996).

Segundo Pessini (2001), há dois paradigmas nas ações de saúde: o curar e o cuidar. No paradigma envolvendo a cura, o investimento é para salvar vidas. No paradigma do cuidar, a morte é aceita como parte da condição humana. Qualidade de vida em suas várias dimensões é a preocupação dos profissionais afinados com este paradigma.

Pessoas com doença grave podem sentir medo do fim da vida. O que se tornou tão assustador para que pessoas tenham tanto medo do processo de morrer? Observam-se alterações significativas das formas de morrer nos últimos anos. Há predominância de doenças crônicas: cardiopatias, neoplasias, doenças sexualmente transmissíveis, enfermidades neurológicas e demências. O temor de que haja supertratamento nas Unidades de Terapia Intensiva, acompanhado de dor e sofrimento, está presente na população em geral e também em pacientes gravemente enfermos. Talvez este seja o motivo para falar tanto sobre eutanásia e suicídio assistido, como forma de evitar obstinação terapêutica, o prolongamento do processo de morrer com muito sofrimento (PESSINI, 2001).

O conceito de paciente terminal, ainda utilizado, estigmatiza a pessoa. Do ponto de vista psicossocial, o atributo terminal pode condenar o paciente ao abandono, pela ideia de que "não há mais nada a fazer", levando à naturalização da dor e do sofrimento, já que a morte está próxima. O termo "fora de possibilidade terapêutica" pode dar ideia de que terapêutico é só o que leva à cura. Alívio e controle de sintomas nesta compreensão não estão incluídos como terapia.

Pacientes com doença avançada sofrem, constituindo o que Saunders (1991) denominou de dor total. O agravamento da doença provoca vários sintomas físicos, que tornam o cuidado difícil. Entre os sintomas psicossociais estão: medo da solidão, do abandono, da interrupção dos planos da vida, da perda das pessoas próximas, da dependência e da morte.

Pacientes em estágio avançado da doença buscam: alívio e controle da dor e de outros sintomas. Gostariam de assumir controle sobre a própria vida; não ter o sofrimento prolongado; não ser sobrecarga para a família; estreitar laços com pessoas significativas e ter dignidade no fim da vida. Esperam também que seu médico não os abandone.

Alguns pacientes pedem para morrer. Perguntamo-nos o que motiva estes pedidos? Sensação de desamparo, falta de controle e de apoio, não ter a família presente podem ser algumas causas para o pedido de morte (CHOCHINOV et alii, 1995). Estes pedidos para morrer podem ser entendidos como depressão, ficando difícil o diagnóstico diferencial com outros sintomas.

Verificamos as seguintes preocupações em pacientes gravemente enfermos: não poder se despedir dos familiares; dúvidas e questionamentos religiosos; não saber o que vai acontecer com os familiares (KOVÁCS, 1998).

Perdas são vividas durante o adoecimento, propiciando que se trabalhe o luto antecipatório (FONSECA, 2004). Assim é possível a elaboração das perdas entre vivos, favorecendo a prevenção de sofrimento posterior. Do ponto de vista pessoal são vivenciadas perdas de papéis desempenhados ao longo da vida: de profissional, genitor, cônjuge, entre outros (PARKES; MARKUS, 1998).

Para realizar o trabalho do luto é preciso reconhecer e permitir a expressão de sentimentos presentes. Na mentalidade da morte interdita presente na época atual, não se autoriza a expressão de emoções e dor (DOKA, 1989). Este fato pode levar ao adoecimento e ao aumento dos casos de depressão e de Síndrome de Burnout entre profissionais (PARKES; MARKUS, 1998; CARVALHO, 1996).

O processo de luto antecipatório permite elaborar a dor, estimular a comunicação entre pacientes, familiares e profissionais, tendo caráter preventivo. Não é trabalho somente para psicólogos; podem colaborar neste processo médicos e enfermeiros.

Kübler-Ross (1969; 1975) se refere ao estágio da depressão como forma de lidar com a aproximação da morte, não tendo caráter de patologia. O paciente debilitado começa a se distanciar dos entes queridos. É fundamental a tranquilidade, a presença acolhedora dos familiares e dos profissionais que cuidam do paciente. Essa presença confortadora pode ser perturbada pela rotina nos hospitais. Ocorre mais frequentemente em programas de cuidados paliativos pela presença da família e pela filosofia destes programas, que permite o acompanhamento do processo de morrer.

Há duas trajetórias para a morte. Uma em que se observa o lento apagar das funções do corpo até o óbito, e outra acompanhada de delírio, confusão mental, agitação, dor intensa. A "boa morte" envolve a consciência de sua aproximação; manutenção do controle da situação; dignidade e privacidade; alívio de sintomas; escolha do local da morte; acesso à informação e esclarecimento; suporte emocional, social e espiritual; presença de pessoas significativas; direitos preservados; despedidas; não ter a vida prolongada indefinidamente. Morte difícil é aquela que não é aceita, que apresenta revolta e conflito entre familiares, e sentimentos de abandono ou solidão.

Pessoas pedem para morrer com dignidade. Por isso é fundamental avaliar se estão sofrendo. Este pedido não pode ser desqualificado e sim compreendido. A morte pode ser compreendida como finalização da vida. Familiares podem pedir para que se apresse a morte do ente querido, por não suportar ver seu sofrimento. As famílias, na atualidade, são cada vez menores e dispersas, aumentando a sobrecarga dos responsáveis. O aumento do tempo da doença com sintomas incapacitantes torna o cuidado tarefa complicada, o que pode impedir a permanência em domicílio, gerando culpa nos familiares.

Escutar o pedido para morrer não significa atendê-lo. Não se trata de eutanásia, ou suicídio. Pedir para morrer é diferente de pedir para matar (HENNEZEL, 2001). Há uma diferença significativa entre o pedido de ajuda no processo de morrer com qualidade e dignidade e a eutanásia, esta última envolvendo ações efetivas para provocar a morte. Familiares ficam assustados quando ouvem o pedido para morrer por parte do doente e pensam que têm de tomar atitudes rápidas. O esclarecimento destas diferenças e o acolhimento podem ajudar familiares, que se encontram, muitas vezes, ansiosos e desamparados nesta situação.

O cuidador principal está sob risco de colapso. Pode esquecer da própria vida, negligenciando seu cuidado. Observa-se, em muitos casos, ambivalência entre desejo e investimento na sobrevivência do paciente ou de sua morte para alívio de todos (ROLLAND, 1991).

Com a proximidade da morte é urgente buscar comunicação efetiva, lidar com assuntos inacabados, prioridades, escolhas e relações significativas. É fundamental resgatar os desejos, os prazeres e os valores da pessoa. Os problemas na comunicação entre paciente, familiares e equipe de saúde levam à conspiração do silêncio. É uma tentativa de mútua proteção, que pode ser facilmente desmascarada. A doença pode levar à diminuição do poder de decisão e escolha do paciente, um ataque à sua autonomia e dignidade. Ocultam-se sentimentos, há esforços para que a verdade não seja dita e a comunicação fica superficial (KOVÁCS, 1992; 2003).

Ao pensar nos cuidados a pacientes e familiares, é fundamental favorecer a comunicação efetiva, a expressão dos sentimentos, permitindo seu compartilhamento. Estimula-se o sentimento de pertença, coesão, familiaridade, promovendo qualidade de vida (SILVA, 2004).

A autonomia é valor importante para o ser humano e deve ser mantida até o final da vida, lidando-se com os conflitos presentes quando da proximidade da morte. Devem ser preservados para o paciente o sentido de sua existência, a história e seu lugar no mundo, qualidade de vida, dignidade no processo de morrer, último ato humano (KOVÁCS, 1998). Dignidade significa possibilidade de viver com o menor sofrimento possível, tarefa para profissionais envolvidos no cuidado a pacientes em uma abordagem multidimensional.

Para que a dignidade seja preservada, é preciso garantir competência, esclarecendo-se: diagnóstico, opções de tratamento e prognóstico para pacientes e familiares. A autonomia, tão importante em todas as fases da vida, pode ficar prejudicada com o agravamento da doença. É requisito para ter dignidade o apropriar-se do direito de assumir controle da vida, tomar decisões em conjunto com a família e a equipe de saúde, no que se refere a tratamentos e local de permanência até o fim da vida. É importante saber como pessoas gostariam de viver até a morte (KOVÁCS, 2003; 1998a; 1998b).

A ortotanásia é a morte no momento certo: não apressada como na eutanásia ou prolongada como na distanásia. Ela constitui importante tarefa dos programas de cuidados paliativos. Segundo Menezes (2004), os programas de cuidados paliativos criam uma nova representação do morrer. É tarefa dos paliativistas transformar a morte negada e interdita em evento socialmente aceito. Não é tarefa fácil e exige especialização de seus profissionais.

Ajudar no processo de morrer não significa cometer eutanásia. Trata-se de diminuir sofrimento, sintomas incapacitantes e permitir expressão de sentimentos, despedidas, término de assuntos inacabados, ressignificação de relações e busca de sentido da vida (BREITBART, 2004).

É fundamental que, em uma sociedade que considera o tema tabu, se possa conversar a respeito da morte, lidar com preconceitos, possibilitando o exercício da comunicação efetiva. Cuidados paliativos envolvem uma forma de educação à morte para pacientes, familiares e profissionais da saúde, já que propiciam o convívio diário com perdas do adoecimento e proximidade da morte. Permitem a elaboração do luto antecipatório com o compartilhamento de sentimentos e sofrimento em relação a estas perdas. A principal tarefa dos profissionais é evitar a distanásia, informando e esclarecendo pacientes, familiares e demais profissionais da saúde sobre o assunto (KOVÁCS, 2003).

Vê-se em muitas instituições hospitalares a "empurroterapia", diante de temas difíceis como agravamento da doença e aproximação da morte. Os programas de cuidados paliativos procuram modificar esta disfunção ao propor como foco o trabalho de equipe nos cuidados ao paciente e à família (KOVÁCS, 2008).

2. Cuidando do cuidador no contexto hospitalar

Os profissionais da saúde, ao escolherem sua profissão, de forma mais ou menos consciente, estarão lidando com aspectos relacionados à morte e ao morrer, com sua forma pessoal de lidar com dor e perdas. O modo de lidar com essas questões vai depender de vários fatores:

- de sua história pessoal de perdas, experiências e elaboração dos processos de luto;
- da cultura em que está inserido, que influencia as representações de morte, a possibilidade de expressão da dor e como o luto é vivenciado;
- da sua formação universitária e capacitação em serviço.

O profissional da saúde, em seu cotidiano, lida com situações de sofrimento e dor, tendo a morte como elemento constante e presente. Sua dificuldade para lidar com problemas durante a convivência diária junto a pacientes, familiares e colegas tem contribuído para gerar situações de estresse de difícil resolução. O sentimento gerado por estas situações, muitas vezes, se traduz em impotência, frustração e revolta.

Trabalhar na área de saúde, como cuidador, apresenta de imediato a seguinte constatação: a dor e a morte estão presentes no seu cotidiano.

A maneira de lidar com a morte e doenças mudou muito a partir dos grandes avanços científicos e tecnológicos da medicina. A imagem da morte vem acompanhada da ideia de fracasso do corpo, do sistema de atenção médica, da sociedade, das relações com Deus (PITTA, 1994).

Torres (1998), referindo-se à obra de Kübler-Ross, apresenta os conflitos entre vários sistemas de símbolos:

- pessoal e subjetivo *versus* tecnológico e racional;
- atitude maternal de cuidado *versus* procedimentos técnicos;
- morte em casa *versus* morte no hospital;
- necessidade de controle *versus* livre expressão de sentimentos.

No fogo cruzado entre estas ordens antagônicas, encontra-se a equipe de saúde. Profissionais de enfermagem precisam executar procedimentos indicados pela equipe médica, cuidar das demandas feitas pelos pacientes e familiares de alívio do sofrimento e do atendimento às necessidades básicas. Surge o conflito entre salvar o paciente (evitar ou adiar a morte a todo custo) e cuidar (alívio e controle de sintomas e busca de boa qualidade de vida). Entre os diversos conflitos dentro da instituição hospitalar coexistem: lidar com vida e morte, bem-estar e ataque à doença, curar e cuidar (PITTA, 1994).

Ao priorizar no hospital o salvar o paciente a qualquer custo, a ocorrência da morte ou de uma doença incurável pode fazer com que o trabalho da equipe de saúde seja percebido como frustrante, sem motivação e sem significado. Esta percepção pode ser agravada quando procedimentos a serem realizados com pacientes fora de possibilidade de cura não são compartilhados com toda a equipe, fato apontado como uma das razões para o aumento do estresse.

Por outro lado, não conseguir evitar a morte ou aliviar o sofrimento traz ao profissional a vivência de sua própria morte e finitude, o que pode ser extremamente doloroso (KOVÁCS, 1992).

O mito de Quíron ilustra a ideia do cuidador ferido. O centauro Quíron, mestre dos médicos, foi ferido mortalmente pelas flechas de Hércules. Por ser sua ferida incurável, sofria grandes dores. Tornou-se o grande mestre dos médicos porque, tocado pela sua dor, era capaz de se sensibilizar com a dor dos outros. É o que acontece também com os profissionais da saúde em contato com suas próprias dores e perdas, tornando-se sensíveis ao sofrimento das pessoas sob seus cuidados. Os profissionais da saúde vivem esta situação de estarem feridos pela sua prática profissional (CARVALHO, 1996; SHIMIZU, 2000).

A equipe de enfermagem tem alto risco de colapso pela sua função de cuidado diário aos pacientes, portanto em contato mais intenso com dor e sofrimento. São também estes profissionais que o paciente busca para falar de suas questões mais íntimas, levando a situações constrangedoras, pelo fato de não terem respostas a todas as questões e pela eclosão de sentimentos intensos. É o caso da comunicação do agravamento da doença e proximidade da morte.

Por outro lado, a enfermagem acaba tendo um contato mais constante com os familiares que acompanham o paciente e que estão vivendo situações de ansiedade e desespero diante do sofrimento e da possível perda do ente querido. Buscam respostas, querem confirmação de sua esperança, e em razão destas demandas podem sobrecarregar ainda mais a equipe, que já conta com uma intensa quantidade de funções a desempenhar. Essa sobrecarga é decorrente de vários fatores: complexidade das tarefas a serem cumpridas, número insuficiente de profissionais disponíveis, alterações nas escalas de plantão, grande número de pacientes nas unidades.

Pacientes e familiares podem nutrir sentimentos ambivalentes em relação à equipe de cuidados e ao hospital, sendo estes manifestos em primeiro lugar àqueles que estão em contato cotidiano com eles. Entre os sentimentos mais comuns podem coexistir o agradecimento pelo cuidado ou raiva pelo sofrimento infligido, culpa pelo agravamento da doença. São sentimentos possíveis quando a pessoa se vê em face da perda, da aniquilação.

Profissionais da saúde empenhados em sua tarefa de cuidar dos sintomas realizam exames e intervenções, alguns invasivos e dolorosos. Podem sentir que seu trabalho não está sendo reconhecido, e são agredidos pelos sentimentos expressos por pacientes e familiares. Não têm tempo para elaboração, não podem compartilhar seus sentimentos, por vezes se acreditam merecedores deles. Seja qual for o motivo, pode haver sobrecarga afetiva, que se manifesta por meio de sintomas físicos, do adoecimento, resultando na Síndrome de Burnout. Esta síndrome laboral é uma reação à tensão emocional crônica de pessoas que tratam diretamente de outros seres humanos (SHIMIZU, 2000).

Tamayo (TAMAYO, 1997) refere que a Síndrome de Burnout tem três componentes relacionados: exaustão emocional, despersonalização e diminuição da realização pessoal. Segundo Carvalho (1996), esta síndrome envolve profissionais submetidos a estresse emocional crônico, surgindo sintomas psicológicos e comportamentais. Entre os sintomas somáticos estão: exaustão, fadiga, cefaleias, distúrbios gastrintestinais, insônia e dispneia. Os sintomas psíquicos observados são: humor depressivo, irritabilidade, ansiedade, rigidez, negativismo, ceticismo e desinteresse.

Pitta (1994) enumera algumas das defesas que profissionais da saúde apresentam quando diante de ansiedades provocadas pelo trabalho: fragmentação da relação profissional e paciente; despersonalização e negação da importância da pessoa, distanciamento e negação de sentimentos, tentativa de eliminar decisões e redução do peso da responsabilidade.

O termo inglês *care*, "cuidado", deriva-se do antigo inglês *carion*, e das palavras góticas *kara* ou *carion*. Como substantivo, significa "aflição", "pesar" ou "tristeza". Como verbo, significa "ter preocupação por", "sentir uma inclinação ou preferência", "respeitar", "considerar", no sentido de ligação de afeto, amor, carinho e simpatia (CARVALHO, 2000).

Quando ocorre o agravamento dos sintomas e a morte se aproxima, o paciente necessita de mais cuidados, pois apresenta sintomas altamente incapacitantes e de difícil manejo, requerendo alto grau de especialização da equipe. É nestes momentos que surgem os dilemas entre cuidar do paciente e a obrigação de salvar ou prolongar sua vida a todo custo.

Para a equipe de saúde no hospital estes podem ser momentos difíceis, porque há maior preocupação com procedimentos envolvendo cura. A equipe pode se sentir mais atuante quando vê efeitos de suas ações (por exemplo, o paciente sobrevive e vai para casa). Torna-se difícil o manejo de pacientes com múltiplos sintomas, cujo tratamento não leva à melhora, só ao prolongamento da vida com sofrimento. Surgem conflitos sobre o que fazer nestas situações, manter procedimentos ou interrompê-los. Evitar a distanásia é tarefa fundamental para estes profissionais.

O profissional da saúde, em contato com o sofrimento nas suas diversas dimensões, vive conflitos sobre como se posicionar diante da dor, que nem sempre consegue aliviar. Precisa elaborar perdas de pacientes, o que é mais penoso quando morrem aqueles com que estabeleceu vínculos mais intensos. Este convívio com dor, perda e morte traz ao profissional a vivência de seus processos internos, sua fragilidade, vulnerabilidade, medos e incertezas, que nem sempre tem autorização para compartilhar.

Cabe então falar sobre o luto dos profissionais da saúde, processo desencadeado pela perda de pacientes com os quais estabeleceu vínculos mais intensos. Doka (1989) se refere aos profissionais da saúde como enlutados não reconhecidos, portanto sem direito de expressar seus sentimentos, o que pode levar ao colapso.

Há um silenciamento da morte nos hospitais, que coincide com a situação em que se vê a morte como fracasso de profissionais da saúde. Profissionais da saúde se ligam a alguns pacientes e, quando ocorre a morte, têm que lidar com a sensação de fracasso e impotência; entram em processo de luto, que não é reconhecido nem autorizado. Esse fato é reforçado pelo que aprenderam na sua formação: não se envolverem com seus pacientes. Surgem então mecanismos de defesa que podem ser inconscientes, sintomas psicossomáticos, que, se exacerbados, culminam em colapso. A repressão das emoções provoca esgotamento psíquico, diminuindo a concentração, aumentando o consumo de substâncias químicas, levando à depressão e tentativas de suicídio. Sem contato com suas emoções e intuição, não podem acessar recursos criativos e espirituais; sem contato com sua alma, podem adoecer (LIBERATO; CARVALHO, 2008; 2004).

Estabelece-se relação entre intenso estresse, colapso e luto não reconhecido. Muitos profissionais também não aceitam e não reconhecem esta experiência como luto que deve ser vivido, elaborado e autorizado. Parkes (PARKES; MARKUS, 1998) afirma que profissionais da saúde vivem, sim, processos de luto. Experimentam a ambivalência entre sensibilização, aproximação e empatia, e o distanciamento como defesa. Há conflitos entre fugir da morte que não se pode vencer com sentimento de derrota e aprender acompanhando o processo de morte de seus pacientes.

A formação dos profissionais da saúde, voltada predominantemente para o aspecto técnico do manejo das doenças não levando em conta a pessoa, está relacionada com a tarefa de salvar vidas. Observa-se nessa formação a ausência de disciplinas que discutam aspectos cognitivos e afetivos relacionados ao processo da morte e do morrer. Zimermann

(1992) sugere que durante o processo de formação, profissionais da saúde reflitam sobre o clima emocional que envolve o ato médico, discutindo seus sentimentos e ansiedades. É essa discussão que envolve o que abordamos acima como cuidado ao cuidador profissional.

Cavalcante (2003) e Gutierrez (2003) observam esta mesma tendência nos cursos de enfermagem, embora haja demanda antiga destes profissionais para que sejam cuidados.

No Instituto de Psicologia da USP a disciplina optativa Psicologia da Morte é oferecida desde 1986, com os seguintes objetivos: (a) possibilitar a sensibilização e escuta dos processos internos perante a morte; (b) apresentar teorias psicológicas sobre a morte; (c) refletir sobre a ação psicológica diante da morte (KOVÁCS, 2002; 2003).

A seguinte pergunta se apresenta: será que os profissionais que se dizem não preparados para enfrentar a questão da morte querem de fato se preparar? Esslinger (ESSLINGER; KOVÁCS; VAICIUNAS, 2003) aponta para um desejo frequentemente manifesto por profissionais da saúde de que suas próprias feridas possam ser cuidadas. Carvalho (1996, p. 62), referindo-se ao mito de Quíron, aponta que médicos, assim como o centauro, contêm em si as duas vertentes: a do médico e a do paciente.

Cuidar do sofrimento do cuidador profissional é fundamental. Está ferido e ao cuidar de si pode compreender melhor o sofrimento de seus pacientes. Afinal, como pode cuidar se ele mesmo não é cuidado? Pode aceitar suas feridas, favorecer a compreensão da condição humana e exercer a solidariedade (LIBERATO; CARVALHO, 2008; CARVALHO, 2004).

No que se refere mais especificamente à equipe de enfermagem, há um fator adicional que merece consideração. Esses profissionais estão em contato mais direto e contínuo com o sofrimento do paciente e por vezes sem autonomia para tomar uma série de decisões, o que pode gerar um estresse adicional (SHIMIZU, 2000; CAVALCANTE, 2003; GUTIERREZ, 2003).

Unidades de Terapia Intensiva, inicialmente pensadas para salvar vidas, são, hoje em dia, muitas vezes utilizadas para o prolongamento de um longo e penoso processo de morte. Por isso, podem se transformar em "catedrais do sofrimento" (PESSINI, 2002; 2001). Na formação de profissionais da saúde, devem ser incluídas discussões acerca dos aspectos éticos presentes na terminalidade da vida.

Diante do sofrimento imposto pelas situações-limite de vida e morte, Kovács (2003) destaca a necessidade de discutir os temas abaixo relacionados:

- Como comunicar o agravamento da doença e proximidade da morte para pacientes e seus familiares?
- Como lidar com pacientes que estejam expressando sentimentos como medo, raiva e tristeza?
- Como tratar pacientes sem possibilidade de cura, a partir da questão da complementaridade entre curar e cuidar?
- Como cuidar de sintomas incapacitantes, causadores de sofrimento e dor?
- Como abordar a família diante da aproximação da morte, como acolher os sentimentos presentes nessa situação?

- Como lidar com a expressão do desejo de morrer do paciente ou da família que não suporta ver tanto sofrimento?

Foi a partir destes pontos que Esslinger, Kovács e Vaiciunas (2004) planejaram um projeto de cuidado ao cuidador profissional em um hospital público na cidade de São Paulo. O trabalho principal foi realizado com a equipe de enfermagem para trabalhar com os sentimentos resultantes da tarefa de cuidar dos sofrimentos, dores, impotência e culpa por não poder curar ou amenizar o sofrimento.

Na tentativa de trabalhar com o sofrimento do cuidador de enfermagem, optou-se pela realização de várias dinâmicas de grupo, visando à facilitação da emergência das dificuldades e conflitos destas equipes e uma intervenção que buscasse a identificação e alívio destes, quando possível, favorecendo melhor qualidade de vida. Este foi o movimento inicial para desenvolvimento de um projeto que pretendeu oferecer cuidado ao cuidador profissional no contexto hospitalar.

O projeto surgiu após a solicitação das coordenadoras de equipes de enfermagem a partir da supervisão de alguns casos considerados como difíceis pelos profissionais. A proposta teve os seguintes propósitos:

a) aquecimento e sensibilização para o tema principal apontado pela equipe, tendo em vista suas dificuldades principais;
b) aprofundamento do tema trazido pelo grupo;
c) planejamento da ação de cuidados ao cuidador pensado pela equipe de trabalho, tendo em vista suas necessidades.

A metodologia utilizada durante as diversas fases do trabalho envolveu atividades em grupo, intercaladas com atendimento individual. A seguir é apresentado um breve relato de técnicas facilitadoras da emergência dos temas apontados pela equipe, da possibilidade de expressão de sentimentos e do planejamento da ação de cuidados:

a) Desconexão: favorecer o desligamento de estímulos externos que possam perturbar o envolvimento na atividade proposta, trazendo a pessoa para o contato com a sua experiência interior.

b) Introspecção: conduzir a pessoa a um maior contato com suas vivências interiores. Este estado é facilitado a partir de exercícios de relaxamento e sugestões de temas relacionados com o que se pretende trabalhar. Pelo uso de imagens é possível a emergência de aspectos ainda não presentes à consciência.

c) Relatos verbais: estimular o relato das experiências vividas no cotidiano ou acessadas pela dinâmica proposta. Tem como objetivo que a própria pessoa ouça o que está falando, permitindo o compartilhamento de suas experiências com o grupo. Os facilitadores criaram uma atmosfera para que cada participante se expressasse e que pudesse ser ouvido sem críticas ou julgamentos *a priori*.

d) Atividades expressivas: introduzir nas dinâmicas o uso de material expressivo que permitisse a manifestação de conteúdos despertados pela introspecção e não manifestos na consciência. Estas atividades permitem a expressão espontânea de sentimentos e vivências com menos censura. Entre as atividades expressivas utilizadas estão: trabalho com tinta, massa de modelar, sucata, canetas hidrográficas, dança entre outras.

Outra modalidade de cuidado às equipes de saúde é o plantão psicológico, baseado na abordagem centrada na pessoa como postulada por Rogers e Kinget (1977). Facilita o crescimento e o desenvolvimento da pessoa, criando condições traduzidas em uma equação que envolve empatia, aceitação e congruência na relação que se estabelece entre facilitadores e clientes (WOOD, 1994). Oferece espaço de escuta, que conta com a participação de pessoas qualificadas no momento em que se busca ajuda, favorecendo acolhimento da demanda, mesmo que não seja atendida. O processo de escuta pode ser terapêutico. Plantão psicológico implica disponibilidade sem escolha *a priori*, o que requer dos plantonistas flexibilidade e criatividade (MAHFOUD, 1987). Para pessoas, em momentos de crise, angústia e confusão, este tipo de atendimento pode ser ponto de referência, possibilitando o contato com recursos internos e externos.

Como profissionais da saúde vivem situações de estresse, frustração, insatisfação com o seu trabalho e também passando por situações pessoais de sofrimento que precisam de cuidados, o plantão psicológico, por suas características, abre um espaço para que estes profissionais possam buscar ajuda no momento em que necessitam. O plantão pode ser terapêutico em si, ou ser porta de entrada para modalidades de cuidados mais prolongados.

Outras formas de cuidados podem ser pensadas:

- Atividades de lazer para estreitar contatos e estabelecer relações de amizade.

- Psicoterapia e cuidados psicológicos para cuidar da dor e sofrimento dos profissionais.
- Cursos, *workshops* e vivências para transmitir conhecimento, lidar com sentimentos e formas de manejo favorecendo a aprendizagem significativa (ROGERS; ROSENBERG, 1977).
- Supervisão individual e grupal para casos difíceis, refletindo sobre alternativas de cuidados, esclarecendo pontos obscuros, favorecendo o trabalho de equipe.

Uma modalidade de supervisão são os Grupos Balint, que envolvem reuniões de equipe com profissionais da saúde mental, trabalhando-se a relação paciente e profissional, e não a discussão de aspectos clínicos. Assim, pode-se verificar que aspectos podem interferir nos cuidados, favorecendo o autoconhecimento, trazendo à consciência pontos cegos, evitando o *acting-out* (CARVALHO).

Seja qual for a modalidade escolhida, o cuidado ao cuidador é uma medida fundamental a ser adotada nos hospitais. Afinal cuida bem quem se sente cuidado, respeitado e acolhido.

"Não, não, a morte não é algo que nos espera no fim. É companheira silenciosa que fala com voz branda, sem querer nos aterrorizar, dizendo sempre a verdade e nos convidando à sabedoria de viver" (ALVES, 2002, p. 69).

Referências bibliográficas

ALVES, R. *O médico*. Campinas/SP: Papirus, 2002.

ARIÈS, P. *A história da morte no Ocidente*. Rio de Janeiro: Francisco Alves, 1977.

BREITBART, W. Espiritualidade e sentido nos cuidados paliativos. In: PESSINI, L.; BERTACHINI, L. (orgs.). *Humanização e cuidados paliativos*. São Paulo: Loyola/Centro Universitário São Camilo, 2004. pp. 209-227.

CARVALHO, A. M. S. *Corpo erógeno*; inter-relacionamento entre alunos de enfermagem e paciente no manuseio do corpo nu [tese]. São Paulo: Instituto de Psicologia USP, 2000.

CARVALHO, V. A. A vida que há na morte. In: BROMBERG, M. H. P. F.; KOVÁCS, M. J.; CARVALHO, M. M. J.; CARVALHO, V. A. *Vida e morte*; laços da existência. São Paulo: Casa do Psicólogo, 1996. pp. 36-76.

_____. Cuidando do cuidador profissional. In: PESSINI, L.; BERTACHINI, L. (orgs.). *Humanização e cuidados paliativos*. São Paulo: Loyola/Centro Universitário São Camilo, 2004. pp. 305-319.

CAVALCANTE, M. B. G. *Humanização no processo de formação de profissionais da saúde: experiências de alunos do curso de graduação em enfermagem* [tese]. São Paulo: Escola de Enfermagem da USP, 2003.

CHOCHINOV, H. M.; WILSON, K. G.; ENNS, M.; MOWCHUN, N.; LANDER, S.; LEVITT, M. Desire for death in the terminally ill. *American Journal of Psychiatry*, 1995, 152, 1.185-1.191.

DOKA, K. *Disenfranchised grief*; recognizing hidden sorrow. New York: Lexington Books, 1989.

ESSLINGER, I. *O paciente, a família e a equipe de saúde, de quem é a vida afinal?* Um estudo acerca do morrer com dignidade [tese]. São Paulo: Instituto de Psicologia USP; 2003.

ESSLINGER, I.; KOVÁCS, M. J.; VAICIUNAS, N. Cuidando do cuidador no contexto hospitalar. *O mundo da saúde*, 2004, 28, 3, 277-283.

FONSECA, J. P. *Luto antecipatório*. Campinas/SP: Editorial Livro Pleno, 2004.

GUTIERREZ, B. A. O. *O processo de morrer no cotidiano do trabalho dos profissionais de enfermagem de Unidades de Terapia Intensiva* [tese]. São Paulo: Escola de Enfermagem da USP, 2003.

HENNEZEL, M. *Nós não nos despedimos*. Lisboa: Editorial Notícias, 2001.

JANN, I. *Enfrentando o morrer*; a experiência de luto do paciente com câncer avançado e seus familiares [tese]. São Paulo: PUC-SP, 1998.

KASTENBAUM, R.; AISENBERG, R. *Psicologia da morte*. São Paulo: Pioneira, 1986.

KOVÁCS, M. J. Atendimento psicológico em unidades de cuidados paliativos. *Rev. Bras. Medicina*, 1998a, 56, 8, 786-795.

_____. Autonomia e direito de morrer com dignidade. *Bioética*, 1998b, 6, 61-69.

_____. Avaliação da qualidade de vida em pacientes oncológicos em estado avançado da doença. In: CARVALHO, M. M. J. (org.). *Psico-oncologia no Brasil*; resgatando o viver. São Paulo: Summus, 1998c. pp. 159-185.

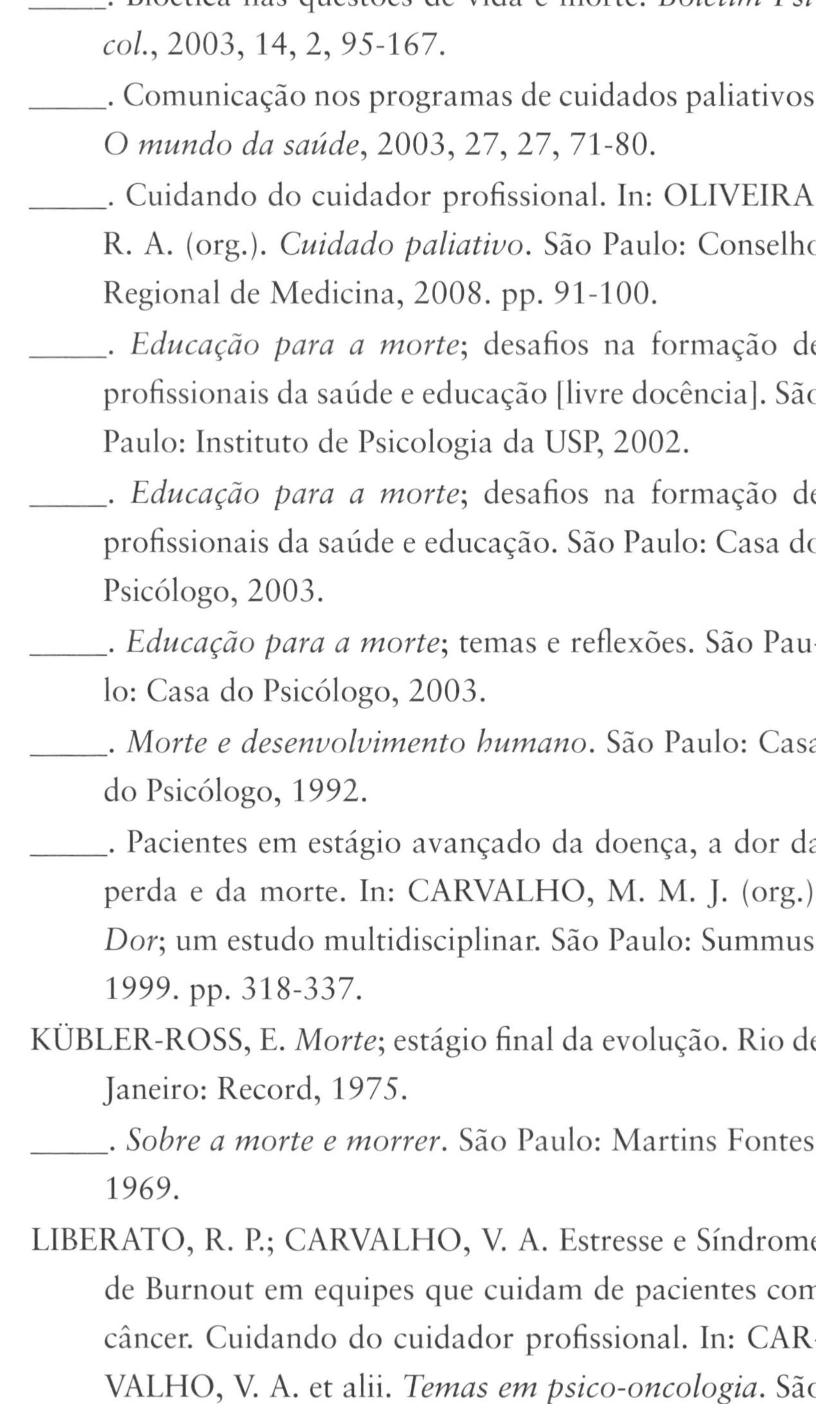

_____. Bioética nas questões de vida e morte. *Boletim Psicol.*, 2003, 14, 2, 95-167.

_____. Comunicação nos programas de cuidados paliativos. *O mundo da saúde*, 2003, 27, 27, 71-80.

_____. Cuidando do cuidador profissional. In: OLIVEIRA, R. A. (org.). *Cuidado paliativo*. São Paulo: Conselho Regional de Medicina, 2008. pp. 91-100.

_____. *Educação para a morte*; desafios na formação de profissionais da saúde e educação [livre docência]. São Paulo: Instituto de Psicologia da USP, 2002.

_____. *Educação para a morte*; desafios na formação de profissionais da saúde e educação. São Paulo: Casa do Psicólogo, 2003.

_____. *Educação para a morte*; temas e reflexões. São Paulo: Casa do Psicólogo, 2003.

_____. *Morte e desenvolvimento humano*. São Paulo: Casa do Psicólogo, 1992.

_____. Pacientes em estágio avançado da doença, a dor da perda e da morte. In: CARVALHO, M. M. J. (org.). *Dor*; um estudo multidisciplinar. São Paulo: Summus, 1999. pp. 318-337.

KÜBLER-ROSS, E. *Morte*; estágio final da evolução. Rio de Janeiro: Record, 1975.

_____. *Sobre a morte e morrer*. São Paulo: Martins Fontes, 1969.

LIBERATO, R. P.; CARVALHO, V. A. Estresse e Síndrome de Burnout em equipes que cuidam de pacientes com câncer. Cuidando do cuidador profissional. In: CARVALHO, V. A. et alii. *Temas em psico-oncologia*. São Paulo: Summus, 2008. pp. 556-571.

MAHFOUD, M. A vivência de um desafio, o plantão psicológico. In: ROSENBERG, R. L. (org.). *Aconselhamento centrado na pessoa*. São Paulo: EPU, 1987. pp. 44-60.

MENEZES, R. A. *Em busca da boa morte*. Rio de Janeiro: Garamond, 2004.

PARKES, C. M.; MARKUS, A. (eds.). *Coping with loss*. London: BMJ Books, 1998.

PESSINI, L. *Distanásia*; até quando prolongar a vida? São Paulo: Loyola/Centro Universitário São Camilo, 2002.

_____. *Viver com dignidade a própria morte*; reexame da contribuição da ética teológica no atual debate sobre distanásia. [tese] São Paulo: Centro Universitário Assunção. Pontifícia Faculdade de Teologia Nossa Senhora de Assunção, 2001.

PINE, V. An agenda for anticipation of bereavement. In: RANDO, T. (ed.). *Loss and anticipatory grief*. Massachusetts/Toronto: Lexington Books, 1986.

PITTA, A. *Hospital, dor e morte como ofício*. São Paulo: Hucitec, 1994.

RANDO, T. *Treatment of complicated mourning*. Champaign, Illinois: Research Press, 1993.

ROGERS, C. R.; KINGET, M. Psicoterapia e relações humanas. Belo Horizonte: Interlivros, 1977.

ROGERS, C. R.; ROSENBERG, R. L. *A pessoa como centro*. São Paulo: EPU-Edusp, 1977.

ROLLAND, J. Helping families with anticipatory loss. In: WALSH, F.; Mc GOLDRICK, M. (eds.). *Living beyond loss*; death in the family. New York: W. Norton & Co, 1991. pp. 144-163.

SAUNDERS, C. A personal therapeutic journey. *British Medical Journal*, 1996, 313, 274-75.

_____. *Hospice and palliative care*; an interdisciplinary approach. London: Edward Arnold, 1991.

SHIMIZU, H. E. *As representações sociais dos trabalhadores de enfermagem não enfermeiros (técnicos e auxiliares de enfermagem) sobre o trabalho em Unidades de Terapia Intensiva em um hospital-escola* [tese]. São Paulo: Escola de Enfermagem USP, 2000.

SILVA, M. J. P. Comunicação com pacientes fora de possibilidades terapêuticas: reflexões. In: PESSINI, L.; BERTACHINI, L. (orgs.). *Humanização e cuidados paliativos*. São Paulo: Loyola/Centro Universitário São Camilo, 2004. pp. 263-274.

TAMAYO, M. R. *Relação entre a Síndrome de Burnout e os valores organizacionais no pessoal de enfermagem de dois hospitais públicos* [tese]. Brasília: Instituto de Psicologia da UNB, 1997.

TORRES, W. C. A morte, o morrer e a ética. *Arquivos Geriatria e Gerontologia*, 1998, 2, 1, 23-37.

WOOD, J. (org.). *Abordagem centrada na pessoa*. Vitória: Fundação Ceciliano A. Almeida/Universidade Federal do Espírito Santo, 1994.

ZAIDHAFT, S. *Morte e formação médica*. Rio de Janeiro: Francisco Alves, 1990.

ZIMERMANN, D. A formação psicológica do médico. In: MELLO FILHO, J. (ed.). *Psicossomática hoje*. Porto Alegre: Artes Médicas, 1992.

Necessitamos do perdão, de perdoar e de sermos perdoados. Somos frágeis e vulneráveis, caímos, erramos, agredimos e também somos feridos na convivência humana. O drama é quando essa experiência se transforma em culpa em um coração petrificado que não dá lugar ao perdão, que liberta e reata a possibilidade de comunicação e comunhão. Há toda uma jornada de humildade a ser percorrida para ressignificar relacionamentos quebrados, sentimentos e dignidade feridos. Em determinadas circunstâncias temos que aprender a perdoar a vida por nos ferir tanto!

Parte II

Perdão

Desculpe

Capítulo 1

Comunicação de más notícias no processo terapêutico: o desafio de dialogar com sensibilidade a verdade dos fatos

Luciana Bertachini

> Quem está convicto da verdade não precisa escutar. Por que escutar? Somente presta atenção na opinião dos outros, diferente da própria, aqueles que não estão convictos de serem possuidores da verdade. Quem não está convicto está pronto para escutar — é um permanente aprendiz.
>
> Rubem Alves

Comunicar-se é uma atividade intrínseca da natureza humana que demanda o aprendizado de diferentes formas de linguagem de códigos, sinais e símbolos que traduzem diversos conteúdos e emoções do comportamento humano. O que parece ser tão natural na verdade envolve um refinado e complexo processo de vivências e aprendizagens, no qual as expressões verbais e não verbais identificam a particularidade do indivíduo nas suas relações interpessoais. Em particular na área da saúde, a comunicação assume capital importância na relação médico-paciente e na qualidade do cuidado humanizado, sobretudo nas situações críticas e de comunicação de más notícias. É imprescindível a capacitação e a qualificação das habilidades comunicativas nestas situações, visando à construção dos vínculos empáticos e à efetividade da comunicação terapêutica. Certamente, a naturalidade e a sensibilidade humanas são características individuais que protagonizam a boa comunicação, muito embora ambas não excluam propostas metodológicas de Protocolos de Comunicação, que funcionam como ferramentas capazes de contribuir no processo de qualificação profissional com vistas ao aprimoramento das habilidades comunicativas no cuidado da vida.

Introdução

A condição vulnerável dos pacientes e de seus familiares diante da comunicação de notícias críticas nos cuidados de saúde nos remete a uma reflexão ética acerca da comunicação da verdade com base na *escuta atenta* e na *comunicação terapêutica*. Estas últimas são vertentes essenciais na estruturação de um diálogo franco e acolhedor entre o profissional e o paciente, em especial nos momentos de enfrentamento e elaboração dos processos decisórios em cada etapa de seu plano de cuidados. Essas duas vertentes humanizam a relação do cuidado humano com base na valorização da troca de percepções, experiências, conhecimentos, desejos, sentimentos e emoções, mediatizadas por técnicas de comunicação, favorecendo uma comunicação eficiente e humanizada. Antes, porém, propõe-se uma breve revisão do amplo conceito de comunicação enquanto atividade intrínseca da natureza humana. Desde os primórdios de sua existência o homem interpreta o mundo por meio da aprendizagem de códigos, símbolos, sinais, entre outras formas de comunicação como a linguagem verbal e não verbal, que traduzem os conhecimentos e as motivações que se tornam bases da comunicação interpessoal. O que parece ser tão natural na verdade envolve um refinado e complexo processo de vivências e aprendizagens. Na área da comunicação, isso assume proporções imprescindíveis na relação entre médico paciente por definir em grande parte a qualidade do cuidado humanizado nas situações críticas de comunicação de más notícias. Por essa razão, o preparo do profissional da saúde para desempenhar com habilidade suas atitudes comunicativas merece ser encarado como uma competência da prática clínica. O emprego de treinamentos específicos de comunicação, em especial de transmissão de más notícias, no curso da formação acadêmica pode se unir à aprendizagem das competências técnicas. Surge, portanto, a necessidade de um processo formal de aprendizagem para a comunicação de más notícias, como uma proposta indicada ao profissional que pretende desenvolver um vínculo empático com seus pacientes. Estabelecer esse vínculo requer competência e seriedade na interpretação e no acolhimento das fragilidades individuais expressas pela linguagem. Interpretar a linguagem no processo terapêutico é um recurso valioso para aproximar-se do paciente e interagir adequadamente com suas angústias, incertezas e sofrimentos, que causam impactos transformadores em suas vidas mediante o recebimento de notícias críticas provenientes do processo terapêutico.

O roteiro deste capítulo propõe pontos de reflexão sobre aspectos teóricos da comunicação com ênfase nas interfaces práticas relativas às habilidades da escuta, expressividade, vínculo e sensibilidade que aprimoram a comunicação humanizada nas abordagens em cuidados paliativos. A seguir, são descritos argumentos que pontuam a requisição de um maior preparo das equipes de saúde no aprendizado da comunicação de más notícias, e por fim é descrito o *Protocolo*

Spikes de Comunicação como um instrumento que preconiza um roteiro de abordagens e atitudes comunicativas adequadas à diferentes fases e contextos da comunicação de más notícias, podendo ser aplicado de forma adaptada às realidades socioculturais e de natureza clínica de cada paciente. Reflexões éticas sobre o desafio de aliar a comunicação da verdade com o compromisso da sensibilidade permearam os temas discorridos com o objetivo de elevar o protagonismo da postura comunicativa na área da saúde enquanto dimensão humanizada do cuidado da vida mediante os desafios éticos em situações críticas e de terminalidade.

1. Algumas balizas conceituais

Por mais que a palavra "comunicação" esteja presente em diferentes contextos da área da saúde, estudos demonstram que na rotina hospitalar alguns profissionais com pouca ou nenhuma habilidade comunicativa causam impactos negativos nas relações com seus pacientes e familiares; sem preparo suficiente, causam mal-entendidos que abalam a confiança e a segurança do paciente para com a equipe multiprofissional da saúde. Não há como negar que na sociedade contemporânea o valor da "comunicação interpessoal" assumiu proporções exponenciais nas redes virtuais de relacionamento, bem como nas situações presenciais capazes de expressar as dimensões emocionais, intelectuais, motivacionais e afetivas de cada indivíduo. Não obstante, os profissionais da saúde estão inseridos neste contexto em que o "ato de comunicar" vai além de simplesmente informar, devendo o profissional saber lidar com as reações emocionais dos pacientes mediante a comunicação de más notícias. Nessa perspectiva surge a comunicação terapêutica como uma atividade diferenciada de comunicação na área da saúde, capaz de identificar na narrativa do paciente suas dimensões cognitivo-afetivas, emocionais e culturais, que traduzem boa parte de sua biografia de vida e de seus recursos internos que precisam ser delicadamente percebidos e bem trabalhados pela equipe de cuidados.

Tendencialmente, o médico tem sido o profissional a se incumbir da condição de "portador da boa ou má notícia", com a expectativa de comunicá-la com serenidade, humanismo, franqueza e esperança. Para tanto, a "escuta atenta ou ativa" que tem como essência valorizar o outro torna-se um instrumento fundamental capaz de oferecer prontidão e tempo para valorizar as demandas emocionais do paciente na sua particularidade. O ato de escutar atentamente implica compartilhar um momento e buscar significados não só à mensagem recebida mas à pessoa que transmite seu conteúdo fundamentado na relação de ajuda e interesse pelas suas necessidades. Esse processo, que parece ser tão natural, em grande parte se contradiz na realidade hospitalar em função de um cotidiano que silencia os desafios de uma comunicação humanizada, subtraindo do paciente boa parte de seu papel participativo e decisivo sobre o próprio tratamento. É necessário vencer o desejo de dar respostas "prontas" sem antes escutar a mensagem. No campo dos cuidados paliativos estamos diante de um importante e gratificante desafio de capacitar a equipe profissional a desenvolver uma postura interdisciplinar para uma comunicação eficiente e humanizada, em especial na transmissão de más notícias, lembrando que o impacto de uma comunicação clara e adequada traz benefícios na aderência e no tratamento, bem como no entendimento entre a equipe multiprofissional.

Elementos como empatia, escuta atenta, compreensão, interesse, desejo de ajuda e bom humor são indispensáveis para conseguir um ambiente de conforto emocional, no qual o paciente terá um conhecimento de sua doença e diagnóstico, e o médico agirá segundo seus conhecimentos, experiência clínica e capacidades humanas (DOYLE; O'CONNEL, 1996; ALMANZA-MUÑOS; HOLLAND, 1999).

2. O que são más notícias?

O conceito predominante das más notícias ocorre quando uma notícia altera drástica e negativamente a perspectiva do paciente em relação ao seu futuro (VANDEKIEF, 2001; MULLER, 2002), ou quando a má notícia traz uma ameaça ao estado mental ou físico do paciente, com riscos na sua qualidade de vida (PTACEK, 1996; ALMANZA-MUÑOS; HOLLAND, 1999). Abarcam tanto diagnóstico terminal, como de doenças crônicas, e em situações de comunicação de síndromes e/ou condições críticas de agravamento da doença. Uma má notícia pode ser aquela que é dada em uma hora inoportuna, e sem um preparo técnico e humanizado.

3. Aspectos que interferem na eficiência da comunicação

O Código de Ética Médica de 1847 já declarava: "A vida de uma pessoa doente pode ser diminuída não apenas pelos atos, mas também pelas palavras ou maneiras do médico". Comunicar-se cuidadosamente é uma atribuição sagrada para evitar que o paciente se desencoraje, ou desenvolva significativos quadros de depressão, principalmente diante das más notícias que, por vezes, se apresentadas inadequadamente, podem interferir no grau de compreensão da situação bem como no processo de relação médico-paciente e profissional-familiar, comprometendo questões de vínculo e segurança. Portanto, as competências do médico e da equipe de saúde são fundamentais em termos de sensibilidade e comprometimento na comunicação das informações com transparência, atenção e tempo, utilizando *linguagem clara* e compreensível. Os familiares, por sua vez, buscam privacidade, uma atitude positiva do médico, sua competência, clareza e tempo para perguntas. Um dos aspectos que compromete a comunicação é a desconsideração do profissional para com as tentativas dos indivíduos fragilizados ou em fase terminal da doença de descreverem o que estão vivenciando, implicando interpretações equivocadas como confusões ou alucinações. Constata-se muito dessa realidade nos cuidados paliativos e nas UTIs, mediante as expressões pela linguagem não verbal. É comum observarmos dificuldades em conseguir estabelecer um canal de comunicação adequado, principalmente quando erroneamente se enfatiza somente a comunicação verbal, o conversar. Vale lembrar que apenas 7% da comunicação ocorre por meio de palavras, enquanto o restante ocorre por meio de sinais corporais, faciais e paralinguísticos, incluindo a distância física mantida entre os indivíduos. São frequentes as perguntas: como me comunicar com o paciente na iminência de morte? Devo conversar sempre, permanecer em silêncio, segurar sua mão? As respostas apontam para o emprego de códigos não verbais pré-definidos pela equipe de cuidados como uma alternativa

de interagir com o paciente, exercitando a *empatia como instrumento neste processo*, pela qual se estabelece uma ressonância emocional entre as partes, já que um comportamento empático pressupõe manter-se atento às expressões emocionais do interlocutor, favorecendo a prática de ações para si próprio em uma situação semelhante. O momento de comunicar a transição para cuidados paliativos é um momento delicado e crucial para a equipe e os pacientes. Por isso, o vínculo empático é determinante na forma como o paciente compreenderá e se ajustará à sua nova situação.

Paradoxalmente, mesmo diante de objetivos tão simples, a comunicação entre equipes de saúde e pacientes nem sempre ocorre de forma satisfatória, com pouca empatia e grande controle por parte dos profissionais, dificultando a percepção e a valorização correta da aflição dos pacientes e de seus familiares. São atitudes frequentes que corroboram a *deficiente preparação das equipes de saúde* em termos de habilidades gerais de comunicação, principalmente na forma de revelar informações de resultados negativos no curso da evolução de uma doença (ALMANZA-MUÑOS; HOLLAND, 1999). A equipe de saúde pode e deve proporcionar ao paciente uma assistência de qualidade integral e humanizada, mas é necessário assimilar habilidades de comunicação: escutar bem, não mentir nunca, evitar uma conspiração de silêncio, evitar a falsa alegria, não descartar uma possível esperança e aliviar a dor, como reforçam Callanan e Kelley (CALLANAN; KELLEY, 1994). Assim, o emprego adequado da comunicação constitui-se em um dos pilares básicos do cuidado paliativo e uma medida terapêutica comprovadamente eficaz.

4. Comunicação terapêutica

A comunicação terapêutica é a condição básica para a construção de uma relação de segurança e sensibilidade que permeia todo o processo terapêutico, com grande relevância no contexto de cuidados paliativos onde as relações interpessoais são partes da ancoragem emocional. No entanto, ainda há profissionais mal preparados para lidar com os pontos nevrálgicos da comunicação terapêutica, como explicam Paes e Araújo.

O desconhecimento das técnicas de comunicação terapêutica acarreta posturas de afastamento dos profissionais para com os pacientes, evitando o contato verbal e a construção de um vínculo nas situações de morte iminente e de transmissão das más notícias. Esse vínculo considera o reconhecimento de si (quando o sujeito pode conhecer de novo seus conteúdos mentais e a partir daí ressignificar suas experiências), o reconhecimento do outro e o reconhecimento pelos outros. Destacam-se três fatores essenciais da comunicação terapêutica: *transmissão, recepção, e canais que podem ser verbais e não verbais*, todos eles com forte perspectiva de observação do comportamento emocional diante da fase do processo de perda em que o paciente terminal se encontra: negação, raiva, barganha, depressão e aceitação.

Em uma fase avançada o terapeuta precisa propiciar as condições para que o paciente faça suas devidas despedidas, com base em um "olhar multidimensional" distante de uma "neutralidade de comunicação", pois a todo momento os sinais e os símbolos transmitem ideias, pensamentos e emoções.

Há *quatro pressupostos* que identificam este universo comunicativo: o *primeiro pressuposto* destaca que a mensagem também carrega consigo sentimentos evidenciados pela linguagem não verbal, ou seja, a atenção não ocorre só por meio de palavras, mas o "silêncio comunica"; o *segundo pressuposto* considera que a relação pode ser verdadeira até o final, desde que se preserve o limite do que pode ser feito em cada caso, de modo que as notícias sejam dadas gradualmente, considerando a capacidade de compreensão de cada pessoa. O *terceiro pressuposto* aponta para a clareza e a objetividade da comunicação entre a equipe multiprofissional de modo a garantir uma linguagem compreensível, objetiva coerente e harmônica. O *quarto pressuposto* destaca a importância do "ser adequado agindo com coerência e oferecendo o tempo necessário para a assimilação gradual da má notícia, e em caso de enfermidade terminal sugere-se remeter à proposta da psiquiatra suíça radicada nos Estados Unidos Elisabeth Kübler-Ross" (KÜBLER-ROSS, 1985), quando afirma que todas as pessoas deveriam ter tempo para dizer: "obrigada" – "desculpa" – "eu te amo" – "adeus...". Para que esses recursos sejam reconhecidos e utilizados com êxito, é necessário que um novo paradigma de profissional da saúde seja adotado de modo a permitir que cada profissional esteja apto a identificar tais recursos, ao mesmo tempo em que esteja preparado a aplicar as ferramentas que a ele se disponibilizam por meio da *comunicação terapêutica.*

Conclui-se a partir destas reflexões que a comunicação eficiente não se restringe à atitude de simplesmente informar. Na realidade, ela é um processo que envolve pessoas dispostas a trocar informações com base no exercício da compreensão mútua e apoio. Exige tempo, compromisso e desejo sincero de ouvir e compreender as preocupações do outro. Busca respostas adequadas diante de delicados questionamentos. Por fim, atua para além da "simples presença" e permite estar de fato ao lado da pessoa demonstrando forte presença empática.

5. Comunicação entre pacientes, familiares e profissionais da saúde

Nos cuidados paliativos, o paciente é assistido na sua globalidade, com ênfase na qualidade do "bem viver", dentro de suas reais condições de tratamento. Trata-se de uma filosofia que não está necessariamente atrelada ao ambiente hospitalar, podendo ser desenvolvida em diversos contextos e instituições, e por diferentes profissionais da saúde durante o curso do tratamento, provendo oportunidades de comunicação com o paciente e seus familiares, segundo Pessini e Bertachini (2006).

Muitos autores já tentaram definir o que efetivamente é a família, ou quem deve ser considerado como família sob o ponto de vista terapêutico. A melhor definição afirma que "a família é quem seus membros dizem que são". A participação de um familiar no momento de comunicar notícias difíceis geralmente é feita pelo consentimento e/ou solicitação do paciente. Com frequência, profissionais e familiares sentirão a necessidade de ocultar ao paciente a verdade por causa do desejo de manter esperança, estratégia que, embora bem-intencionada, pode trazer muitas dificuldades com o avançar da doença. *Más notícias são sempre más notícias*, mas o modo "como, quando, onde e para quem" são

comunicadas determinará o quanto os pacientes se sentirão apoiados, aceitos e compreendidos, com impacto significativo na habilidade de viver uma nova realidade.

Os profissionais da saúde têm o dever de cuidar, identificar essas dinâmicas e responder a essa realidade (KOVÁCS, 2004). *O diálogo integrador* é considerado uma característica imprescindível para a constituição de uma equipe que se caracteriza por ser interdisciplinar. A *comunicação presumida* deve ser evitada; ela ocorre quando o falante comunica suas ideias, pressupondo que o interlocutor esteja compreendendo perfeitamente o conteúdo de toda a mensagem, ou seja, pensando que o ouvinte "subentenda", suponha e conclua antecipadamente as intenções e finalidades do falante, partindo de uma "falsa percepção de concordância de linha de pensamentos" e, sobretudo, de ações que decorrem deles. É a partir dessas situações que os "distúrbios de comunicação" se instalam no processo relacional, prejudicando enormemente a harmonia e a assertividade das práticas interdisciplinares. O profissional deve comunicar com clareza seus pensamentos e intenções, valendo-se de uma linguagem respeitosa, aberta e simplificada com o paciente e seus familiares. É altamente recomendável validar as próprias afirmações por meio da fala "do outro", para saber se realmente houve a compreensão suficientemente adequada e assertiva do que foi comunicado.

6. Comunicando as más notícias

Diversos autores reforçam a importância de avaliar um "momento adequado" para o paciente *ouvir a notícia*, o quanto deseja saber, e só então transmitir doses fracionadas de informação, respeitando e acompanhando o ritmo de suas reações (BUCKMAN, 1992; COLÓN, 1995; MIRANDA; BRODY, 1992).

Os médicos podem oferecer uma *esperança realista* que pode interferir na qualidade de vida do paciente, na dignidade e no conforto durante a evolução da doença. Os autores estabelecem os princípios da comunicação de más notícias:

- Minimizar solidão e isolamento.
- Enfocar necessidades básicas de informação, respondendo imediatamente a desconfortos.
- Estabelecer um plano de acompanhamento e antecipar o que não foi falado.
- Escolher um momento em que o paciente e o médico estejam descansados e tenham um tempo adequado; considerando o estado emocional e psicológico do paciente.
- Preparar o paciente dizendo que há um assunto difícil para conversarem juntos.
- Utilizar uma linguagem clara e simples.
- Ter uma atitude empática diante do sofrimento do paciente.
- Informar de forma gradual e programar outro encontro com o paciente.
- Ser realista, evitando a tentação de minimizar o problema, sem tirar as esperanças.
- Assegurar a continuidade do cuidado, não importando o que houver.
- Assegurar que o paciente tenha suporte emocional de outras pessoas.

No amplo cenário de assistência à saúde, existem guias e protocolos de *comunicação de más notícias*, porém nem todos aplicáveis nas diferentes culturas e estruturas de assistência à saúde. No entanto, parece viável pensar que, com base nos eixos temáticos desses materiais pré-elaborados, seja necessário adaptar com coerência e legitimidade algumas de suas propostas. Uma vez compreendida a essência desses protocolos, é possível avançar para um "treino" das perícias de comunicação e das competências que fazem parte integrante das aptidões de qualquer profissional.

O *Protocolo de Buckman ou Spikes* pode ser de grande utilidade na transmissão das más notícias, desde que corretamente indicado e adaptado às realidades dos pacientes e de suas condições físicas e emocionais.

7. O Protocolo Spikes

Quando Robert Buckman (1992) elaborou o *Protocolo Spikes*, teve como objetivo oferecer aos profissionais que trabalhavam com pacientes em fase final de vida um guia metodológico para capacitação de como comunicar as más notícias. O processo se daria por meio de uma abordagem *lógica e sistemática* de comunicação, que abriria um caminho altamente promissor para a qualidade da relação profissional-paciente com base na comunicação franca com os pacientes e seus familiares. Pode ser uma proposta válida para organizar, capacitar e valorizar a comunicação terapêutica no plano de cuidados, garantindo ao paciente suas possibilidades reais de autonomia e protagonismo nos processos decisórios em conjunto com a equipe interdisciplinar.

O *Protocolo Spikes* é dividido em seis etapas:

Setting – Contexto e postura do profissional.

Perception – Percepção do paciente.

Invitation – Troca de informações.

Knowledge – Conhecimento do assunto.

Explore emotions – Dimensionamento e valorização das emoções.

Strategy and summary – Estratégias e síntese.

7.1. Setting (contexto físico)

O ambiente físico deve estar preparado para a conversa, em conformidade com as atitudes cordiais e sensíveis dos profissionais.

7.2. Perception (percepção do paciente)

Deve-se avaliar o grau de informação ou percepção que o paciente tem sobre sua condição médica e prognóstica, analisando suas respostas a partir de questionamentos indiretos do tipo:

- "Como você tem lidado com a doença até agora?"
- "Quando você teve (sintoma X) pela primeira vez, o que você pensou que pudesse ser?"

As respostas devem ser analisadas sob os aspectos de:

Conteúdo real das afirmações do paciente. É preciso determinar o quanto o paciente entendeu e o quanto suas percepções estão próximas da realidade médica. Em princípio, o paciente eventualmente nega que as informações lhe foram prestadas, para verificar se o profissional reapresentará as mesmas orientações. Nesse caso o profissional não deve forçar um confronto imediato; é possível que o paciente esteja em fase de negação, despertando um comportamento conhecido como síndrome do "ninguém nunca me disse".

Conteúdo emocional e estilo das afirmações dos pacientes. Surgem na conversação espontânea muitas expressões de natureza cognitivo-emocional a que o profissional deve manter-se atento nas palavras ditas e no tipo de palavras evitadas, pensando na linearidade da linguagem que a equipe terá que adotar no curso do tratamento. Por exemplo, um paciente pode falar de forma calma, mas a expressão corporal revelar ansiedade e angústia, havendo uma dessincronia de conteúdos emocionais na mensagem.

7.3. Invitation *(troca de informação)*

Neste estágio busca-se uma abertura clara por parte do paciente para o início da conversa. Por mais que o direito da verdade e da informação seja soberano, geralmente é impossível prever quais pacientes irão querer ouvir a verdade ou não. Há índices que apontam entre 50% e 98,5%, dependendo da região demográfica e do diagnóstico de pacientes que querem a revelação completa. Como não há sinais claros que identifiquem este desejo, as perguntas podem ser feitas com base no estilo pessoal do paciente. Por exemplo:

- "Você gostaria que eu lhe desse detalhes completos do diagnóstico, neste momento, ou você prefere ouvir sobre o plano de tratamento?"
- "Você quer que outra pessoa esteja presente em nossa conversa?"

7.4. Knowledge (conhecimento — trocando informação médica)

O processo de comunicação das más notícias é mais bem conduzido quando se considera os aspectos a seguir:

Alinhar/ajustar (Aligning). Nesta etapa o profissional faz um "resgate" e um "alinhamento" dos pontos conversados, podendo se utilizar de algumas palavras do paciente, demonstrando que houve atenção diante de suas manifestações. Esse processo é chamado de *alinhar*, pois descreve o ponto em que a informação médica se alinha ao conhecimento atual do paciente.

Educar/instruir (Educating). Tendo em vista que as informações já foram alinhadas com a posição original do paciente, o *educar* traz a percepção do paciente sobre sua próxima condição clínica, devendo ser um processo gradual de troca de informações, até que sua percepção fique próxima à sua realidade clínica. São etapas que respeitam o "momento do paciente", evitando introduzir informações novas de maneira repentina. Adota-se uma direção firme, estável e uma condução suave na conversa.

Fornecer informação aos poucos: o tiro de advertência. A regra é comunicar aos poucos as informações, uma ideia denominada de "tiro de advertência", que pode facilitar a compreensão da realidade diagnóstica, dando um *aviso* de que algo sério precisa ser conversado: "Bem, a situação era mais séria do que imaginávamos..." e gradualmente introduzir os pontos mais delicados do prognóstico, acolhendo as reações do paciente a cada estágio.

Usar linguagem simples. Os "vícios de linguagem técnica" são interessantes somente para os profissionais que

os utilizam para favorecer a transmissão rápida de informações codificadas. Já os pacientes não aprenderam a falar *esta língua* e não conseguem expressar suas emoções por meio dela. Os termos específicos reforçam uma barreira entre o paciente e o profissional.

Validar as informações. Deve-se verificar com frequência se a mensagem foi corretamente compreendida pelo paciente e seus familiares, podendo-se utilizar mecanismos que quebram o monólogo. "Estou me fazendo compreender?" São recursos interessantes que demonstram preocupação com a compreensão do paciente, que o estimulam a falar mesmo na sua frágil condição emocional, permitindo que o paciente sinta-se com o "controle" da conversa, uma vez que seus sentimentos estão sendo legitimados pelos profissionais.

Reforçar a mensagem. Sugere-se reforçar de várias maneiras o que o profissional esclareceu e/ou explicou ao paciente e a seus familiares; uma delas é solicitar que o paciente repita, com o auxílio do profissional, em linhas gerais o conteúdo tratado na conversa.

Combinar a "pauta" da conversa com o paciente. Recomenda-se anotar no prontuário, ou numa "lista de afazeres", as principais dúvidas, preocupações e ansiedades a serem gradualmente trabalhadas com a equipe.

Ouvir questões ocultas. Preocupações pessoais mais profundas nem sempre aparecem facilmente na verbalização do paciente; elas podem ocorrer em forma de perguntas do tipo "ocultas" enquanto o médico esta falando, e geralmente são muito significativas. Nesses casos, recomenda-se primeiro terminar a orientação em curso para depois perguntar ao paciente o que ele estava dizendo ou sinalizando.

Preparar-se para estar sob controle. Com frequência o profissional pode estar chegando ao final da entrevista e então o paciente querer retomar alguma questão. Este não é um comportamento contraditório. Geralmente é o resultado de medo e insegurança; ao retomar a entrevista, o paciente pode estar manifestando certo controle ou pode estar retomando algo importante. Sugere-se responder ou pelo menos combinar que tais questões serão retomadas em um próximo encontro, sempre cumprindo o prometido.

7.5. Emotions and empathic responses (emoções e respostas empáticas — respondendo aos sentimentos dos pacientes)

As reações dos pacientes e as respostas dos profissionais definem a qualidade do plano de cuidados. Por essa razão, a capacitação profissional para acolher e compreender de forma sensível as emoções manifestadas pelo paciente é importante e recomendada no preparo de profissionais da área da saúde.

7.6. Strategy and summary (estratégia e síntese)

Neste estágio, o profissional faz uma síntese da situação e elabora um plano operacional de compromisso para o futuro — *plano de cuidados.* É um processo de grande importância nos cuidados paliativos, porque lida com a introdução constante de intervenções que precisam ser conversadas e definidas com o paciente e seus familiares. Sugere-se reunir as informações do prontuário à situação clínica e traçar um plano de tratamento multidimensional com um compromisso para o futuro, considerando os seguintes aspectos:

a) *Demonstrar entendimento dos problemas do paciente*: realizar a "escuta atenta e ativa" das necessidades do paciente.

b) *Pontuar e diferenciar com clareza o que tem e o que não tem solução*: representa uma forma mais pragmática de classificar em ordem de prioridade os problemas abordados pelo paciente. Trata-se de uma hierarquização dos procedimentos e próximos passos.

c) *Elaborar e explicar o plano de cuidados*: traçar um plano e definir o que será feito "etapa por etapa".

d) *Identificar estratégias de coping dos pacientes e reforçá-las*: o profissional deve ajudar o paciente a avaliar o que ele pode fazer por ele mesmo. É um processo contínuo e geralmente não se conclui em uma conversa.

e) *Identificar outras fontes de apoio ao paciente e incorporá-las*: a equipe deve investir na identificação e na escolha acertada de alguém fora da relação paciente-profissional que possa assistir o paciente e sua família, oferecendo-lhes apoio.

f) *Desenvolver síntese e conclusão*: a parte final da conversa é uma síntese e um compromisso para o futuro. Nesse resumo reflexivo são relacionadas as principais preocupações e problemas do paciente, formando um panorama geral das duas pautas envolvidas: a do profissional (médico e equipe) e a do paciente (e família). Cria-se uma espécie de "pacto para o futuro", ou seja, definindo uma linha contínua de assistência para que o paciente não deixe a conversa, achando que não haverá um contato futuro.

Considerações finais

No decorrer do artigo foram descritos aspectos teóricos e práticos da comunicação, visando fomentar reflexões sobre a comunicação de más notícias enquanto um desafio no processo terapêutico.

O desempenho da comunicação eficiente é condição determinante na qualidade do vínculo empático que permeia vários momentos do processo terapêutico, exigindo clareza, verdade e sensibilidade nos momentos das escolhas e decisões. Para tanto, a estabilidade emocional e as atitudes de apoio ao paciente expressos pela assertividade comunicativa são condições essenciais para o profissional que se propõe a compreender as interrogações, silêncios e reações do paciente e de seus familiares.

Em cuidados paliativos, a comunicação transita por uma linha tênue entre as informações técnicas e o compromisso de incluir os preceitos do cuidado total nas oportunidades de comunicação com o paciente e seus familiares. São oportunidades em que a comunicação não se impõe, e sim agrega, aproxima e constrói relações de confiança e de fortalecimento nas tomadas de decisões.

A condição vulnerável dos pacientes e de seus familiares nos remete a uma reflexão do quanto a *escuta atenta* e a *comunicação terapêutica* podem agir como fatores diferenciais na preparação do paciente no enfrentamento de seu plano de cuidados. São duas vertentes que humanizam a

relação do cuidado por valorizarem a troca de percepções, experiências, conhecimentos, desejos, sentimentos e emoções, mediatizadas pelas técnicas criadas para o aprendizado da boa comunicação, em especial de transmissão de más notícias.

A habilidade comunicativa permite estabelecer uma boa relação interpessoal, essencial em todas as áreas de assistência em saúde, edificada por atitudes e ações práticas que devem ser empregadas nos cuidados com o paciente, entre a equipe multidisciplinar e com os familiares (BERTACHINI; GONÇALVES, 2004). A aquisição dessas habilidades não se faz somente pelo acúmulo de experiências, mas também pelo emprego de técnicas visando a uma prática de assistência eficiente e humanizada.

Possuir vasto conhecimento científico, certificados de pós-graduação, muitos anos de exercício profissional não identificam um padrão de excelência profissional. O que justifica este padrão é a postura ética que o profissional enfrenta no dia a dia junto com seus pacientes. Este é o indicador mais importante de sua eficiência.

Os protocolos de comunicação fracassariam nas mãos do profissional que entende a comunicação como um "acessório" de competência meramente informativa, minimizando seu caráter relacional. É preciso ter como essência a tríade da sensibilidade, do interesse e do respeito "pelo outro", independente dos modelos teóricos e das recomendações práticas de normas e técnicas comunicativas, atitudinais ou linguísticas. Essa tríade atribui à comunicação uma dimensão humana nas relações de cuidado que precede seu papel informativo, incluindo protocolos de comunicação que preconizem conhecimentos específicos para organizar as capacidades e aprimorar as habilidades comunicativas, desde que se pretendam a qualidade de vida, o cuidado integral e a dignidade.

Referências bibliográficas

ALMANZA-MUÑOS, M. J. J.; HOLLAND, C. J. La comunicación de las malas noticias en la relación médico-paciente. III. Guía clínica práctica basada en evidencia. *Rev. Sanid. Milit.*, 1999, 53, 3, 220-224.

ALVES, R. *Entre a ciência e a sapiência*; o dilema da educação. São Paulo: Loyola, 2000.

BERTACHINI, L.; GONÇALVES, M. J. A Comunicação como fator de humanização da terceira idade. In: PESSINI, L.; BERTACHINI, L. (orgs.). *Humanização e cuidados paliativos*. São Paulo: Loyola/Centro Universitário São Camilo, 2004. pp. 113-123.

BUCKMAN, R. *How to break bad news*; a guide for health care professionals. Baltimore: The Johns Hopkins University Press, 1992.

CALLANAN, M.; KELLEY, P. *Gestos finais*; como compreender as mensagens, as necessidades e a condução especial das pessoas que estão morrendo. São Paulo: Nobel, 1994.

COLÓN, K. M. Bearing the bad news. *Minn. Med.*, 1995, 78, 2, 10-14.

DOYLE, D.; O'CONNEL S. Breaking bad news: starting palliative care. *J. Soc. Med.*, 1996, 89, 10, 590-591.

KOVÁCS, M. J. Comunicação nos programas de cuidados paliativos: uma abordagem multidisciplinar. In: PESSINI, L.; BERTACHINI, L. *Humanização e cuidados paliativos*. São Paulo: Loyola/Centro Universitário São Camilo, 2004. pp. 275-286.

KÜBLER-ROSS, E. *Sobre a morte e o morrer*. São Paulo: Martins Fontes, 1985.

MIRANDA, J.; BRODY, R. V. Communicating bad news. *West J. Med.* 1992, 156, 1, 83-85.

MULLER, P. Breaking bad news to patients. The SPIKES approach can make this difficult task easier. *Postgrad. Med.*, 2002, 112, 3, 1-6.

PAES DA SILVA, M. J.; ARAÚJO, M. M. T. Comunicação com paciente fora de possibilidades terapêuticas: reflexões. In: PESSINI, L.; BERTACHINI, L. *Humanização e cuidados paliativos*. São Paulo: Loyola/Centro Universitário São Camilo, 2004. pp. 263-272.

PESSINI, L.; BERTACHINI, L. Nuevas perspectivas en cuidados paliativos. *Acta Bioeth.*, 2006, 12, 2, 231-242.

PTACEK, J. T.; EBERHARDT, T. L. Breaking bad news: a review of the literature. *JAMA*, 1996, 276, 6, 496-502.

VANDEKIEF, G. K. Breaking bad news. *Am. Fam. Physician*, 2001, 64, 12, 1975-1979.

Capítulo 2

Psico-oncologia: um novo olhar para o câncer

Maria Teresa Veit
Vicente Augusto de Carvalho

É à psico-oncologia, área de intersecção entre a psicologia e a oncologia, que cabem o estudo das variáveis psicológicas e comportamentais envolvidas no processo de adoecimento e cura, e as intervenções ao longo de todo ele. A psico-oncologia aprofundou e refinou técnicas de potencialização dos efeitos dos tratamentos médicos, capacitando cada doente a utilizar seus recursos mentais de maneira focal, para reforçar os efeitos dos medicamentos que recebe. Desenvolveu também recursos de apoio aos cuidadores, profissionais ou não, para que atuem como coparticipantes de todo o tratamento, ao mesmo tempo em que lhes proporcionou estratégias de autocuidado e fortalecimento, visando também à manutenção de sua própria saúde física e mental.

1. História do câncer e novas indagações

"Câncer" é denominação genérica para modificações em estruturas celulares que resultam, de modo geral, em formações tumorais. A especificidade dessas formações é sua capacidade de migrarem, por via sanguínea ou linfática, para outros órgãos do corpo e aí se estabelecerem, gerando novos grupamentos celulares. Trata-se das metástases que, na maioria dos casos, são as verdadeiras causas da morte do paciente. Não existe câncer benigno, porém existem diferentes graus de malignidade e agressividade dos tumores. O órgão primário ou inicial em que se verifica a transformação, o tamanho e natureza do tumor e o grau de invasão deste para outros órgãos constituem-se em critérios sobre a gravidade e prognóstico de cada caso. É a partir desses critérios que se definem condutas e tratamentos que, a cada dia, nos mostram que câncer e morte não são sinônimos.

Mas houve um tempo em que o câncer era inevitavelmente fatal. Essa realidade fez com que se desenvolvessem, no imaginário das pessoas, medos intensos em relação a essa doença. Até há pouco tempo, não era difícil encontrar pessoas que sequer pronunciassem a palavra "câncer", o que pode ocorrer ainda hoje àqueles que não têm acesso adequado à informação.

É comum estarem presentes: o medo da morte, imaginada como inevitável; o medo do sofrimento dos tratamentos; o medo do desfiguramento, quando a doença evolui; o medo da dor, muitas vezes pensada como sem possibilidade de controle.

O medo em relação ao câncer tem consequências importantes. Entre elas, a possibilidade de diagnóstico precoce. Hoje sabemos que diagnóstico precoce e adequada intervenção imediata são elementos decisivos, que chegam a definir o prognóstico da doença. Em muitos casos, representam o diferencial para a cura.

O medo também pode ser responsável pela existência de grande sofrimento psíquico. Vale lembrar que o sofrimento, geralmente, não se restringe ao paciente apenas, mas em muitos casos estende-se a familiares, amigos, colegas e mesmo à própria equipe de saúde responsável pelo tratamento.

O sofrimento emocional muitas vezes leva a pior a evolução da doença, porque pode prejudicar a adesão aos tratamentos. Por outro lado, situações prolongadas de estresse frequentemente resultam em funcionamento inadequado do sistema imunológico, o aparato natural de defesa de nosso organismo. Nesse caso, este passa a ser menos eficaz em sua ação de reconhecimento e eliminação de elementos estranhos ao organismo, por exemplo, células malignas em formação.

Uma das formas de maior adesão a programas de prevenção, diagnóstico e tratamentos, quando indicados, é a informação. Quanto mais dados as pessoas tiverem a respeito do câncer, maior a quantidade de medidas de proteção que poderão tomar, atentas à possibilidade de diagnóstico e à adoção de estilos de vida saudáveis e de uma atitude mais ativa e participativa em seus tratamentos.

Nós, brasileiros, somos hoje uma população de cerca de 190 milhões de habitantes, cuja longevidade tem apresentado aumento significativo. Dados do IBGE mostram que, nos últimos quarenta anos, duplicou a proporção das pessoas com mais de 65 anos na população em geral. Com isso, há de se esperar um aumento do número de casos de câncer, já que esta é uma doença degenerativa que guarda, portanto, uma relação com a idade.

Estimativas do Instituto Nacional do Câncer (Inca) preveem, para o Brasil, 236.240 casos novos de câncer para o sexo masculino e 253.030 para o sexo feminino. O câncer de mama vem apresentando aumento dos casos entre mulheres — constituindo-se hoje a primeira causa de morte por câncer feminino — e, entre os homens, aumenta o número de casos de câncer de pulmão e próstata.

Lamentavelmente, em nosso país, apesar dos esforços feitos no sentido de obter diagnóstico precoce, muitas pessoas ainda chegam aos serviços médicos com doença em estado avançado, o que compromete prognósticos melhores.

No entanto, se é verdade que constatamos atualmente a presença significativa do câncer e o aumento na incidência de algumas de suas formas, lembramos também que muito se tem feito em relação ao maior conhecimento da doença, o que desvenda novas formas de prevenir, diagnosticar e tratar.

Desde o final do século XIX, vêm surgindo tratamentos mais eficazes para o câncer. Naquele período da história da medicina, a partir do advento da anestesia, desenvolveram-se técnicas cirúrgicas para o tratamento do câncer. Essas cirurgias apresentavam eficácia quando os tumores eram ainda localizados, ou seja, sem a expansão para outros órgãos, as chamadas metástases.

No mesmo período, surgiu a possibilidade da radioterapia como elemento paliativo no tratamento de alguns cânceres.

No século XX, após a Segunda Guerra Mundial, começaram a ser desenvolvidos medicamentos para o tratamento do câncer. Curiosamente, o primeiro medicamento eficaz foi o Gás Mostarda, usado como arma química naquele conflito. Em 1950, relata-se o primeiro caso de cura de câncer através do uso de um medicamento. Inicia-se assim a era da quimioterapia.

Muitos avanços têm sido obtidos: observa-se aumento do tempo de sobrevida de pacientes com câncer e essa perspectiva, dados os novos meios de controle da doença, coloca diferentes questões e demandas específicas.

Não podemos deixar de mencionar que um dos fatores que têm contribuído para a mudança no cenário do câncer é o aumento da eficácia dos recursos diagnósticos. Técnicas sofisticadas e estabelecimento de rastreamento populacional no caso de alguns tipos de câncer — como, por exemplo, a realização de exame de papanicolau para detecção de câncer de colo de útero e a prática de autoexame de mama seguida de exames médicos e imagenológicos adequados (mamografia e ultrassonografia) — têm aumentado a possibilidade de diagnóstico e, sobretudo, de diagnóstico precoce.

2. Aspectos psicológicos

Para os pacientes oncológicos e seus familiares, o longo percurso se inicia na necessidade de prevenção, passa por diagnóstico, tratamentos, reabilitação, e os conduz até a terminalidade, podendo levá-los à morte ou cura, reinserção social e luto. Muitos aspectos psicológicos são mobilizados ao longo do trajeto, fazendo com que, frequentemente, se torne necessária intervenção psicossocial adequada.

Evidenciou-se também que a adesão aos tratamentos está associada a fatores psicológicos e sociais. Daí surgiu a necessidade de desenvolvimento de nova tecnologia na área da saúde, bem como reforço a estratégias de enfrentamento do paciente e familiares, que assegurem a participação ativa do doente no processo de tratamento.

A partir das observações e do conhecimento adquirido, simultaneamente, em diversas partes do mundo, centros de oncologia passaram a valorizar sua importância na incidência da doença e evolução dos tratamentos, propondo-se a estudá-los e a compreendê-los.

3. Psico-oncologia

É à psico-oncologia, área de intersecção entre a psicologia e a oncologia, que cabem o estudo das variáveis psicológicas e comportamentais envolvidas no processo de adoecimento e cura, e as intervenções ao longo de todo ele.

A formalização da psico-oncologia nasceu nos Estados Unidos, em um grande centro médico especializado em câncer, o Memorial Sloan Kettering Hospital, de Nova York. Originou-se da constatação de que fatores psicológicos e comportamentais estavam envolvidos na etiologia do câncer e no seu desenvolvimento. Não queremos aqui afirmar que aspectos psicológicos como depressão, por exemplo, são diretamente os causadores da doença, dada a multifatoriedade hoje identificada na etiologia do câncer. Mas determinados comportamentos, resultantes de algumas condições psicológicas, como o tabagismo ou consumo excessivo de álcool, podem ser elementos que contribuem para o surgimento de um câncer.

4. Causas e prevenção

A primeira preocupação que absorveu a psico-oncologia, portanto, teve seu foco nas origens e causas da doença. Numerosos trabalhos exploraram fatores genéticos, ambientais, sociais e psíquicos que poderiam ser associados à eclosão do câncer, na busca de uma relação de causa e efeito. E o resultado de consenso, fruto dessas investigações, aponta para a multifatoriedade, entendida esta como o conjunto dos fatores biopsicossociais presentes, em maior ou menor grau, na instalação das neoplasias malignas. Hoje, a esse tripé se agregou uma gama de aspectos chamados de espirituais, que se referem ao significado — ou à sua perda — atribuído às experiências vividas.

A compreensão de causalidade é essencial à busca de respostas sobre as possibilidades de prevenir a doença, de evitar que ela se instale. Dada a natureza dos fatores envolvidos, constata-se que, diante de alguns deles, não se pode interferir. É o caso dos marcadores genéticos de sexo, por exemplo, que determinam a vulnerabilidade de mulheres a câncer de útero ou de homens a câncer de próstata, especificidades de cada sexo. Também pouco se pode fazer, pelo menos em curto prazo e em dimensão individual, a respeito de determinados fatores ambientais já identificados como correlacionados a algumas patologias: poluição ambiental, irradiações, agrotóxicos e outros. E, no que se refere ao psiquismo, os fatos da vida estão aí para serem vividos. Proteger-se de alguns deles poderia significar, muitas vezes, renunciar à vida em si mesma e às emoções que ela encerra.

Compreender e controlar as doenças malignas requer conhecimentos científicos e experiências que vão desde o conhecimento dos complexos mecanismos de regulação molecular intracelular às escolhas individuais do estilo de vida. Também se exige uma gestão competente e o melhor uso dos recursos disponíveis para o planejamento, execução e avaliação das estratégias de controle da doença. A prevenção e o controle de câncer estão entre os mais importantes desafios, científicos e de saúde pública, da nossa época (Inca 2010).

No entanto, se é verdade que a ausência absoluta de risco é uma concepção teórica nem sempre desejável ou possível

— dado que contradiz a própria noção de vida plena que, naturalmente, encerra riscos —, existem hábitos que podem ser modificados, como tabagismo, sedentarismo, exposição exagerada ao sol e padrões alimentares, por exemplo, uma vez que, reconhecidamente, aumentam de modo considerável o risco do câncer.

Define-se aí uma das vertentes de ação da psico-oncologia: a compreensão das escolhas de modos de vida e das razões que levam indivíduos a uma exposição maior ao risco. Desenvolveram-se técnicas de intervenção voltadas à redução desses comportamentos.

5. Detecção precoce

Cura é uma alternativa que, quando se fala de oncologia, depende sempre do tipo de tumor e do estágio em que se encontra a doença. O momento do diagnóstico faz toda a diferença. Grande parte dos casos de câncer, quando diagnosticada precocemente, tem cura e, sem dúvida, tem asseguradas melhores condições de sobrevida, quer em termos qualitativos, quer em termos quantitativos, nas situações em que isso não acontece. Ou seja, pode-se viver mais e melhor, a despeito do câncer, quando ele é detectado em tempo.

O grande complicador, entretanto, é o fato de que o câncer, geralmente, é uma doença de progressão lenta, cujos sintomas só se manifestam em momentos mais avançados, quando há maiores probabilidades de que outros órgãos já tenham sido afetados pelas metástases.

Portanto, a conscientização a respeito dos rastreamentos regulares para câncer de mama, próstata, colo de útero e intestino, por exemplo, são essenciais ao sucesso dos tratamentos. A atenção e o incentivo a essas práticas fazem parte dos propósitos dos profissionais psico-oncologistas. Vale lembrar que, em diversas situações, os exames chamados de preventivos podem detectar precursores do câncer que, devidamente tratados, impedem a instalação da doença.

6. Tratamento

Uma doença multifatorial ou multicausal requer uma abordagem interdisciplinar. Será preciso que os olhares das diversas áreas de saber se somem e se componham para que todos os aspectos presentes no adoecer possam ser resgatados e cuidados com vistas ao tratamento e à cura.

A psico-oncologia identifica cada um dos componentes da doença e dispõe, em seu arsenal teórico e técnico, de meios para o manejo de cada um deles e de todo o conjunto.

A interdependência dos fatores biológicos, sociais, psicológicos e espirituais faz necessárias intervenções em cada uma das dimensões envolvidas. Não se pode tratar apenas de um órgão, porque quem está doente é um indivíduo, uma pessoa. E esta pessoa mantém conexões internas e externas e inserções de diversas ordens. Internamente, enfrenta conflitos entre suas instâncias racionais e afetivas, debatendo-se frequentemente, entre entendimentos, desejos e medos. Com o mundo externo, enfrenta inúmeras interações familiares, profissionais, com a comunidade à qual pertence e assim por diante. E, em certa medida, cada um desses elementos se apresenta, em algum momento, como determinado ou determinante em todo o processo de tratamento e cura.

A mobilização e a participação de todos os recursos são imprescindíveis ao sucesso das propostas terapêuticas. Serão necessários não só o envolvimento do indivíduo inteiro como também o do seu contexto, da mais completa forma possível. Um tratamento só tem possibilidades de sucesso se contar com a plena adesão de quem é tratado.

A psico-oncologia aprofundou e refinou técnicas de potencialização dos efeitos dos tratamentos médicos, capacitando cada doente a utilizar seus recursos mentais de maneira focal, para reforçar os efeitos dos medicamentos que recebe. Desenvolveu também recursos de apoio aos cuidadores, profissionais ou não, para que atuem como coparticipantes de todo o tratamento, ao mesmo tempo em que lhes proporciona estratégias de autocuidado e fortalecimento, visando também à manutenção de sua própria saúde física e mental.

Os múltiplos recursos que mencionamos, além de uma infinidade de outros, se concretizam em grupos informativos para pacientes e familiares, na aplicação de técnicas de redução da dor e de efeitos colaterais indesejáveis de alguns tratamentos, no manejo da ansiedade dos cuidadores — familiares ou não — que, ao se depararem com as necessidades dos pacientes, tornam-se por vezes, eles mesmos, vulneráveis e frágeis, deixando de cumprir o papel que lhes cabe.

Naquelas situações em que a perspectiva de cura se torna menos viável, profissionais que conhecem os recursos da psico-oncologia têm muito a fazer. Necessidades do paciente frequentemente desconsideradas ou pouco identificadas são atendidas de modo a preservar a qualidade de vida enquanto esta existir. Qualquer elemento da equipe interdisciplinar, devidamente preparado, estará apto a reconhecer e a encaminhar para atendimento especializado as manifestações de sofrimento físico, moral, social ou espiritual do paciente oncológico. E não se limitam às necessidades do paciente. Sua visão sistêmica de um processo que não é vivido de maneira isolada os faz conhecedores dos indicativos de luto complicado, por exemplo. Nesse caso, profissionais treinados atuam no sentido de promover os recursos do luto antecipatório a familiares, uma condição em que são trabalhados de forma preventiva os sintomas já instalados e identificados.

Todo esse aparato técnico, ao qual se somam os recursos da psicoterapia breve, os subsídios à melhor relação médico-paciente e as intervenções originadas da arte-terapia, hipnose e psicoeducação — dentre outras —, está respaldado em numerosas pesquisas clínicas. Estas, aumentando a compreensão dos fatores psíquicos associados à instalação da doença, desenvolvimento e resultados dos tratamentos e eficácia das técnicas de intervenção, orientam constantemente o processo de construção contínua da psico-oncologia.

Evidências são testadas e investigadas até que se disponha de comprovação suficiente dos resultados dos procedimentos utilizados. O controle não farmacológico da dor, pela utilização de técnicas de relaxamento, imagética e hipnose, é um exemplo de recursos que se mostram efetivos em diversas situações de difícil manejo. Outra evidência é a de que a prestação de informações coerentes, claras e adequadas ao paciente pré-cirúrgico está diretamente relacionada às melhores condições de recuperação e à redução dos comportamentos ansiosos pós-operatórios. Assim também acontece com os grupos de reabilitação pós-mastectomia, situação em que cada mulher é auxiliada a reconstruir sua vida pessoal, profissional e sexual, dentro da nova realidade.

7. Psico-oncologia hoje, no Brasil e no mundo

O século XXI encontrou a psico-oncologia formatada e estruturada em diversos países do mundo. A Ipos (International Psycho Oncology Society), cuja diretoria internacional atual está sediada em Nova York, congrega profissionais da saúde de vários centros, que se ocupam de clínica, pesquisa e ensino na área. A produção científica internacional é consistente e se traduz na publicação de diversos livros, além do desenvolvimento de inúmeros trabalhos de pesquisa clínica e de resultados.

O Brasil, desde 1994, tem sua SBPO (Sociedade Brasileira de Psico-Oncologia), um desdobramento do primeiro grupo de profissionais que, em 1983, começou a se interessar por estudar o assunto.

Já em 2008, a Portaria 3.535/98 do Ministério da Saúde determinou a presença obrigatória de profissionais especialistas em psicologia clínica nos centros de atendimento de oncologia cadastrados no SUS. Em consequência, diversos setores de oncologia de centros médicos, clínicas e hospitais de todo o Brasil — públicos ou privados — passaram a incluir profissionais devidamente instrumentalizados para atendimento às questões que permeiam a realidade do câncer. Hoje, em mais um movimento de reconhecimento da importância dos cuidados psicológicos aos pacientes que passam por eventos de saúde, a ANS inclui em seu rol de procedimentos a obrigatoriedade de cobertura pelos planos de saúde de até 40 atendimentos psicológicos ao ano, o que, sem dúvida, aumenta o acesso dos pacientes oncológicos ao cuidado especializado.

Em resposta à necessidade identificada e reconhecida, a postura multiprofissional defendida pela SBPO fez com que, a partir de 1997, venham-se formando turmas de médicos, psicólogos, fisioterapeutas, enfermeiros, terapeutas ocupacionais, nutricionistas e outros profissionais da saúde em busca da capacitação específica, que é fornecida em cursos de formação e especialização, aperfeiçoamento e aprimoramento, extensão e introdução em psico-oncologia.

Hoje são 146 profissionais com certificação de distinção de conhecimento na área da psico-oncologia, prontos para atuar diante das necessidades individuais ou institucionais ligadas ao câncer, respaldados pela SBPO.

Psico-oncologia é área de saber jovem, embora os problemas de que trata sejam universais e antigos: a desinformação e o medo que dela decorrem; o sofrimento físico e psíquico de pacientes, familiares e cuidadores.

Nenhum desses aspectos é exclusivo do câncer, mas é na realidade oncológica que eles se manifestam com extrema intensidade.

Referências bibliográficas

HOLLAND, J. C. *Handbook of Psycho-Oncology*. New York: Oxford University Press, 1990.

CARVALHO, M. J. (org.). *Introdução à psico-oncologia*. Campinas/SP: Editorial Psy, 1994.

_____. (org.). *Psico-oncologia no Brasil*; resgatando o viver. São Paulo: Summus, 1998.

CARVALHO, V. A. et alii. *Temas em psico-oncologia*. São Paulo: Summus, 2008.

VEIT, M. T. (org.). *Transdisciplinaridade em oncologia*; caminhos para um atendimento integrado. São Paulo: RM Gráfica e Editora, 2010.
INCA. www.inca.gov.br/estimativa/2010/

Capítulo 3

Qualidade de vida e dignidade humana: fins e critérios do prolongamento médico da vida

Ludger Honnefelder

Os cuidados médicos modernos são um sistema complexo que compreende peças e dimensões diferentes determinadas por suas próprias criteriologias e governadas por suas próprias normas éticas. E, em resposta à escassez de recursos, tem-se de tomar uma decisão para limitar o acesso aos cuidados médicos. Essa decisão somente pode ser julgada eticamente aceitável se todas as normas éticas que são relevantes para as várias dimensões estiverem num equilíbrio adequado. Ao limitar o acesso aos cuidados médicos, o problema estrutural de combinar e de equilibrar criteriologias e códigos éticos distintos parece ser uma das tarefas mais difíceis. Mas quais as principais criteriologias e códigos que têm um papel nesta área e que tipo de interdependência levaria a um equilíbrio adequado? Neste artigo desejamos discutir algumas questões relevantes a respeito dos problemas inerentes a essas criteriologias com base em problemas específicos de cuidados médicos a fim de determinar pelo menos provisoriamente se essas distinções e inter-relações podem se reconsideradas meios úteis para resolver os problemas.

A assistência médica moderna é um sistema complexo, que compreende diferentes partes e dimensões, cada uma das quais determinada por criteriologia própria e governada por normas éticas próprias. A assistência médica cumpre um papel significante na vida corporal e no bem-estar de cada indivíduo humano; é uma das partes que integram a vida social, é determinada pelos padrões profissionais da medicina e governada por regras econômicas e decisões políticas. Assim, se em resposta à escassez de recursos foi tomada uma decisão de limitar o acesso à assistência médica, tal decisão só pode ser julgada como sendo eticamente aceitável, se todas as normas éticas, que forem relevantes nas várias dimensões, forem colocadas num equilíbrio adequado. Quando se trata de limitar o acesso à assistência médica, o problema estrutural de combinar e equilibrar códigos e criteriologias éticos distintos parece ser uma das tarefas mais difíceis. Quais são os principais códigos e criteriologias que desempenham um papel nesta área e qual tipo de interdependência resultaria num equilíbrio adequado?

Na primeira parte deste texto, tentarei identificar as criteriologias relevantes, sua interdependência e discutirei os problemas inerentes (1). Na segunda parte, gostaria de exemplificar os problemas específicos com um caso particular de assistência médica, a saber, o tratamento e assistência de pacientes em estado vegetativo persistente (2), e, na última parte, gostaria de examinar se o modelo proposto de distinções e inter-relações pode ser considerado como meio útil para a solução de problemas (3).

1. Identificando as criteriologias relevantes, sua interdependência e problemas inerentes

Para que a descrição de assistência médica seja correta, devem ser mencionadas pelo menos quatro dimensões: (a) o indivíduo humano com seus direitos e liberdades fundamentais; (b) a relação entre o médico e este indivíduo humano enquanto paciente; (c) a estrutura da vida social, da qual a assistência médica é uma parte e a qual é determinada por decisões políticas e administrativas; (d) e o sistema econômico, que é governado por regras de mercado. Todas as quatro dimensões têm seus códigos éticos próprios: (a) ética dos direitos humanos, (b) ética médica, (c) ética social e (d) ética da economia.

1.1. Assistência médica e ética de direitos humanos

A ética dos direitos humanos pretende indicar não somente a dignidade fundamental do ser humano, mas as dimensões antropológicas básicas, sem as quais o bem-estar e o florescimento do ser humano são impossíveis e, portanto, devem ser protegidos por direitos fundamentais. Se cada indivíduo humano enquanto ser humano tem tais direitos e liberdades fundamentais, o sistema destes direitos deve ser considerado como uma estrutura básica para todas as normas legais ou éticas mais específicas. Em relação à área da assistência médica, alguns destes direitos têm importância particular, por exemplo, o direito à autodeterminação (autonomia), o direito à integridade da vida e do corpo e o princípio de equidade.

Mas é importante lembrar o modo como estes direitos fundamentais desempenham seu papel normativo: eles não são fontes a partir das quais normas mais específicas podem ser deduzidas. Eles expressam pretensões ou reivindicações fundamentais, mas eles protegem estas pretensões ou reivindicações — como se pode ver nos catálogos de direitos humanos e liberdades clássicos — somente traçando limites contra ofensas, isto é, formulando proibições gerais tais como aquela de matar um ser humano inocente. Eles expressam as condições necessárias, sem as quais ninguém pode perseguir aquilo que ele pensa ser uma vida boa, mas eles não são o título de uma fórmula de vida boa. Ao contrário, eles protegem a liberdade de todos para seguir a sua ideia de vida boa dentro dos limites determinados pela liberdade de outros. Assim, o consentimento informado é um pré-requisito necessário para qualquer intervenção médica; seguir a decisão consciente de cada um e a sua vocação pessoal é uma das liberdades fundamentais.

Problemas surgem em relação aos chamados direitos humanos positivos, tais como o direito ao trabalho e o direito à assistência médica, pois a possibilidade de exercer estes direitos depende de várias condições e a extensão de tais direitos é de difícil definição. Em relação à assistência médica, é necessário esclarecer a natureza deste direito. Na medida em que a proteção à saúde é uma condição necessária para a proteção da vida, o direito à vida e à integridade corporal inclui o direito à assistência médica. Mas, já que neste contexto, a vida é protegida como um bem fundamental, o direito básico à assistência médica inclui somente o direito a um mínimo decente (CHILDRESS, 1979). Já que saúde e assistência médica são requisitos necessários da vida social, eles podem ser considerados bens públicos. Entretanto, o direito à assistência médica expressa um direito social humano, que é mais uma reivindicação do que um direito definido. Já que esta reivindicação só pode ser realizada dentro de uma sociedade dada, a definição de direito à assistência médica tem de estar em acordo com a ética social desta sociedade particular. Seja qual for o *status* da assistência médica, sua aplicação deve ser governada pelo princípio de equidade.

Resumindo, numa ética de acesso limitado à assistência médica, a ética dos direitos humanos deve desempenhar um papel essencial, mas restrito. Primeiro, os limites devem ser traçados pela formulação de proibições gerais, que devem ser respeitadas por qualquer outro sistema de normas e que não podem ser transgredidos através do contrapeso de outros bens. Se dentro destes limites é necessário dar preferência a um em detrimento de outro, não estamos lidando com distribuição, mas com triagem; neste caso, é permitido não contrapesar bens, mas males inevitáveis. Como uma segunda tarefa, a ética dos direitos humanos deve enfatizar determinadas reivindicações ou pretensões tais como a reivindicação à assistência médica adequada. Mas sem relação a uma dada sociedade e a um Estado, ela é somente um lembrete de metas que devem ser especificadas pela ordem social atual e por suas normas.

1.2. Ética médica

Como o ser humano é largamente determinado por propriedades genéticas individuais, vive sob condições físicas e socioculturais contingentes, age e sofre como um sujeito ativo com sua própria identidade biográfica e sua história,

saúde e doença não podem ser definidas de modo fácil por uma descrição que seria universalmente válida. Saúde e doença são conceitos práticos, isto é, que guiam a ação, que incluem muito de parâmetros científicos descritivos, mas são profundamente dependentes de fatores socioculturais e individuais. Em sentido estrito, uma doença só pode ser determinada em relação a um paciente individual, numa situação concreta, por um médico que é capaz pela experiência e empatia de entender o paciente e diagnosticar sua doença. Descrições gerais de doenças são o resultado de generalizações de tais julgamentos individuais e relacionados ao diagnóstico e à terapia de outro paciente individual.

Se é correto dizer que a saúde e a doença são conceitos práticos dentro de uma relação entre o paciente individual e seu médico e que conduzem a uma ação chamada diagnose, terapia e prevenção, então saúde e doença devem ser governadas por normas que são partes constitutivas daquela teleologia. Estas normas não só incluem os padrões pragmáticos definidos pelo estado da técnica e governados pelo código do que é certo e errado, mas também normas éticas que são definidas dentro do quadro dos direitos humanos pelo *ethos* dos médicos e que é governado pelo código do certo e errado moralmente.

O maior princípio de tal ética médica é seguir o que é requerido pela teleologia médica em acordo com o consentimento informado do paciente dentro da relação médico-paciente individual. Cada um destes dois critérios é necessário, mas nenhum é suficiente em si mesmo. Obviamente, em relação ao paciente individual, o critério da teleologia médica só é realizado se o tratamento pode ser baseado em uma indicação concreta, isto é, em diagnose, terapia e prevenção de uma doença particular, de acordo com certo padrão médico (*lex artis*). O consentimento do paciente deve ser guiado pelo que podemos chamar "*ethos* do paciente".

A indicação particular tem que ser considerada como o resultado de um julgamento prático individual, um silogismo prático no qual entram várias premissas: parâmetros científicos, padrões médicos, imperativos técnicos, disponibilidade de meios, efeitos esperados, benefícios (qualidade de vida) e custos (físico, mental e espiritual) em relação ao caso individual, preferências do paciente etc. O próprio julgamento deve ser governado pelo princípio da proporcionalidade (Taboada, Schotsmans). Se a maioria dos parâmetros está relacionada com o paciente individual e sua situação, então a proporcionalidade adequada de uma ação médica particular só pode ser fixada para o caso individual. Critérios gerais só podem ser dados *ex post*, isto é, como resultado da generalização de julgamentos particulares.

As dificuldades da ética médica ao limitar o acesso ao tratamento têm suas raízes na natureza dos conceitos práticos tais como saúde e doença. É difícil distinguir entre terapia e terapia intensiva; também é difícil estabelecer uma ordem de preferência entre diferentes tipos de intervenção médica. Há poucas dificuldades se o foco teleológico da intervenção médica não é saúde, mas doença. Parece não estar em questão: a inutilidade é uma razão proibitiva, mas é uma dificuldade tornar evidente o que pode ser eficaz e o que será inútil num caso particular. Entretanto, isto não é um argumento contra os critérios da teleologia médica, sua impregnação com fatores socioculturais e sua relação com a situação concreta de um ser humano individual e seu caráter principal. Na maioria dos casos, a função significante da teleologia médica é semelhante àquela de outros conceitos práticos. Como em muitos outros casos de conceitos práticos, as dificuldades são problemas de demarcação. Em relação à questão de limitar o acesso à assistência médica, a teleologia médica determina limites, mas ela não é em si mesma suficiente.

1.3. Ética social

A ética dos direitos humanos nos diz que a saúde é um bem fundamental do ponto de vista do indivíduo e um bem público do ponto de vista da sociedade. Nas duas dimensões, a assistência médica moderna depende de recursos que só podem ser fornecidos pela sociedade particular. Ao fornecer estes recursos, a sociedade está presa ao princípio de equidade pela ética dos direitos humanos, mas ele não responde sozinho à questão: como a equidade de acesso à assistência médica deve ser concretizada? A ética médica exige que o médico faça aquilo que é medicamente indicado e querido pelo paciente, mas não nos diz que parte dos atuais recursos deve ser gasta por uma sociedade em particular (macroalocação) e como estes recursos devem ser distribuídos nos diferentes setores do sistema de saúde (microalocação). A ética dos direitos humanos só permite prescrever um mínimo decente, postular uma proporção adequada dentro da macroalocação e exigir equidade no acesso ao sistema de saúde particular.

Além destas exigências e postulados, a sociedade particular, quando confrontada com a necessidade de limitar o acesso ao sistema de saúde no nível da macroalocação, deve seguir as regras éticas da ética social. Como a assistência médica responde a uma das necessidades básicas dos seres humanos, e está fortemente conectada com as condições contingentes da vida humana, a distribuição tem que seguir os princípios da solidariedade e da subsidiariedade. Ao realizar tais princípios, proximidade e distância nas relações humanas particulares devem ser respeitadas. É a velha ideia da *ordo amoris*, que, sob as condições de escassez de recursos, pode ser distribuída segundo a proximidade e a distância nas relações humanas.

1.4. Ética da economia

Sob a condição de escassez de recursos, eficácia econômica é uma exigência ética. Como um aspecto da relação custo-benefício, esta eficácia pertence aos deveres profissionais exigidos do médico pela ética médica. Mas isto não é só uma obrigação para os atores individuais, mas também um dever da autoridade pública. Se o mercado fosse o meio mais apropriado para alcançar a melhor alocação dos recursos escassos, seria uma exigência ética abrir a distribuição de assistência médica tanto quanto possível para as regras do mercado. Neste caso, seria uma exigência ética adicional garantir a abertura do mercado e evitar falhas no mercado. Incentivos para os vários atores, vinculações estreitas entre a decisão e a responsabilidade e fortalecimento da competição poderiam ser meios úteis. Em relação ao grande número de tecnologias adicionais na medicina moderna, que tem uma eficácia muito restrita, é recomendado um catálogo de acordo com os critérios da ética médica.

Mas, como o mercado ilimitado não parece funcionar adequadamente em relação ao acesso à boa assistência médica, outros meios de distribuição dos recursos escassos devem ser encontrados. Este problema difícil parece não ter disponível nenhuma solução convincente.

1.5. Ética no acesso limitado à assistência médica

Se é correto que quatro códigos éticos diferentes são relevantes, a ética no acesso limitado à assistência médica pode ser entendida não como um sistema de base, mas como uma matriz construída pela mútua determinação destes quatro códigos. Esta matriz permite estabelecer limites e identificar exigências e reivindicações, mas deixa em aberto em qual meio particular estas exigências e reivindicações devem ser concretizadas. Esta seria a tarefa de um sistema de saúde particular.

2. Tratamento e assistência de paciente em estado vegetativo persistente — um caso particular

Entrando no nosso caso particular: como devemos agir em relação a pessoas que sobreviveram a um dano cerebral, mas não readquiriram a consciência e que, segundo todas estimativas médicas, nunca mais voltarão a ter consciência?

Há poucos problemas da ética médica que sejam mais difíceis de resolver, poucos que encontrem tal embaraço entre os especialistas. Este embaraço, contudo, é compreensível, pois é um fato relativamente novo e incomum que pacientes possam estar em tal estado. É resultado do uso de tecnologia médica moderna — a qual leva muito à cura e à recuperação imediata, abre a possibilidade de reabilitação gradual para alguns e deixa um número não desprezível de pessoas num estado permanente de inconsciência.

Não há consenso sobre a definição correta da doença delas; os meios de diagnose são limitados, e os prognósticos permanecerão incertos por um longo período de tempo. A experiência que poderia nos fornecer alguma luz sobre o modo correto de lidar com tais pacientes é ainda muito limitada. É duvidosa a comparação com outros casos mais familiares. Como resultado, é difícil desenvolver critérios e atitudes que guiem nossas ações ao lidar com tais pacientes. Entretanto, são necessários limites seguros e aceitos, pois nenhum outro grupo de pacientes é mais vulnerável e, portanto, mais dependente de assistência e proteção apropriada.

Em situações de tal incerteza, é recomendável retornar à autointerpretação básica da humanidade e tornar novamente seguros alguns princípios fundamentais, para que se obtenham critérios que possam guiar nosso julgamento e ações. Qual é esta autointerpretação básica e qual são os princípios fundamentais que devem nos guiar?

É uma marca da sociedade moderna que há um número de respostas diferentes para estas questões. Isto é verdade para cada sociedade individualmente e ainda mais para a diversidade cultural na Europa.

Tendo em vista esta situação, considero sensato começar a busca de critérios adequados por uma abordagem que está ancorada na história da Europa e que constitui a fundação do consenso legal entre os Estados europeus. Ela vincula o princípio de dignidade humana e os direitos dele decorrentes com a admitida teleologia da prática médica e as exigências que surgem da relação entre médico e paciente.

O que gera o estado vegetativo persistente é, em primeiro lugar, o uso de técnicas modernas de assistência intensiva, empregado normalmente em casos de lesão cerebral grave. Técnicas possuem uma natureza funcional. O emprego delas está baseado numa compreensão funcional da vida e tem como fim a restauração ou otimização de certas funções vitais. Enquanto meios, elas são direcionadas para um fim, e sua eficácia é projetada para alcançar aquele fim. Elas adquirem uma relação com a totalidade da vida humana somente através do médico, que deve integrá-las às suas ações, que são direcionadas a esta totalidade.

O uso e a aplicação de certos meios, os quais o médico indica como sendo empregados usualmente, adquirem legitimidade através do consentimento do paciente. O que ocorre com esta legitimidade, se o paciente não pode dar seu consentimento e se os meios empregados levam a um estado que não realiza as esperanças associadas com emprego deles, um estado de prognóstico incerto?

Qual é o significado do estado resultante para a pessoa em questão? Como considera tal estado o médico, em cuja assistência o paciente está? Como o consideram os parentes e a sociedade em geral?

3. Examinando o modelo proposto de distinção e inter-relações

Para dar uma resposta a estas questões, precisamos esclarecer os seguintes aspectos: (a) O que se quer dizer com a ideia de que pode ser atribuída dignidade humana a uma pessoa e como está relacionada esta dignidade à integridade do corpo e da vida? (b) Como podemos interpretar o direito à vida e o direito a uma morte natural e qual é o papel do critério "qualidade de vida" neste contexto? (c) Como a teleologia da prática médica determina o que deve ser feito?

a) De acordo com os direitos humanos básicos, a todo ser humano devem ser atribuídos inalienável e ilimitada dignidade e direitos que a protejam, independentemente de qualquer de suas qualidades ou realizações quanto à sua saúde ou estado de consciência. A base dessa dignidade e o critério de sua atribuição constituem uma unidade indissolúvel. De acordo com o testemunho sem ambiguidade de nossas tradições morais e religiosas, a dignidade humana está baseada no fato de que uma pessoa é um ser vivo com a capacidade de determinar suas próprias metas. Como a pessoa é um sujeito humano que pode dizer "eu" e que interage com outros, ela é um bem que não pode ser contrapesado com outros bens e é — nas palavras de Kant — um fim em si mesmo. O que a ideia de dignidade humana busca proteger é a capacidade de autodeterminação.

É o ser vivo que é um sujeito humano; num sentido de identidade diacrônica, é um indivíduo vivo e um sujeito, natureza e pessoa. Entretanto, se o sujeito e seu corpo constituem uma unidade inseparável, então *o ser vivo* específico é o *ser humano*. Em outras palavras, se ser um sujeito é a base à qual atribuímos dignidade e se o ser vivo e o sujeito são uma unidade, então o critério para atribuir dignidade é ser humano. Assim, a ideia de direitos humanos básicos não só incorpora a ideia de que a dignidade humana é inviolável, como também a proibição de atribuir esta dignidade em outra base, distinta da qualidade de ser um ser humano.

Se o sujeito e o corpo constituem uma unidade inseparável de tal modo que a vida é a condição da possibilidade de ser um sujeito, então o direito de ter a dignidade respeitada implica o direito a ter protegida a integridade do corpo e da vida. O direito do ser humano à vida é algo que reconhecemos, não algo que atribuímos. Portanto, é um direito que precede qualquer lei positiva, e a consequente proibição de matar uma vida humana possui uma natureza geral equivalente.

Seguindo esta ideia e tomando o ser humano inconsciente pelo que ele é: um ser humano que está privado de certas funções, mas que, em seu núcleo, continua a ser um ser humano, chegamos à primeira conclusão: *o ser humano permanentemente inconsciente é um ser humano que tem a mesma dignidade e o mesmo direito à vida como qualquer outro ser humano.*

Esta conclusão é frequentemente questionada através de uma distinção entre ser humano e ser uma pessoa e a atribuição de dignidade e de direito à vida somente à própria pessoa. Entretanto, uma tal distinção contradiz a identidade diacrônica que nós atribuímos uns aos outros em todos os contextos práticos e teóricos. Além disso, as consequências morais estão em contradição com o consenso contido na ideia de diretos humanos básicos: a atribuição de dignidade depende de nada mais do que ser humano. Por último, alguém que assuma tal posição deve assumir o ônus da prova.

No que diz respeito ao paciente, nossa primeira conclusão implica que o paciente inconsciente, assim como outra pessoa doente, tem direito ao tratamento e à assistência, que satisfaz as necessidades terapêuticas e paliativas da doença. De fato, se interpretamos a proibição de restringir a ideia de direitos humanos básicos, não somente como o fundamento de uma ética da honestidade, que é governada pela reciprocidade entre participantes de força igual, mas também como fundamento de uma ética da solidariedade com o mais fraco, então o direito do ser humano especialmente necessitado de ter ajuda adquire peso particular.

b) A referência à proteção da dignidade e à integridade de corpo e vida, entretanto, somente estabelece uma exigência e delimita uma fronteira; ela não fornece a diferenciação que é necessária tendo em vista problemas concretos. Tal diferenciação somente aparece quando olhamos mais de perto a condição humana.

Embora eu experimente a mim mesmo como completamente idêntico com minha natureza física e fisiológica, também experimento a mim mesmo como alguém cuja natureza transcende o físico e fisiológico e que encontra sua realização enquanto sujeito que conversa, age e sofre, em comunicação com outros. Como eu sou um sujeito que é idêntico com o próprio corpo e que ao mesmo tempo possui este corpo como próprio, posso tornar este corpo objeto de exame e de intervenção terapêutica enquanto eu relacionar tal intervenção à totalidade do ser humano. Se sujeito e corpo constituem uma unidade de "imediaticidade mediada", para usar a expressão de H. Plessner, se torna claro por que a mera vida e sobrevivência devem ser vistas como condição necessária da possibilidade de vida bem-sucedida, mas não como idêntica a ela.

Assim, permanece a questão sobre como se relaciona o bem da vida com os bens que tornam a vida bem-sucedida. Uma primeira resposta toma esta relação como instrumental: viver é um valor, na medida em que é instrumento para sustentar uma vida pessoal. Esta solução está baseada numa antropologia dualística, segundo a qual viver permanece como algo externo à vida pessoal e que só tem significância funcional. Entretanto, toda interpretação da identidade pessoal enquanto unidade de consciência, que exclui a dimensão da vida, fracassa no teste de consistência; isto é demonstrado pelo fato de que mesmo John Locke teve que dar uma justificação teológica para a proibição de matar. Além disso, tal interpretação contradiz a experiência prática da nossa identidade diacrônica. Uma segunda resposta, bem diferente, assume que a vida tanto é parte da pessoa que ela tem valor absoluto. Entretanto, esta solução, também, não concorda com nossa experiência moral básica. Se a vida tem um valor absoluto, ela teria que ser prolongada a qualquer custo, mesmo o de maior dor e sofrimento; qualquer interrupção do tratamento seria o mesmo que matar. Arriscar a vida ou morrer como mártir seria uma violação da vida; mesmo a interrupção livremente escolhida de um tratamento que prolonga a vida seria ilegítima.

Se não quisermos negar a legitimidade moral de tais fenômenos, só há um terceiro caminho que parece ser consistente. Assim como a tradição moral, ele distingue bens básicos e bens superiores; ele considera a vida como um bem inerente, o qual, enquanto é uma condição necessária de qualquer outra realização humana, tem um valor fundamental, mas não representa enquanto tal o bem último. Sendo fundamental, a integridade do corpo e da vida é derivada da proteção da dignidade humana e se torna a base do direito de não ser morto. Entretanto, o direito à vida deve ser interpretado de tal modo que não exclua o direito de morrer por morte natural. Como ninguém tem o direito de dispor da vida de outro, toda intervenção de um médico exige o consentimento do paciente; isto implica que o paciente tem o direito de estabelecer os próprios limites em qualquer intervenção.

Entretanto, não se segue da relação descrita que o bem fundamental da vida está à disposição de alguém, quando a relação a bens maiores é difícil ou impossível de detectar de fora. Por que não? Se a vida é dada para um ser humano e se este dom é a sede da dignidade da existência moral, então é parte da liberdade da pessoa decidir para ele mesmo o que ele considera uma vida bem-sucedida. Esta liberdade deve ser protegida. Assim, a proteção de sua dignidade exige a inviolabilidade da liberdade de consciência. Isto não determina uma forma particular de existência humana como digna, mas traça um limite para garantir condições para que a própria pessoa decida se sua vida é bem-sucedida ou não, para deixar aberto o espaço para isto e para proteger isto de interferência externa.

Qualquer juízo de terceiros, que considerasse que um certo estado de vida não mais vale a pena ser vivido, seria um juízo sobre a qualidade deste estado e sobre sua relação com uma vida bem-sucedida, o que só cabe ao próprio paciente. Isto se aplica em particular a todo juízo ou argumento que restringe o direito à vida por causa da ausência de certas qualidades da vida. Por outro lado, devemos preservar o espaço da liberdade do paciente para rejeitar certa intervenção

que, tendo em vista a qualidade de vida, não mais considera como tendo sentido e que ele experimenta somente como cheia de dor e sofrimento.

Entretanto, se um juízo sobre a qualidade de certo estado de vida só pode ser obtido a partir da perspectiva da pessoa que se encontra em tal estado, então a vontade da pessoa é o fator decisivo último. Aplicando isto ao caso do paciente, que devido à ausência permanente de consciência não pode exercer ou, pelo menos, não pode expressar sua vontade, a legitimidade de qualquer ação deve ser avaliada em relação ao que pode ser considerado como a vontade presumida do paciente, ou a previamente expressa, a qual aparece a partir das circunstâncias e das atitudes e valores preferenciais do paciente recolhidos em sua vida.

Isto me leva à segunda conclusão: *A vida é um bem enquanto condição de possibilidade de bens superiores e tem valor fundamental; qual é a qualidade de um determinado estado de vida em relação a bens superiores é algo que só pode ser decidido pela pessoa em questão. Isto inclui a decisão legítima de rejeitar uma intervenção, a qual no juízo da própria pessoa somente serve para prolongar um estado que é experimentado como não mais tendo sentido, cheio somente de dor e sofrimento. Qualquer decisão que não está fundada no juízo presumido da pessoa em questão e que está baseado em critérios externos seria uma violação do direito da pessoa à autodeterminação.*

c) Se a avaliação da qualidade de vida fundada somente em critérios objetivos e sem a autorização do paciente, isto é, uma avaliação totalmente externa, é moralmente problemática, como pode ser satisfeito o direito do paciente ao tratamento adequado, quando o médico tem que tomar decisões e assumir a responsabilidade da ação ou da omissão?

Aparentemente, a única resposta que preserva os limites já traçados busca os critérios para decisões na teleologia da prática médica. Sem dúvida o médico deve fazer julgamentos sobre a qualidade de vida presente e futura do paciente, pois sem fazer isto ele não pode determinar nenhuma ação terapêutica. Entretanto, tais juízos são limitados pela estrutura da prática médica, a qual os faz parecer aceitáveis, diferentemente dos juízos feitos com base em critérios exteriores.

Pois é parte da estrutura da prática médica o estabelecimento de uma relação com um paciente individual; tal prática é determinada por um fim duplo: a cura e o alívio da dor. Diagnóstico e prognóstico são essencialmente relacionados ao caso individual; a terapia deve ser desenvolvida de tal diagnóstico e prognóstico. Ela deve refletir a vontade do paciente, ou pelo menos não ir contra ela; ela deve ser, portanto, enquanto tipo de "ação partilhada", apoiada pelos parentes ou por um advogado do paciente. Mesmo os juízos sobre a qualidade de vida presente e futura do paciente, a qual está contida no diagnóstico e no prognóstico assim como na terapia resultante, são limitados ao caso individual e são relacionados a este contexto.

O juízo do médico dentro da relação médico-paciente é diferente de um julgamento baseado num catálogo objetivo de critérios, assim como a deliberação prática difere da obediência a regras. Enquanto na obediência a regras o tratamento de um paciente individual é considerado somente como um caso sob a regra, que torna certas ações obrigatórias, na deliberação prática é o caso individual que leva a regra apropriada, para os critérios de tomada de decisão e para a ação. Os critérios de racionalidade e de legitimidade não são mais fracos deste modo, mas eles não são submetidos a um simples cálculo, diferentemente de quando a ação é determinada por uma regra fixa.

Além da relação com o caso individual e a conexão com o contexto concreto, a legitimidade da ação do médico também depende da dupla teleologia que caracteriza a prática médica. A dupla teleologia consiste na cura e no alívio da dor. Segundo a tradição médica, a cura abrange a preservação e a restauração das condições de uma vida bem-sucedida. O fim da ação terapêutica não é idêntico ao da vida bem-sucedida; ao mesmo tempo, ele não pode ser pensado sem referência às condições de uma vida bem-sucedida. Para determinar o próprio fim, é, portanto, necessário perguntar se a cura pode colocar o paciente numa posição tal que ele possa perseguir os fins e metas da vida humana. Se, na opinião do médico, ela não pode alcançar tal posição, então a terapia alcançou seu limite e as ações do médico devem ser limitadas à assistência apropriada e ao alívio da dor.

Se o processo da morte já começou, então a interrupção de medidas de prolongamento da vida pode ser justificada. De qualquer modo, o segundo fim — o alívio da dor — exclui a prolongação da vida que é estranha à terapia e produz dor não razoável para o paciente. Por outro lado, o alívio da dor parece ser justificável, mesmo se tiver efeitos colaterais que abreviem a vida.

Entretanto, a prática médica relativa aos pacientes permanentemente inconscientes não é usualmente a prática médica relativa aos pacientes que estão morrendo. Usualmente ela exige ação sob um prognóstico incerto, sem a possibilidade de se referir imediatamente à vontade do paciente. O médico, portanto, deve agir de acordo com um diagnóstico cuidadoso e um prognóstico presumido; ele julgará as circunstâncias de vida esperadas do paciente "segundo seu melhor conhecimento" (Guia suíço de ação) e considerará se "a intensidade e a violência da intervenção e o esforço esperado do paciente" são adequados ao "presumido sucesso terapêutico e à expectativa de vida do paciente". A responsabilidade do médico ao fazer tal consideração é total. Agir de acordo com ordens contradiz a teleologia da prática médica. Por outro lado, a incerteza restante no diagnóstico exige a consideração da vontade presumida do paciente. Os fatores decisivos são: qualquer expressão do desejo de continuar vivo, instruções prévias do paciente, crenças morais e religiosas, preferências de valor contidas nelas. Se alguém pode esperar a restauração de um estado no qual o paciente pode levar "uma vida de comunicação entre homens", então deve-se usualmente presumir o consentimento do paciente a qualquer medida necessária para alcançar tal estado. É consequência da relação entre médico e paciente que, quando o paciente é incapaz de dar seu consentimento, qualquer ação deve ser corroborada pelos parentes ou por outros advogados do paciente.

Minha terceira conclusão é, portanto: *A ação médica relativa ao paciente inconsciente de modo permanente deriva da teleologia da prática médica que aparece nas circunstâncias cabíveis ao paciente individual; ela deve seguir os critérios resultantes desta teleologia. O juízo sobre a vida*

esperada para o paciente, que segue o diagnóstico e o prognóstico, e que é necessário para determinar a terapia, deve ser feito em relação ao caso individual, segundo o melhor conhecimento e respeitando a vontade presumida do paciente. A decisão sobre a terapia, que é responsabilidade do médico, deve ser corroborada pelos parentes. Sugere-se remeter a deliberação e a decisão individual a um corpo independente.

Algumas consequências derivam desta terceira conclusão. Enquanto não houver evidência sem ambiguidade de que o estado é irreversível, o médico deve empregar todas as medidas de diagnose, terapia e reabilitação que forem adequadas para a restauração da saúde do paciente. Enquanto o prognóstico for incerto, ele deve agir de acordo com o princípio *in dubio pro vita*. Uma interrupção consciente do que é exigido pelo fim médico seria o mesmo que matar.

Eu deixarei de desenvolver outros critérios que derivam da teleologia da prática médica nesta área de esforço médico. Minhas considerações finais são as seguintes:

Se uma pessoa em coma permanente mantém sua dignidade e seu direito à vida sem restrições e se é parte da ideia de dignidade humana a capacidade de determinar para si mesmo o estado de vida que vale a pena viver, de acordo com o próprio conceito de uma vida bem-sucedida, então devemos excluir qualquer guia que contenha critérios gerais, os quais dependem de juízos "externos" sobre a qualidade de vida do paciente e que, consequentemente, possam mesmo restringir seu direito à vida. Pelo contrário, neste caso a dignidade e o direito à vida estabelecem um direito especial de proteção e assistência. Para que este direito seja efetivo, devemos nos esforçar para alcançar métodos de diagnósticos mais acurados e de prognósticos mais certos, assim como melhorar os meios de reabilitação.

Entretanto, o direito do paciente à vida inclui também o direito à morte natural. Este é o direito de se privar de intervenção terapêutica e mesmo de medidas de prolongamento da vida. Não é um direito de buscar assistência ativa para causar a morte, um direito que, contra a teleologia médica, forçaria ou autorizaria o médico a matar. Mesmo em relação ao paciente em coma permanente, a relação entre o médico e o paciente continua sendo o fundamento de qualquer decisão terapêutica. Esta decisão deve presumir a vontade do paciente de viver. O direito do paciente à morte natural só pode justificar a ação médica apropriada, se as instruções do paciente indicarem que ele quer exercer tal direito e se as ações do médico forem corroboradas pelos parentes ou por um advogado do paciente. Se as instruções do paciente indicam a interrupção de medidas de prolongação da vida depois que foi feito um determinado prognóstico, seria apropriado remeter a decisão do médico a terceiros independentes.

Capítulo 4

A ortotanásia e o direito brasileiro: a resolução CFM n. 1.805/06 e algumas considerações preliminares à luz da legislação brasileira

Edson de Oliveira Andrade

Este capítulo apresenta considerações a respeito da resolução CFM n. 1.805/06, que regula a atuação ética do médico brasileiro diante de um paciente em estágio terminal. Esta resolução encontra-se com sua eficácia suspensa por decisão liminar concedida pela Justiça Federal a pedido do Ministério Público. Na análise da norma impugnada é defendida a tese de sua pertinácia legal e ética, tendo por base o princípio constitucional da dignidade e a inexistência do tipo específico no Direito Penal Brasileiro. Corroboram esta tese os princípios bioéticos da beneficência, da não maleficência e da autonomia, que sustentam que o objeto de toda atenção médica é o ser humano na plenitude de sua dignidade.

Introdução

A ética hipocrática é a ética de fazer o bem (beneficência), mas também a ética de não fazer o mal (não maleficência).

É imposto ao médico, sob a luz desta ética, a busca de meios e comportamentos que favoreçam o bem estar do paciente. A beneficência e a não maleficência não são faces opostas de uma mesma moeda, mas elos de uma única corrente a unir o médico ao seu paciente.

Embora no sonho de todo médico encontre-se o desejo de sempre vencer a morte, todos eles sabem que esta é uma tarefa impossível em face à finitude da vida humana.

Dessa forma, é frequente a situação em que todo o aparato científico da medicina se esgota e fica o médico diante de um quadro terminal. O que fazer? Como deve se conduzir para continuar fiel ao seu compromisso hipocrático?

Interpretando este compromisso, o Conselho Federal de Medicina (CFM) editou a resolução n. 1.805/06 apontando para o médico brasileiro o norte ético nacional sobre o assunto.

1. Conceitos

É importante para a correta compreensão do tema que alguns conceitos sejam explicitados desde o início:

- *Eutanásia*: palavra oriunda do grego pela junção de *eu* ("bom") + *thanatos* ("morte"); utiliza-se este termo para caracterizar a morte provocada (antecipação) por motivos humanitários em pacientes gravemente enfermos e que apresentem grandes sofrimentos que não possam ser aliviados.
- *Distanásia*: palavra de origem grega pela junção de *dis* ("incorreto") + *thanatos* ("morte"); caracteriza uma morte sofrida e cruel, geralmente associada a

uma obstinação terapêutica desprovida de resultados benéficos para o paciente; é o contrário da *ortotanásia*.

- *Mistanásia*: palavra oriunda do grego pela junção de *mis* ("rato") + *thanatos* ("morte"); termo cunhado pelo bioeticista Leonard Martin para retratar a morte miserável, que ocorre fora e antes da hora, decorrente do abandono e do descaso social (MARTIN, 1998).[1]
- *Ortotanásia*: palavra oriunda do grego pela junção de *orto* ("correto") + *thanatos* ("morte"); é utilizada para caracterizar a morte natural em que o paciente é atendido em seus últimos momentos com humanidade, atenção, procurando-se aliviar os seus sofrimentos, porém sem insistir em terapêuticas e procedimentos cuja efetividade inexiste para o paciente.

2. A norma

RESOLUÇÃO CFM N. 1.805/06

(Publicada no DOU, 28 nov. 2006, Seção I, página 169)

EMENTA: Na fase terminal de enfermidades graves e incuráveis é permitido ao médico limitar ou suspender procedimentos e tratamentos que prolonguem a vida do doente, garantindo-lhe os cuidados necessários para aliviar os sintomas que levam ao sofrimento, na perspectiva de uma assistência integral, respeitada a vontade do paciente ou de seu representante legal.

---

1 A mistanásia, para Leonard Martin (*Introdução à bioética*. Brasília: CFM, 1998. pp. 171-192), constitui uma categoria que nos permite levar a sério o fenômeno da maldade humana.

O Conselho Federal de Medicina, no uso das atribuições conferidas pela Lei n. 3.268, de 30 de setembro de 1957, alterada pela Lei n. 11.000, de 15 de dezembro de 2004, regulamentada pelo Decreto n. 44.045, de 19 de julho de 1958, e

CONSIDERANDO que os Conselhos de Medicina são ao mesmo tempo julgadores e disciplinadores da classe médica, cabendo-lhes zelar e trabalhar, por todos os meios ao seu alcance, pelo perfeito desempenho ético da Medicina e pelo prestígio e bom conceito da profissão e dos que a exerçam legalmente;

CONSIDERANDO o art. 1º, inciso III, da Constituição Federal, que elegeu o princípio da dignidade da pessoa humana como um dos fundamentos da República Federativa do Brasil;

CONSIDERANDO o art. 5º, inciso III, da Constituição Federal, que estabelece que "ninguém será submetido a tortura nem a tratamento desumano ou degradante";

CONSIDERANDO que cabe ao médico zelar pelo bem-estar dos pacientes;

CONSIDERANDO que o art. 1º da Resolução CFM n. 1.493, de 20.5.98, determina ao diretor clínico adotar as providências cabíveis para que todo paciente hospitalizado tenha o seu médico assistente responsável, desde a internação até a alta;

CONSIDERANDO que incumbe ao médico diagnosticar o doente como portador de enfermidade em fase terminal;

CONSIDERANDO, finalmente, o decidido em reunião plenária de 9/11/2006,

RESOLVE:

Art. 1º - É permitido ao médico limitar ou suspender procedimentos e tratamentos que prolonguem a vida do doente em fase terminal, de enfermidade grave e incurável, respeitada a vontade da pessoa ou de seu representante legal.

§ 1º - O médico tem a obrigação de esclarecer ao doente ou a seu representante legal as modalidades terapêuticas adequadas para cada situação.

§ 2º - A decisão referida no *caput* deve ser fundamentada e registrada no prontuário.

§ 3º - É assegurado ao doente ou ao seu representante legal o direito de solicitar uma segunda opinião médica.

Art. 2º - O doente continuará a receber todos os cuidados necessários para aliviar os sintomas que levam ao sofrimento, assegurada a assistência integral, o conforto físico, psíquico, social e espiritual, inclusive assegurando-lhe o direito da alta hospitalar.

Art. 3º - Esta resolução entra em vigor na data de sua publicação, revogando-se as disposições em contrário.

Brasília, 9 de novembro de 2006

EDSON DE OLIVEIRA ANDRADE
E LÍVIA BARROS GARÇÃO
Presidente e Secretária-Geral

A competência legal para edição de normas regulatórias sobre o comportamento ético do médico brasileiro é previsto na Lei 3.268/57, que criou os Conselhos de Medicina no Brasil[2] e que foi regulamentada pelo Decreto n. 44.045/58.

Entre as diversas resoluções emitidas pelo CFM, encontra-se a resolução n. 1.246/88, que instituiu o Código de Ética Médica dos Conselhos de Medicina do Brasil.

---

2 Art. 2º – O Conselho Federal e os Conselhos Regionais de Medicina são os órgãos supervisores da ética profissional em toda a República e, ao mesmo tempo, julgadores e disciplinadores da classe médica, cabendo-lhes zelar e trabalhar, por todos os meios ao seu alcance, pelo perfeito desempenho ético da medicina e pelo prestígio e bom conceito da profissão e dos que a exerçam legalmente.

Este código diz em seu art. 142 que o médico está obrigado a acatar e respeitar os Acórdãos e Resoluções dos Conselhos Federal e Regionais de Medicina, sob pena de ser considerado infrator ético. Assim sendo, as resoluções tem o caráter de normas derivadas e são impositivas ao médico brasileiro.

2.1. A contextualização da norma

A resolução CFM n. 1.805/06 nasceu de um amplo debate e intensas reflexões que ultrapassaram os limites dos Conselhos de Medicina e buscaram na sociedade o melhor entendimento sobre o tema. Em 2005, o CFM realizou na cidade de São Paulo um simpósio sobre Terminalidade da Vida que serviu de substrato para a resolução em pauta. Naquela ocasião foram ouvidas pessoas dos mais diversos matizes, entre as quais juristas, religiosos, bioeticistas e médicos (2005).[3]

2.2. A base ético-legal da norma

2.2.1. A base ética

Como já dito anteriormente, os médicos devem obediência ao Código de Ética Médica editado pelo Conselho Federal de Medicina.[4] Este código tem os seus preceitos baseados no respeito ao ser humano, no zelo de sua pessoa e no respeito a sua dignidade.

---

3 O simpósio sobre a terminalidade da vida teve algumas de suas discussões apresentadas na forma de artigo na revista *Bioética*, 2005, 13, 2.

4 Resolução CFM n. 1.246/88, publicada no Diário Oficial de 26 de janeiro de 1988.

A construção do texto normativo ético nasceu da autonomia (liberdade)[5] do médico para construí-lo.[6] A liberdade e a racionalidade médica foram as fontes criadoras da resolução CFM n. 1.805/06, dando-lhe, por consequência, um caráter impositivo, que visto sob a ótica da filosofia kantiana funciona como um imperativo de ordem moral.[7]

No Código de Ética Médica dos Conselhos de Medicina esta consolidado em seu art. 2º que "o alvo de toda a atenção do médico é a saúde do ser humano, em benefício da qual deverá agir com o máximo de zelo e o melhor de sua capacidade profissional". No art. 6º, prescreve que "O médico deve guardar absoluto respeito pela vida humana, atuando sempre em benefício do paciente. Jamais utilizará seus conhecimentos para gerar sofrimento físico ou moral, para o extermínio do ser humano, ou para permitir e acobertar tentativa contra sua dignidade e integridade". Nestes textos há a reafirmação do compromisso de fazer o bem sem, contudo, desconsiderar que o paciente é possuidor de uma dignidade inata que tem na autonomia uma de suas formas de expressão. Isto fica bem claro no texto do art. 48, onde está escrito que "é vedado ao médico exercer sua autoridade de

---

5 KANT, I. *Crítica da razão prática*. São Paulo: Martin Claret, 2006. p. 43. Kant destaca que a autonomia é o único princípio de todas as leis e dos deveres delas decorrentes.

6 Em 1986 foi convocada a Conferência Nacional para a elaboração do Código de Ética Médica na cidade do Rio de Janeiro. Participaram do evento representante dos Conselhos de Medicina, das Associações Médicas, dos Sindicatos, da Academia Nacional de Medicina, das Escolas Médicas, entre outros.

7 KANT, I. *Crítica da razão pura*. São Paulo: Martin Claret, 2005. pp. 570-571. Kant diz que a lei moral objetiva indica-nos como devemos nos comportar a fim de que possamos ser dignos da felicidade, e tem sua base na racionalidade e na liberdade de que o ser humano é possuído.

maneira a limitar o direito do paciente de decidir livremente sobre a sua pessoa ou seu bem-estar".

A resolução CFM n. 1.805/06, como se vê, está em acordo com estes princípios deontológicos médicos brasileiros, configurando um corolário destes ditames éticos nacionais.

2.2.2. A base administrativa

O Conselho Federal de Medicina é uma autarquia federal criada em 1957, através da lei n. 3.267/57, com jurisdição sobre o território nacional, cabendo-lhe a autorização do exercício profissional mediante registro dos médicos brasileiros. Esta autarquia especial é uma forma de descentralização do poder do Estado, embora financiada e gerida integralmente pelos médicos regularmente inscritos no órgão, à semelhança de outras profissões.[8]

2.2.3. A base constitucional do direito à ortotanásia

O Direito Constitucional Brasileiro tem como base a Carta Magna promulgada em 1988, a qual diz:

> Art. 1º - A República Federativa do Brasil, formada pela união indissolúvel dos Estados e Municípios e do Distrito Federal, constitui-se em Estado Democrático de Direito e tem como fundamentos:
>
> I - a soberania;
>
> II - a cidadania;
>
> III - a dignidade da pessoa humana;
>
> IV - os valores sociais do trabalho e da livre iniciativa;
>
> V - o pluralismo político.

---

8 Existem outras autarquias especiais com competência igual ao CFM, como o Confea (engenheiros e arquitetos), Coren (enfermagem) e OAB (advogados).

> Art. 5º - Todos são iguais perante a lei, sem distinção de qualquer natureza, garantindo-se aos brasileiros e aos estrangeiros residentes no País a inviolabilidade do direito à vida, à liberdade, à igualdade, à segurança e à propriedade, nos termos seguintes:
>
> II - ninguém será obrigado a fazer ou deixar de fazer alguma coisa senão em virtude de lei;
>
> III - ninguém será submetido à tortura nem a tratamento desumano ou degradante.

Estes são alguns dos princípios sobre os quais se assenta a sociedade brasileira.

Destacar a dignidade da pessoa como fundamento da República significa que o Estado brasileiro se constrói a partir da pessoa humana e para servi-la (BASTOS; MARTINS, 1988).[9]

O direito à liberdade, que se expressa na possibilidade de o cidadão poder escolher o seu destino (autonomia), ressalvando o dever de não ferir direitos alheios, é outro instituto basilar em nossa Constituição Federal.

A resolução CFM n. 1.805/06 é muito clara quando determina que a sua aplicação depende do paciente ou, quando da sua impossibilidade de expressá-la, de seu representante legal. Resta realizar com correção a exegese legal.

2.2.3.1. A exegese do direito constitucional

A interpretação das normas de uma Constituição não escapa, na prática, do roteiro habitual, necessária à exegese de

---

9 BASTOS, C. R.; MARTINS, I. G. da S. *Comentários à Constituição do Brasil*. São Paulo: Saraiva, 1988. v. 1, p. 425, onde defendem a ideia de que o Estado brasileiro deve propiciar as condições para que as pessoas usufruam dessa dignidade.

qualquer lei ou código. Começa pela interpretação gramatical (sentido das palavras), passando pela teleológica (objetivo da norma) e culminando pela interpretação sistemática (integração no todo).[10]

A inviolabilidade da vida é a regra constitucional, embora não exista direito absoluto em tese, e principalmente neste assunto, visto que a própria legislação brasileira considera excludente da antijuridicidade o aborto quando for para salvar a vida da mãe e quando a gravidez for oriunda de um estupro,[11] e a pena de morte quando dos crimes previsto no Direito Penal Militar.[12]

Quanto à dignidade da pessoa humana, não existem dúvidas em sua conceituação, interpretação e importância, mas no que se refere à inviolabilidade da vida muitos entendem ser este princípio bastante restrito, não permitindo flexibilização, exceto as expressas na Lei.

---

10 MAXIMILIANO, C. *Hermenêutica e aplicação do Direito*. Rio de Janeiro: Forense, 1993. pp. 106-130; FERREIRA FILHO, M. G. *Comentários à Constituição Brasileira de 1988*. São Paulo: Saraiva, 1990. pp. 10-11.

11 Código Penal Brasileiro (Decreto-Lei n. 2.848, de 7 de dezembro de 1940), art. 128, I e II.
Art. 128 - Não se pune o aborto praticado por médico:
Aborto necessário
I - se não há outro meio de salvar a vida da gestante;
Aborto no caso de gravidez resultante de estupro
II - se a gravidez resulta de estupro e o aborto é precedido de consentimento da gestante ou, quando incapaz, de seu representante legal.

12 A pena de morte, no direito brasileiro, está prevista em tempo de guerra de acordo com os arts. 355, 356, 364, 365 e 387 do Código Penal Militar (CPM). A morte do condenado, de acordo com o art. 56 deste dispositivo legal, dar-se-á por fuzilamento. Antes da execução, a sentença deve ser comunicada ao Presidente da República, para que ele possa utilizar-se ou não da chamada *Clementia Principis*, espécie de graça concedida ao condenado no sentido de comutar a pena (CF/88, art. 84, XII). Em regra, só depois de sete dias dessa comunicação a execução poderá ser efetuada.

Sucede que, embora seja um direito, a inviolabilidade da vida não é um dever. O indivíduo tem direito a um tratamento que lhe assegure a vida, mas não tem a obrigação (dever) de a ele se submeter.

Quando este tratamento adquire um aspecto de sofrimento desumano; quando a obstinação terapêutica e o tratamento fútil (FRANÇA, 2000)[13] já não representam ganho real e concreto ao indivíduo enfermo, estamos em face de uma degradação da dignidade da pessoa humana, como prescreve e proíbe o art. 5º, inciso III da Carta Magna de 1988.

Em situação desta magnitude, não há que falar em ato antijurídico, pois o que a lei protege é a vida, e neste caso a vida está se esvaindo independente dos esforços médicos que possam vir a ser despendidos.

2.2.4. A ortotanásia e o Direito Penal Brasileiro

Não existe no Direito Penal Brasileiro vigente até o presente momento um tipo (artigo) específico para a ortotanásia ou mesmo para a eutanásia.

O Código Penal Brasileiro não faz referência à eutanásia. Conforme a conduta do agente, esta pode se encaixar na previsão do homicídio, do auxílio ao suicídio, ou pode, ainda, ser atípica. Apesar desta falta de uma conduta típica, no Brasil considera-se a eutanásia um crime. É colocada dentro da previsão do art. 121, homicídio. Se cometida por motivo

---

13 Genival Veloso França diz, em seus *Comentários ao Código de Ética Médica* (Rio de Janeiro: Guanabara-Koogan, 2000. p. 91), que "hoje se tem como justificativa considerar um tratamento fútil aquele que não tem o objetivo imediato, que é inútil ou ineficaz, que não é capaz de oferecer uma qualidade de vida mínima e que não permite uma possibilidade de sobrevida".

de piedade ou compaixão para com o doente, aplica-se a causa de diminuição de pena do parágrafo 1º do art. 121, que prevê: "Se o agente comete o crime impelido por motivo de relevante valor social ou moral,[14] ou sob domínio de violenta emoção, logo em seguida a injusta provocação da vítima, o juiz pode reduzir a pena de um sexto a um terço". Como não se trata de crime de mão própria,[15] quando o médico dele participa, a sua conduta se subsume ao referido tipo legal emprestado.

O entendimento penal formal da doutrina[16] é no sentido de considerar a ortotanásia uma espécie da eutanásia: a eutanásia passiva, onde o que caracteriza o delito é a ação omissiva do agente.

No atual Código Penal Brasileiro, o pedido da vítima não afasta a ilicitude, sendo o consentimento, no texto, irrelevante para a caracterização do que se chama de eutanásia. Este detalhe, na verdade, é um dos mais difíceis, na prática, com o qual lidar: como valorar o consentimento?

Esta linha de raciocínio tem sido a conduta histórica do Direito Penal Brasileiro, posto que, seguindo a linha do Código Criminal do Império (1830), o Código Penal Republicano, mandado executar pelo Dec. 847, de 11.10.1890, não

---

[14] A Exposição de Motivos do Código de 1940 define o que se entende por relevante valor social ou moral "o motivo que, em si mesmo, é aprovado pela moral prática como, por exemplo, a compaixão ante irremediável sofrimento da vítima".

[15] Crime de mão própria é aquele cuja autoria é específica de um determinado agente, como, por exemplo, o "falso testemunho".

[16] DINIZ, M H. *O estado atual do biodireito*. São Paulo: Saraiva, 2001. pp. 303-304. A autora diz ser inadmissível não se aceitar a acusação de homicídio com base numa pretensa obediência ao preceito constitucional da autonomia. GUASTINI, V. C. R. Título I – Do Crime contra a pessoa. In: *Código Penal e sua interpretação jurisprudencial*. São Paulo: Revista dos Tribunais, 1995. pp. 1.418-1.419.

contemplou nenhuma disposição relacionada ao *homicídio caritativo*, e destacou em seu art. 26, *c*: "Não dirime nem exclui a intenção criminosa, o consentimento do ofendido, menos nos casos em que a lei só a ele permite a ação criminal". Por sua vez, a Consolidação das Leis Penais,[17] Código Penal Brasileiro completado com as leis modificadoras então em vigor, obra de Vicente Piragibe, aprovada e adaptada pelo Dec. 22.213, de 14.12.1932, em nada modificou o tratamento legal anteriormente dispensado ao tema, conforme seu Título X, que tratou "Dos crimes contra a segurança da pessoa e vida" (arts. 294/314). Também não estabeleceu atenuante genérica relacionada ao assunto, conforme se infere da leitura de seu art. 42, ou outro *benefício* qualquer.

O Projeto Sá Pereira, no art. 130, inciso IV incluía entre as atenuantes genéricas a circunstância de haver o delinquente cedido "à piedade, provocada por situação irremediável de sofrimento em que estivesse a vítima, e às súplicas", e, no art. 189, dispunha que "àquele que matou alguém nas condições precisas do art. 130, inciso IV descontar-se-á por metade a pena de prisão em que incorrer, podendo o Juiz convertê-la em detenção". No Projeto da Subcomissão Legislativa (Sá Pereira, Evaristo de Morais, Bulhões Pedreira), já não se contemplava expressamente o homicídio compassivo como *delictum exceptum*, mantendo-se, entretanto, a atenuante genérica que figurava no inc. IV do art. 130 do Projeto anterior. Também o atual Código (Dec.-Lei 2.848/40) não cuida explicitamente do crime por piedade.

17 O Desembargador Vicente Piragibe fez uma consolidação de toda a legislação penal existente à época, sem, contudo, acrescentar nenhuma norma nova ao texto final.

As alterações introduzidas pelas Leis 6.416/77 e 7.209/84 não trataram do assunto em questão.

Mudanças, porém, existem à vista, já que o Anteprojeto de Código Penal em estudo pela comissão encarregada de introduzir mudanças na Parte Especial do Código em vigor, ao tratar do homicídio no art. 121, dispõe no § 3º: "Se o autor do crime é cônjuge, companheiro, ascendente, descendente, irmão ou pessoa ligada por estreitos laços de afeição à vítima, e agiu por compaixão, a pedido desta, imputável e maior de dezoito anos, para abreviar-lhe sofrimento físico insuportável, em razão de doença grave e em estado terminal, devidamente diagnosticados: Pena - reclusão, de dois a cinco anos". Já no § 4º estabelece: "Não constitui crime deixar de manter a vida de alguém por meio artificial, se previamente atestada por dois médicos a morte como iminente e inevitável, e desde que haja consentimento do paciente ou, em sua impossibilidade, de cônjuge, companheiro, ascendente, descendente ou irmão". Regula, assim, a eutanásia e a ortotanásia, respectivamente, abrandando a primeira e deixando explícito no texto da Lei a inexistência de ato antijurídico quando da realização da ortotanásia.

2.2.5. Uma visão formal e deificada da medicina (ou dos operadores do direito) na interpretação do Código Penal Brasileiro

Hoje já não é mais permitido morrer, pelo menos sem a autorização do Ministério Público ou do Judiciário.[18] A

---

[18] O Procurador da Justiça Federal Welington Marques de Oliveira disse em sua petição inicial sobre o direito de morrer que "devem ser analisados todos os casos, mas caso a caso, de forma que, mesmo *de lege ferenda* [pela lei que está sendo elaborada], determinar se uma conduta médica ou dos representantes legais do paciente terminal, consciente ou não, capaz

morte é entendida como fracasso e não mais como uma etapa natural da vida. Para este tipo de entendimento, a Medicina tem o dever de evitá-la sempre.

Esta deificação da ciência médica tem consequências também no campo penal: considera-se, em uma interpretação deturpada do art. 13, § 2º, a, do Código Penal, que o médico assume a função de garantidor da não ocorrência do resultado morte! Isso significa que, se o médico deixar de utilizar tratamentos que nada podem fazer pelo doente em estágio terminal, mas apenas aliviar seu sofrimento (a chamada ortotanásia), pode responder por homicídio doloso na modalidade omissiva imprópria. O crime ocorreria mesmo que o paciente, em posse de todas as suas faculdades mentais, autorizasse a interrupção do tratamento. Chega-se a especular a respeito da incidência da qualificadora de utilização de meio que dificulte ou torne impossível a defesa da vítima! Na melhor das hipóteses, o médico poderia ser processado por omissão de socorro (Código Penal, art. 135).

Desse equivocado entendimento, nasce a obstinação terapêutica (também chamada de distanásia), em que a cura se demonstra impossível e os procedimentos médicos trazem mais sofrimento do que alívio para o paciente terminal. Simplesmente não se aceita que a medicina tem seus limites, sendo a morte o mais definitivo deles.

---

ou não, *deve obrigatoriamente* passar pelo crivo dos entes legitimados constitucionalmente para dar a última palavra sobre o fim de uma vida: o Ministério Público e o Judiciário".

Conclusão

Como se pode depreender dessas breves palavras, o Direito Brasileiro trata de maneira muito precária a ortotanásia, inexistindo uma legislação expressa sob o tema, cuja carência desde 1984 vem sendo detectada pelos legisladores pátrios sem contudo alcançarem uma solução mais adequada para o problema. A resolução CFM n. 1.805/06 vem se juntar à Lei Paulista n. 10.241/99,[19] criada pelo então Governador Mário Covas[20] na busca da construção de um novo paradigma jurídico tendo por base o respeito à dignidade da pessoa humana.

Compartilha-se do entendimento de que a Constituição Federal, pelo seu caráter normativo primordial, deve prevalecer sobre as normas infraconstitucionais, devendo estas aos princípios daquela se submeter e se acomodar (SILVA, 1990).[21] Dessa forma, se por via de interpretação pode-se chegar a vários sentidos para a mesma norma, é muito compreensível que se venha a adotar como válida a interpretação que compatibilize a norma com a Constituição.[22]

---

19 Lei Estadual/SP n. 10.241/1999.
Art. 2º - São direitos dos usuários dos serviços de saúde no Estado de São Paulo:
XXIII - recusar tratamentos dolorosos ou extraordinários para tentar prolongar a vida; e
XXIV - optar pelo local de morte.

20 Mário Covas, governador do estado à época, afirmou que sancionava a lei como político e como paciente, já que seu câncer já havia sido diagnosticado. Dois anos depois, estando em fase terminal, se utilizou dela, ao recusar o prolongamento artificial da vida.

21 SILVA, J. A. *Curso de Direito Constitucional Positivo*. São Paulo: Revista dos Tribunais, 1990. p. 85.

22 BASTOS, C. R. *Curso de Direito Constitucional*. São Paulo: Saraiva, 1992. v. 1, pp. 101-102. Bastos leciona que as normas devem se adequar aos princípios constitucionais.

No caso específico da ortotanásia devem prevalecer os princípios constitucionais do respeito à dignidade da pessoa humana, à liberdade e à autonomia.

A ortotanásia, vista no formalismo penal, configura um crime impossível, já que não há crime contra a vida quando a vida se extingue por si própria. O encerramento natural do ciclo vital é um fato biológico a todos comum e fora do campo de influência e desejo da justiça. Pode talvez ficar apenas como campo do imaginário artístico, como vislumbrou Saramago ao criar um mundo de "morte sob efeito suspensivo" onde a vida eterna nada mais é que um sofrer infinito.[23]

Post Scriptum

Na vida, para os que creem, sempre há espaço para a esperança. Recentemente a Justiça Brasileira, em primeira instância, decidiu por considerar improcedente a ação civil pública motivo de análise neste trabalho. Esta decisão nasceu do convencimento da nova representação do Ministério Público Federal e do Juiz do feito que adotaram integralmente as teses antes esposadas, considerando a Res. CFM 1.802/02 isenta de ilegitimidade.[24]

Bom. Isto efetivamente é uma vitória do bom senso e do bem comum, mas com certeza insuficiente. Como sabemos,

---

23 SARAMAGO, J. *As intermitências da morte*. São Paulo: Companhia das Letras, 2005. "No dia seguinte ninguém morreu." Assim o autor começa o seu romance retratando um país onde as pessoas deixaram de morrer. Ele discute a partir deste fato os desencontros da natureza humana, em seus vários aspectos, numa situação em que o paradigma da finitude humana deixa de existir.

24 A íntegra desta decisão pode ser consultada na revista *Bioethikos*, 2010, v. 4, n. 4, pp. 476-486.

no Direito Brasileiro prevalece predominantemente o Direito Positivo, ou seja, aquilo que está escrito nas Leis. Dessa forma, esta decisão não impedirá que no futuro outra decisão em sentido contrário possa vir a ser adotada, pois em nosso Direito a jurisprudência (precedentes julgados) não possui um caráter obrigatório a se sobrepor ao livre convencimento do juízo, exceto nas questões sumuladas de modo vinculante pelo Supremo Tribunal Federal, o que o caso não alcançou. Assim, devemos concentrar esforços no Projeto de Lei do Senado 116/00 de autoria do Senador Gerson Camata, que uma vez sancionado trará a tranquilidade social desejada ao problema.

Referências bibliográficas

BASTOS, C. R. *Curso de Direito Constitucional*. ed. 14. São Paulo: Saraiva, 1992.

____; MARTINS, I. G. *Comentários à Constituição do Brasil*. São Paulo: Saraiva, 1988.

DINIZ, M. H. *O estado atual do biodireito*. São Paulo: Saraiva, 2001.

FERREIRA FILHO, M. G. *Comentários à Constituição Brasileira de 1988*. São Paulo: Saraiva, 1990.

FRANÇA, G. V. *Comentário ao Código de Ética Médica*. Rio de Janeiro: Guanabara-Koogan, 2000.

GUASTINI, V. Título I – Do crime contra a pessoa. In: *Código penal e sua interpretação jurisprudencial*. São Paulo: Revista dos Tribunais, 1995. p. 1.418-1.419.

KANT, I. *Crítica da razão prática*. São Paulo: Martin Claret, 2006.

_____. *Crítica da razão pura*. São Paulo: Martin Claret, 2005.

MARTIN, L. Eutanásia e distanásia. In: IBIAPINA, S. F.; GARRAFA, V.; OSELKA, G. (eds.). *Introdução à bioética*. Brasília: Conselho Federal de Medicina, 1998. pp. 171-192.

MAXIMILIANO, C. *Hermenêutica e aplicação do direito*. Rio de Janeiro: Forense, 1993.

SARAMAGO, J. *As intermitências da morte*. São Paulo: Companhia das Letras, 2005.

SILVA, J. A. *Curso de Direito Constitucional Positivo*. São Paulo: Revista dos Tribunais, 1990.

Simpósio sobre a terminalidade da vida. *Bioética*, 2005, v. 13, n. 2, p. 1.

Sem amor não existe vida. Amar é uma expressão profunda de afetividade e ternura humanas. É o que faz com que os nossos olhos turvos de lágrimas brilhem e que vejamos as cores da vida, acreditando que, mesmo quando experimentamos o sabor amargo de dias nebulosos e cinzentos, o sol brilha acima de tudo. Sem amor dificilmente se encontra uma razão para viver, e muito menos um significado para despedir-se da vida. Quando sofremos pela perda de um ente querido, ninguém pode tirar a nossa dor, e aprendemos que a saudade é o amor que fica.

A vida nos chama a aprender a amar novamente. Como afirma Gabriel Marcel, "quando revelamos a alguém que amamos, estamos querendo dizer que esta pessoa nunca morrerá". Não podemos esquecer que amar é também dar permissão para as pessoas partirem!

Parte III

Ternura
Eu te amo

Capítulo 1

A morte, solução de vida? Uma leitura bioética do filme *Mar adentro*

Leo Pessini

O filme espanhol *Mar adentro* (2004), do cineasta Alejandro Amenábar, sobre o drama de vida do jovem marinheiro espanhol Ramón Sampedro, levantou uma série de questionamentos éticos no público mundial em geral. Entre eles, destacamos: qual o valor da vida humana, quando esta é marcada por deficiências que tolhem a liberdade e a autonomia humanas? O que fazer quando não se encontram mais motivos para viver? Seria possível continuar a viver tentando ressignificar a vida, ou a opção pelo suicídio assistido seria a "melhor" saída, como o fez Ramón Sampedro? Longe de assumirmos uma postura de juízes, mesmo discordando da solução final, advogamos uma atitude de respeito.

Introdução

No início de 2005, dois filmes fizeram um grande sucesso de crítica e público, são eles: *Menina de Ouro*, uma produção norte-americana, e *Mar adentro*, um filme espanhol produzido pelo cineasta chileno/espanhol Alejandro Amenábar, traduzindo nas telas a história verídica de Ramón Sampedro. Os dois filmes versam sobre o mesmo tema: a eutanásia, o morrer sem sofrimentos por opção.

Enquanto esses filmes concorriam ao Oscar e ganhavam várias premiações, desenrolavam-se na vida real, com ampla cobertura da mídia, dois casos famosos que acabaram sendo acompanhados pela população mundial. Trata-se da jovem norte-americana Terri Schiavo, em estado vegetativo persistente, a qual, após uma longa batalha judicial que suspendeu a alimentação que a mantinha viva há 15 anos, viria a morrer, consequentemente, de inanição. O outro caso famoso foi a agonia pública do Papa João Paulo II, que após um longo calvário causado por uma doença crônico-degenerativa, doença de Parkinson, em fase terminal, recusou retornar ao hospital e optou por permanecer em seus aposentos; suas últimas palavras foram: "Deixem-me partir para o Senhor"; o Papa, consciente de seu limite final, recusou para si um procedimento distanásico, ou seja, o prolongamento do processo de morrer.

Esses filmes e casos que ficaram famosos para o grande público despertaram, em tempos de cuidados sempre mais tecnologizados, o debate mais amplo das questões éticas ligadas ao processo de morrer. Além disso, criou-se a oportunidade, no contexto acadêmico científico, de muitas discussões éticas sobre a morte e o morrer, sobre a eutanásia, sobre o "direito de morrer com dignidade", envolvendo questões jurídicas, religiosas e sociais (PESSINI, 2004; 2006; PESSINI; BERTACHINI, 2006; 2007).

1. O filme *Mar adentro*

Iniciemos uma aproximação reflexiva ao filme *Mar adentro*, cujo título evoca um poema de amor escrito por Ramón Sampedro intitulado "Os Sonhos" (SAMPEDRO, 2005, p.

51). Trata-se de uma obra de arte provocativa, que incomoda e faz pensar pela sua dramaticidade. Este filme conta a história verídica de Ramón Sampedro, um jovem marinheiro espanhol que, aos 25 anos, ficou tetraplégico após um mergulho trágico no mar da costa da Galícia. Pulou na água de cima de um rochedo no momento em que a maré havia baixado, e o choque da cabeça contra a areia comprometeu irreversivelmente sua coluna. Ramón viveu praticamente 29 anos após o acidente ("28 anos, 4 meses e alguns dias"...), mas com uma determinação férrea de terminar sua vida. Lutou convictamente na justiça pelo direito de morrer. Seu caso foi levado aos tribunais em 1993, em uma tentativa para conseguir a legalidade da eutanásia na Espanha, mas o pedido lhe foi negado. Na carta que Sampedro dirige aos juízes, em 13 de novembro de 1996, apresenta um argumento que é muito trabalhado no filme: "Viver é um direito, não uma obrigação". Ramón coloca em xeque a regulação da vida e da morte pelo Estado e pela Igreja, e acusa "a hipocrisia do Estado laico diante da moral religiosa". Em janeiro de 1988, em segredo, conseguiu realizar seu intento, assistido por uma pessoa amiga, Ramona Maneiro, que confessou ter ajudado Sampedro a tomar cianureto para morrer, no início de 2004. A confissão foi feita após sete anos da morte dele, quando o delito estava prescrito, e ela não poderia mais ser julgada. No filme, é a personagem Rosa que realiza essa missão.

2. A discussão pública sobre eutanásia

O debate com a Igreja sobre eutanásia aparece na figura de Padre Francisco, também tetraplégico, que resolve visitar

Sampedro. Este está no segundo andar da residência e, como a escada é muito estreita, não permite a passagem da cadeira de rodas do padre. Os dois passam a se comunicar com a ajuda de um porta-voz, um seminarista, Ir. Francisco, que corre pateticamente de um lado para o outro, levando os recados de um e outro. A discussão esquenta até o momento em que o padre e Ramón passam a conversar, aos berros e sem mediação do lado católico, sobre a importância de manter a vida (Pe. Francisco) e sobre o fato de que a Igreja Católica não tem moral para falar de respeito à vida depois do que ocorreu com a Inquisição (Ramón). “Uma liberdade que elimina uma vida não é liberdade”, diz o Pe. Francisco em voz alta; por sua vez, aos berros, Sampedro retruca que “uma vida que elimina uma liberdade não é vida”.

Em 1998, Ramón consegue encontrar Rosa. A ela fala: “Alguém que realmente me ama é alguém que me ajuda a morrer”. Ele combate a tese da “vida como obrigação”, e sinaliza as tensões e questões de poder que permeiam a vida e a morte: “Srs. juízes, negar a propriedade privada de nosso próprio ser é a maior das mentiras culturais. Para uma cultura que sacraliza a propriedade privada das coisas — entre elas a terra e a água — é uma aberração negar a propriedade mais privada de todas, nossa Pátria e reino pessoal. Nosso corpo, vida e consciência, nosso Universo”.

Há um questionamento da sociedade civil e política como invenções que aprisionam corpos e mentes. Manejar corpos é uma forma de controlar mentes. Fala-se em liberdade e direito, mesmo quando paradoxalmente nega-se a opção de escolher entre a vida e a morte. Este direito é negado em nome da civilidade e da religião. É o que o filme mostra.

3. No universo das relações entre as pessoas

A relação de ajuda pastoral apresentada no filme pelo padre é uma verdadeira caricatura. Neste aspecto, o filme é parcial e tendencioso quando intervém a voz da fé cristã na figura um pouco ridicularizada do padre paraplégico. O Padre, via TV, antes de visitar Ramón, pronuncia-se sobre o caso sem conhecer a realidade; diz que, se ele estivesse bem cuidado pela família, ele certamente não desejaria morrer. Certamente faz uma acusação aos familiares de desleixo. Na visita que ele faz à casa, recebe o troco de Manuela, a devotada cuidadora de Ramón, que questiona o que o Pe. Francisco disse na TV: "Amo ele como um filho. Não sei se a vida pertence a Deus e não pertence à gente, mas sei de uma coisa, você tem uma boca muito grande". Bela indicação de que a relação de ajuda simplesmente não aconteceu.

Um personagem em oposição direta à figura religiosa do padre é a advogada Júlia, que quer cuidar do caso de Sampedro. De um lado, temos o sacerdote, representante da doutrina católica, que tenta dissuadir Ramón da ideia de morrer lembrando-lhe dos valores da fé cristã; do outro, a advogada Júlia — portadora de uma doença degenerativa hereditária (Cadasil), que se caracteriza por acidentes vasculares frequentes que conduzem à invalidez e demência —, que procura levar a discussão e legitimação do caso para o plano racional e legal. Ao mesmo tempo, Júlia é o canal entre o espectador e as poesias, as viagens e toda a vida de Sampedro antes do acidente. Júlia ajuda Ramón a escrever um livro, publicado com o título *Cartas desde el inferno* (traduzido em português pela editora Planeta em 2005 como *Cartas do inferno*), obra que deu origem ao filme. Com ele partilha cigarros, troca beijos, afetos, impossibilidades, desejos, frustrações e a morte como finalidade.

Como interpretar no filme as relações de Ramón com as duas mulheres que entram com ele numa relação afetiva, Rosa e Júlia? Rosa é uma jovem simples, desajeitada e rural; entra na vida de Ramón após uma entrevista que assiste na TV, em que Ramón expressa o desejo de morrer. O encontro é conflitivo e Ramón a chama de "mulher frustrada", que o conhece por "piedade". Ramón impõe sua agenda racional: "Ser minha amiga é me respeitar. Não me julgue". Ramón lhe dirige uma palavra dura que pode ser uma chave de interpretação do mistério de sua personalidade: "Não me atribua a responsabilidade de dar um sentido à sua vida". No filme é justamente ela, Rosa, que vai ser solidária com Ramón na eutanásia.

Júlia vê Ramón com base no grave problema de saúde que tem e que a deixará completamente demenciada no final do filme. O amor impossível de Ramón e de Júlia cristaliza-se na vontade comum de se dar a morte no mesmo dia, por ocasião da publicação do livro. É um amor que cresce ao abrigo não do desejo de viver mas sim do desejo de morrer.

Os motivos de Ramón e de Júlia são, contudo, diferentes: em Ramón temos a presença de uma motivação até certo ponto sartriana: ele sente a sua existência como inútil. Júlia tem medo da degradação e da perda da dignidade pela doença. Diante desta situação, o filme silencia uma questão muito importante: "Quem é que decide sobre a dignidade da vida, é o próprio que declara que sua existência perdeu toda a dignidade, ou não será a tarefa ética dos outros seres humanos, dos acompanhantes, ajudados pela sociedade, de reivindicar e reclamar esta dignidade do doente, lutando, por assim dizer, contra a impressão — eventualmente compreensível por parte do doente — de perda de dignidade?" (RENAUD, 2006, p. 126).

Da janela, uma paisagem lindíssima se descortina, traz o vento a remexer as cortinas e os desejos de liberdade e de movimento. Daquela abertura da janela, o mundo todo se descortina a Ramón Sampedro. Já na primeira cena do filme, o espectador é colocado no lugar do protagonista, diante da janela e dos desejos, sonhos e impossibilidades que se apresentam. O protagonista central do filme, ao sobrevoar a terra e o mar, realiza a metáfora da liberdade do espírito. Fala de nossa possibilidade de lutar pela liberdade mesmo em condições extremas e cruéis.

4. O sentido da liberdade em jogo

Um dos núcleos do filme é a questão do sentido da liberdade. O filme tenta provar que é na morte que se reencontra a alegria, no caso de tetraplégico ou de pessoas atingidas por uma doença incurável. Faria parte da dignidade da pessoa o fato de poder dar-se a morte, para realizar o desejo de se "libertar do corpo", do corpo deficiente e doente. Isso se verifica na noite dramática em que Ramón demonstra firmeza em buscar a morte e grita, compulsivamente: "Por que morrer, por que morrer?". A liberdade é reclamada, mas uma liberdade para quê? Para realizar qualquer coisa de vida? Não, somente para morrer. Uma liberdade-para-a-morte. Será este o sentido profundo da liberdade ou existe a liberdade como liberdade-para-a-vida, ou liberdade para um acréscimo de vida?

É interessante lembrar as figuras de Gene e do seu marido no filme, defensores do movimento Morrer com Dignidade e da Luta pela Legalização da Eutanásia. É significativo e até paradoxal que Gene, no final de sua gravidez, coloque sua barriga perto do ouvido de Ramón. Estamos diante do contraste brutal, quase absurdo: quem defende o direito à eutanásia é ao mesmo tempo quem dá com alegria a vida ao nascituro. O filme busca explicitar a tese de que não é porque se é a favor da eutanásia que se é contra a vida em geral, e, principalmente, contra novas vidas. Podemos interpretar este contraste de outra maneira também. Estamos diante da contradição existencial de Gene. É a mesma pessoa que dá à vida com o nascimento de seu bebê, e luta pela morte do corpo do outro. Como se nascimento involuntário (por parte de quem nasce) e morte voluntária (de quem opta pela eutanásia) tivessem a mesma "dignidade em si" em relação à vida humana. Não seria isto desfazer a reta compreensão entre dignidade da vida e liberdade, como se fosse digno nascer involuntariamente, mas indigno morrer involuntariamente? A nosso ver, Gene mostra uma contradição inerente ao respeito pela vida do corpo. É esta contradição que surge sutilmente nas suas últimas palavras de despedida ao telefone com Ramón: "É mesmo isto (morrer) que você quer?".

Perguntamo-nos se não se esqueceu de um elemento principal: a liberdade em face à dignidade da vida do corpo que está em causa. Para Ramón, o suicídio é visto como libertação do corpo de uma existência "indigna". O pedido para morrer pode mesmo ser compreensível, em face das dificuldades da vida do corpo, da mente ou da alma. Mas não é por isso que nós, os outros, temos que considerar como aceitável uma solicitação de suicídio ou considerar como eticamente justificável o ato de eutanásia. Esta posição final depende de uma compreensão existencial da liberdade: somos livres para poder exercer esta liberdade em proveito da vida e não ao serviço da morte. Mas como fazer entender esta verdade existencial à pessoa portadora de tetraplegia como no caso de Ramón? Estamos sem resposta. Esta angústia do espectador é explorada muito bem pelo filme (RENAUD, 2006, pp. 127-128).

5. O corpo como denúncia

Nada é mais exposto no filme do que seu corpo deficiente, e isso nos mínimos detalhes. Quando aparece na TV para fazer seu pedido e ganhar empatia pública e dos juízes, foi através da exposição de seu corpo disforme e imóvel. O objetivo certamente era impressionar, o que acaba na verdade chocando. Por isso, busca-se convencer seus interlocutores morais para que se transportem de seus corpos não deficientes para a sua existência plena de limitações. O silêncio do corpo de Ramón é contrastado com o excesso de falas do personagem. Ramón não deixa dúvida de ser sarcástico, irônico e até cruel. A exibição de seu corpo é acompanhada por afirmações como: "Passo toda a minha vida num inferno. A vida não é isso!". O inferno passa a ser seu corpo, sua existência restrita ao quarto totalmente dependente dos cuidados de seus familiares, em especial, sua cunhada, seu irmão e seu sobrinho Xavier (DINIZ, 2004, p. 124).

Ramón nega aceitar a cadeira de rodas ao dizer que "isto seria aceitar migalhas do que foi minha vida. Dois metros e uma viagem impossível, uma quimera; por isso quero morrer", diz Ramón a Júlia, e, isso o deixa mais confinado ainda. Somente vai aceitar utilizar cadeira de rodas, confeccionada sob medida com a colaboração de todos os seus familiares, sob a sua supervisão, quando este instrumento de locomoção o leva para o encontro de seu objetivo maior: a morte. A sua vida passou a ser uma imposição, ou seja, a obrigação de sobreviver de migalhas do que foi, e um dever de se manter vivo, garantido pelos seus familiares.

6. Cuidados sem ternura?

O cuidado que Ramón recebe parece perfeito do ponto de vista técnico: usufrui da possibilidade de escrever, ainda que utilizando uma palheta na boca, de telefonar etc. Os cuidados que lhe presta a cunhada são desinteressados e generosos. Mas não podemos esquecer também que estamos no campo da realidade rural, de uma família de camponeses bastante unidos, que leva uma vida muito simples e rústica, em que as expressões de afeto são muito diferentes do que acontece se estivéssemos em um contexto urbano.

O paradoxo do caso Ramón, tal como vemos no filme, provém precisamente desta dupla vertente: tem uma vida ativa do ponto de vista mental, uma vida criativa do ponto de vista literário (escreve poesias e até um livro sobre sua experiência), uma imaginação que o situa para além da capacidade dos familiares e, mesmo assim, quer morrer porque esta vida não é "viver". A junção desses elementos é a razão para tornar a eutanásia sedutora, justificável e compreensível. Não se pode dizer que são os abandonados e que não recebem cuidados os que desejam a eutanásia. Eis um caso "muito bem cuidado", de tal maneira que não se pode criticar a família; mesmo assim, essa pessoa deseja simplesmente morrer.

Podemos até dizer que faltou algo de essencial nos cuidados: conseguir fazer com que Ramón descobrisse e sentisse que sua presença não é "a mais", mas que tem sentido. Temos o cuidado, sim, mas talvez falte ternura neste cuidar. Neste sentido, nunca vemos por parte dos familiares um gesto de ternura, um tocar das mãos, um abraço. O único abraço dos familiares, dos amigos, é um pedido de Ramón ao sobrinho, no momento em que ele vai embora. E a expressão mais dramática desta falta em cuidá-lo, que muitas vezes não transmite ternura, manifesta-se na explosão do irmão mais velho, que em um momento de muita angústia diz: "Há 28 anos todos se tornaram escravos dele".

O filme mostra que o cuidado vital básico do corpo com todas as suas exigências não é suficiente para ajudar a pessoa tetraplégica a perceber que sua vida pode continuar a ter um sentido para além de todas as limitações inerentes a essa condição física limitante.

7. Apontamentos finais

Ramón Sampedro, ferido em seu corpo mas dolorido ainda em sua inferioridade, acabou por travar uma intensa batalha judicial para que pudesse se dar o direito de morrer. Irredutível na sua determinação, não conseguindo pelas vias oficiais, descobre criativamente uma forma "oficiosa" de realizar o que queria.

A paralisia física nem sempre significa o fim de tudo. Pelo contrário, pode ser o início de uma vida de novas descobertas e criatividade. Podemos nos perguntar, por que com

Ramón Sampedro todas as propostas de "ressignificação de vida" foram descartadas e em determinados momentos até ridicularizadas? Temos exemplos notáveis como os de Christopher Reeve ("o Super-Homem") e Stephen Hawking a dar muito mais que motivação aos portadores de necessidades especiais.

A cena do "acidente", que é repetida inúmeras vezes em momentos-chave do filme, talvez tenha sido uma tentativa de suicidar-se. É um pouco ingênuo acreditar que alguém que tenha sido marinheiro, conhecido tantos países, singrando oceanos tão diferentes, não conhecesse o que estava acontecendo com o mar lá embaixo do penhasco no momento em que se lançou. Simbolicamente, Ramón Sampedro morreu neste momento. No prólogo de seu livro *Cartas do inferno*, o verdadeiro Ramón fala daquele momento crucial: "No dia 23 de agosto de 1968 fraturei o pescoço ao mergulhar em uma praia e bater com a cabeça na areia, desde esse dia sou uma cabeça viva e um corpo morto. Poderia dizer que sou o espírito falante de um morto [...]. Considero o tetraplégico como um morto crônico que reside no inferno. Ali — para evitar a loucura, há os que se entretêm pintando, rezando, lendo, respirando ou fazendo algo pelos demais: há gostos para tudo! Eu me dediquei a escrever cartas. Cartas do inferno". Difícil encontrar um realismo mais cruel que descreva sua própria interpretação de sua condição de vida.

Se o Ramón histórico for muito parecido com o Ramón do filme *Mar adentro*, então guardaremos dele uma imagem de um ser humano que, com inteligência e determinação férrea de não mais viver após o acidente que o deixou na condição de tetraplégico, não conseguiu descobrir um sentido para continuar a viver. A morte é a solução. Nas cenas finais do filme, esteticamente apresenta-se no contexto de um crepúsculo (simbolicamente o fim) maravilhoso, o último diálogo entre Rosa e Ramón. Diz Rosa: "Se é verdade que existe vida após a morte, mande-me um sinal?", ao que Ramón responde rapidamente. "Claro que sim!", emendando, porém, de uma forma mais reflexiva acrescenta a seguir: "Mas, depois que morremos, não existe mais nada, é como quando antes de nascer. Vou estar nos seus sonhos. Obrigado do fundo do coração" (SAMPEDRO, 2005, p. 17). Sem dúvida aqui a transcendência da vida não existe, e a sua morte é simplesmente fim de tudo, não existe a perspectiva de um futuro promissor com mais vida no além como nos apresentam as religiões. Com certeza, para muitos, este não é um *happy end*. Ouvi de muitos deficientes físicos que assistiram ao filme que consideram Ramón um anti-herói. Acusam-no de ser um suicida em potencial, antes mesmo do acidente, vendo no salto do penhasco já a busca da sua própria morte. Enfim, esta foi a opção de Ramón. Não cabe a nós medir responsabilidades e sermos juízes. Mesmo sem compreender e até discordando da solução final, por questão de valores culturais, morais, éticos e religiosos, seria possível assumir a uma atitude de respeito?

Ao analisar este filme, lendo as *Cartas do inferno* de Ramón Sampedro, veio à minha mente inúmeras vezes a história de Victor Frankl, o famoso psiquiatra austríaco que sobreviveu ao campo de concentração durante a Segunda Guerra Mundial. Relendo sua obra clássica, *O homem em busca de um sentido* (*Man's search for meaning*), lemos: "O homem não é destruído pelo sofrimento, mas pelo sofrimento sem sentido". Ou, então, quando cita Nietzsche: "Quem tem um porquê viver suporta quase todo e qualquer como" (FRANKL, 1985, p. 126). Frankl testemunhou nos campos de concentração que aqueles que tinham uma missão para cumprir se encontravam em melhores condições para sobreviver.

Enfim, cada pessoa humana não deixa de ser um grande mistério. Pobre razão aquela que orgulhosamente busca explicar e entender tudo. Ao assistirmos e analisarmos este filme, difícil não nos sentirmos questionados em nossas emoções, certezas e valores de vida. Sem dúvida, trata-se de uma provocação que nos leva a aprofundarmos as "razões de nossa esperança", de sentido de viver, bem como de partir, sabedores que somos da existência de muita morte na vida, bem como de muita vida na morte.

Referências bibliográficas

DINIZ, Débora. Por que morrer? Comentários sobre o filme *Mar adentro*. *ALTER-Jornal de Estudos Psicanalíticos*, 2004, v. 23, n. 1, pp. 123-127.

FRANKL, Viktor E. *Man's search for meaning*. Edition revised and updated. New York: Pocket Books, 1984.

QUERRA, Maria José. Euthanasia in Spain: the public debate after Ramón Sampedro's case. *Bioethics*, 1999, v. 13, n. 5, pp. 426-432.

RENAUD, Izabel Carmelo Rosa. Comentário do filme *Mar adentro*. *Cadernos de bioética*, abril 2006, n.40, pp. 123-128.

PESSINI, Leo. *Distanásia*; até quando prolongar a vida? 2. ed. São Paulo: Edições Loyola/Centro Universitário São Camilo, 2006.

_____. *Eutanásia*; por que abreviar a vida? São Paulo: Loyola/Centro Universitário São Camilo, 2004.

_____; BERTACHINI, Luciana. *Humanização e cuidados paliativos*. 3. ed. São Paulo: Loyola/Centro Universitário São Camilo, 2006.

_____. *O que entender por cuidados paliativos*. São Paulo: Paulus, 2007.

SAMPEDRO, Ramón. *Cartas do inferno*; livro que deu origem ao filme *Mar adentro* com prólogo de Alejandro Amenábar. São Paulo: Planeta, 2005.

Capítulo 2

Lidando com pedidos de eutanásia: a inserção do filtro paliativo

Leo Pessini

O presente artigo discute questões éticas relacionadas ao final da vida humana, apresentando dados da Holanda e Bélgica, países que possuem legislação específica e políticas públicas em relação à prática da eutanásia. Destaca, de forma especial, a experiência belga a respeito da introdução, no sistema de saúde, do procedimento do filtro paliativo diante de solicitações de eutanásia a partir de pacientes competentes e em fase final de vida. Conclui apontando que, não obstante a persistência dos chamados *casus perplexi*, isto é, a não desistência da solicitação de eutanásia, a proposta de cuidados paliativos os torna irrelevantes, e desnecessárias muitas dessas solicitações.

Introdução

Há pouco mais de um ano do lançamento do novo Código de Ética Médica (CEM, CONSELHO FEDERAL DE MEDICINA, 2010), em 13 de abril de 2010, pensamos ser oportuno propor algumas reflexões à luz da experiência de outros países, especialmente Bélgica e Holanda, que lidam com questões éticas polêmicas de final de vida. O novo CEM prevê uma abordagem ética diferenciada junto aos pacientes em fase final de vida, para evitar a prática da distanásia e valorizar os cuidados paliativos.

No Conselho Federal de Medicina (CFM), a Câmara Técnica sobre Terminalidade da Vida e Cuidados Paliativos, que atua desde 2005, tem prestado importante serviço no contexto da medicina brasileira em termos de fomentar a educação ética profissional. O ponto alto dessa atuação, sem dúvida, foi a elaboração da Resolução CFM 1.805/06, ainda *sub judice* (CONSELHO FEDERAL DE MEDICINA, 2006).[1] Sem ela, cuja publicação gerou amplo debate na sociedade brasileira sobre questões éticas ligadas ao final da vida humana (ortotanásia, distanásia, eutanásia e cuidados paliativos), certamente não teriam sido aprovadas no novo CEM as atualizações relacionadas a decisões éticas de final de vida que organizações médicas de outros países já incorporaram em sua assistência no âmbito da saúde.

Para ilustrar essa afirmação sobre a forma como o novo CEM aborda as questões éticas relativas à terminalidade da vida, destacamos no código alguns princípios, artigos e parágrafos que primam por preservar o respeito e cuidado imprescindíveis. O princípio XXII, por exemplo, observa: "Nas situações clínicas irreversíveis e terminais, o médico evitará a realização de procedimentos diagnósticos e terapêuticos

---

[1] Na fase terminal de enfermidades graves e incuráveis, é permitido ao médico limitar ou suspender procedimentos e tratamentos que prolonguem a vida do doente, garantindo-lhe os cuidados necessários para aliviar os sintomas que levam ao sofrimento, na perspectiva de uma assistência integral, respeitada a vontade do paciente ou de seu representante legal. Resolução suspensa por decisão liminar do m. juiz dr. Roberto Luis Luchi Demo, nos autos da Ação Civil Pública n. 2007.34.00.014809-3, da 14ª Vara Federal, movida pelo Ministério Público Federal. Disponível: http://www.portalmedico.org.br/resolucoes/CFM/2006/1805_2006.htm [acessado em 20 de março de 2010]. Ver também o capítulo "A ortotanásia e o direito brasileiro" nesta obra.

desnecessários e propiciará aos pacientes sob sua atenção todos os cuidados paliativos apropriados". Por sua vez, o art. 41 veda ao médico "abreviar a vida do paciente, ainda que a pedido deste ou de seu representante legal". Seu parágrafo único indica que, "nos casos de doença incurável e terminal, deve o médico oferecer todos os cuidados paliativos disponíveis sem empreender ações diagnósticas ou terapêuticas inúteis ou obstinadas, levando sempre em consideração a vontade expressa do paciente ou, na sua impossibilidade, a de seu representante legal" (CONSELHO FEDERAL DE MEDICINA, 2010).

Finalmente, por intermédio do novo Código de Ética Médica, a medicina brasileira quebra o silêncio da negação cultural da morte e entra no século XXI ao admitir o princípio da finitude humana. No código anterior, de 1988, considerado avançado para o seu tempo, a dimensão da finitude humana sequer é mencionada entre os dezenove princípios arrolados. Vivíamos um momento cultural marcante de negação da morte.

Em 2002, a Holanda e a Bélgica foram os primeiros países a legalizar a eutanásia no contexto da assistência à saúde, em disposições legais muito semelhantes. A Holanda tinha uma prática institucionalizada que, embora não legal, era tolerante em relação aos médicos que praticassem a eutanásia havia pelo menos uma década antes da legalização. Também na Bélgica tais discussões ecoaram de forma significativa. Um interessante artigo intitulado *O desenvolvimento de cuidados paliativos e a legalização da eutanásia: antagonismo ou sinergia?*, publicado na *British Medical Journal* (BERNHELM; DESCHEPPER; DISTELMANS; MULLIE;

BILSEN; DELIENS, 2008), descreve como essas duas áreas de cuidados da saúde, profundamente polêmicas do ponto de vista ético, cresceram lado a lado com benefícios mútuos naquele país. Os autores mostram que, embora ambos os procedimentos — os cuidados paliativos e a eutanásia legalizada — se baseiem em valores médicos e éticos, tais como a autonomia do paciente, a beneficência dos cuidadores e a não maleficência, são com frequência vistos como causas antagônicas.

A percepção popular, por exemplo, é de que a causa dos cuidados paliativos remete ao âmbito das pessoas mais religiosamente motivadas, e a defesa da eutanásia, ao contrário, seria uma área reservada aos agnósticos ou ateus. A Associação Europeia de Cuidados Paliativos expressou preocupação nesse sentido, advertindo que, com a legalização da eutanásia na Holanda e Bélgica, em 2002, dar-se-ia o início da "ladeira escorregadia" (*slippery slope*), resultando em danos para pacientes vulneráveis, tais como os idosos e pessoas com necessidades especiais. Ao apresentar a eutanásia como alternativa, se impediria ou dificultaria o desenvolvimento dos cuidados paliativos.

Entretanto, dados daqueles países, após a legalização da eutanásia, parecem não confirmar esta realidade. Pesquisas realizadas na Bélgica a respeito de decisões que abreviam a vida dos pacientes em final de vida, incluindo a eutanásia ou suicídio medicamente assistido, mostram não haver correlação com a pouca utilização de cuidados paliativos e que tais decisões frequentemente ocorrem no contexto de cuidados multidisciplinares de saúde (VAN DEN BLOCK, 2009; ACADEMIA NACIONAL DE CUIDADOS PALIATIVOS,

2009). Essas conclusões permitem pressupor que a reflexão sobre a terminalidade da vida engloba aspectos diretamente relacionados aos cuidados paliativos ao paciente, não se restringindo à abreviação da vida, como se pode depreender a seguir.

O presente artigo, após apresentar a situação da legislação sobre a eutanásia em dois dos chamados "países baixos", Holanda e Bélgica, tem como objetivo fundamental a apresentação da experiência belga sobre o procedimento do filtro paliativo diante de solicitações de eutanásia por parte de pacientes competentes e em fase final de vida. Antes de apresentar o quadro do contexto legal e das políticas públicas da Bélgica e Holanda sobre eutanásia, sugere-se, para conhecer a especificidade das legislações daqueles países, a leitura da obra *Problemas atuais de bioética*, de Pessini e Barchifontaine (2010), na qual estas leis são reproduzidas integralmente no anexo (trata-se da primeira obra de bioética no âmbito da saúde publicada no Brasil).

1. Situação atual da prática da eutanásia na Holanda

O artigo "End-of-life practices in the Netherlands under the euthanasia act" (HEIDE; ONWUTEAKA-PHILIPSEN; RURUP; BUITING; VAN DELDEN; WOLF, 2007), publicado no *The New England Journal of Medicine*, traz dados sobre práticas de final de vida na Holanda. Mostra que em 2005, do total de mortes ocorridas no país, 1,7% resultava de eutanásia e 0,1%, de suicídio medicamente assistido. Curiosamente, esses percentuais são significativamente menores que os registrados em 2001, quando 2,6% de todas as mortes eram resultantes da prática da eutanásia e 0,2%, de suicídio medicamente assistido. De todas as mortes, 0,4% resultava do terminar a vida sem uma solicitação explícita do paciente.

A sedação contínua e profunda foi utilizada em conjunção com possível apressamento da morte em 7,1% de todas as mortes em 2005, porcentagem significativamente maior que os 5,6% registrados em 2001. Em 73,9% de todos os casos de eutanásia ou suicídio assistido em 2005, a vida foi terminada com a utilização de relaxantes neuromusculares ou barbitúricos. Opioides foram utilizados em 16,2% dos casos, e 80,2% de todos os casos de eutanásia ou suicídio assistido foram registrados.

Na Holanda, o número de casos de eutanásia e suicídio assistido em 2005 soma 2.297 e 113, respectivamente. Os comitês de revisão avaliaram 1.933 deles, o que corresponde a 80,2%. Em 28 casos, os médicos foram questionados a respeito das razões para não registrar a prática da eutanásia nos prontuários; 76,1% deles responderam que não entendiam seus atos como abreviação da vida. Outras razões alegadas foram as de que os médicos tinham dúvidas sobre se os critérios cuidadosos para a prática haviam sido seguidos (9,7%) ou se o profissional havia considerado os procedimentos adotados no final da vida como um acordo privado entre o médico e o paciente (6,65). Quando perguntados sobre a escolha do termo mais apropriado para os casos classificados como "eutanásia" ou "suicídio assistido", 76,2% dos médicos escolheram *eutanásia*, *suicídio assistido* ou *terminando a vida*. Práticas de final de vida nos casos remanescentes foram nomeadas como *alívio dos sintomas* ou *sedação paliativa ou terminal* (HEIDE; ONWUTEAKA-PHILIPSEN; RURUP; BUITING; VAN DELDEN; WOLF, 2007).

2. Legislação na Bélgica

Algumas definições constantes na legislação belga sobre a eutanásia, promulgada em 22 de setembro de 2002, nos possibilitam entender melhor em que consiste, na essência, a proposta de implementação do filtro dos cuidados paliativos diante de solicitações de eutanásia. Quanto à definição de eutanásia, o art. 2º especifica que "para os fins da aplicação desta lei, 'eutanásia' é definida como o ato, realizado por terceiros, que faz cessar intencionalmente a vida de uma pessoa a pedido desta pessoa". Já o art. 3º, seção 1, define as condições para o exercício da eutanásia, especificando que "o médico que executa uma eutanásia não está praticando um ato ilegal se tiver se assegurado de que:

- O paciente é adulto ou menor emancipado e tem plena capacidade e consciência na época de seu pedido.
- O pedido é feito voluntariamente, ponderado e reiterado, e não resulta de pressão externa.
- O paciente se encontra em uma condição médica irremediável e se queixa de sofrimento físico ou mental constante e insuportável que não pode ser minorado e que resulta de uma condição acidental ou patológica grave e incurável.

- Atendeu aos requisitos e procedimentos determinados por esta lei".

A seção 2 contém a descrição de condições bem detalhadas dos requisitos a serem respeitados pelo médico que pratica a eutanásia. Este deve em primeiro lugar e em todos os casos:

a) Informar o paciente sobre seu estado de saúde e sua expectativa de vida, discutir com o paciente seu pedido de eutanásia e as medidas terapêuticas que ainda possam ser consideradas, bem como a disponibilidade e as consequências dos cuidados paliativos. O médico deve chegar, em conjunto com o paciente, à convicção de que não há outra solução razoável para a situação e de que o pedido do paciente é inteiramente voluntário.

b) Ter determinado a natureza persistente do sofrimento físico ou mental do paciente, bem como o desejo reiterado deste. Com esse objetivo, o médico deverá realizar várias entrevistas com o paciente, espaçadas por um intervalo razoável, levando em conta a evolução da condição do paciente.

c) Consultar outro médico com relação à natureza grave e incurável da condição, especificando a razão para a consulta. O médico consultado deverá estudar o histórico, examinar o paciente e determinar a natureza persistente, insuportável e não minorável do sofrimento físico ou mental do paciente. Depois disso, deverá escrever um relatório sobre o que descobriu. O médico consultado tem de ser independente tanto do paciente como do médico encarregado do tratamento, bem como competente no tocante à condição patológica do paciente. O médico encarregado do tratamento deverá informar ao paciente os resultados dessa consulta.

d) Se estiver envolvida uma equipe de tratamento, o médico encarregado do tratamento deverá discutir o pedido do paciente com a equipe ou com alguns de seus membros.

e) Se for desejo do paciente, o médico encarregado do tratamento deverá discutir o pedido do paciente com as pessoas a ele próximas, por ele designadas.

f) Determinar que o paciente teve a oportunidade de discutir seu pedido com essas pessoas.

3. Filtro paliativo para os pedidos de eutanásia de pacientes competentes em fase terminal

O procedimento do filtro dos cuidados paliativos baseia-se na experiência da Federação Belga/Flamenga de Cuidados Paliativos. Esta organização pluralista tem exercido papel bastante ativo para que os serviços de saúde proporcionem cuidados paliativos a todos os que necessitem, bem como defende a iniciativa de incluir o filtro paliativo na lei belga da eutanásia.

O procedimento do filtro paliativo parte da ideia de que se deve fazer tudo o que for possível para apoiar e assistir o paciente que está na fase final de vida e solicita a eutanásia. Esse apoio deve se estender a seus familiares. O objetivo é que tal abordagem ativa e integral de cuidados paliativos torne irrelevante, em muitos casos, o próprio pedido de eutanásia, permitindo que o paciente morra sem a abreviação da vida.

O objetivo do procedimento do filtro dos cuidados paliativos é assegurar que todos os profissionais da saúde (médicos, enfermeiros, *experts* em cuidados paliativos) conversem sobre a solicitação de eutanásia e as alternativas de cuidados paliativos. Portanto, o cuidado a um paciente que solicita eutanásia deve incluir a consulta a uma equipe de cuidados paliativos especializados, com o objetivo de analisar as reais necessidades do paciente.

A questão da dor e do sofrimento é um dos desafios sempre presentes. A proposição de terapêuticas de alívio se torna um imperativo ético. Para tanto, se faz necessário:

a) Disponibilizar para os pacientes em fase final todos os meios de alívio e controle de sintomas angustiantes.

b) Reconhecer que o cuidado do paciente e o alívio de seu sofrimento não são meramente uma questão médica.

c) Perceber que o cuidado oferecido visa ao bem-estar físico, mental e espiritual; nesta perspectiva, todas as profissões têm algo a contribuir para uma abordagem efetiva e sensível ao paciente e sua família.

Por esse motivo, o médico precisa solicitar, bem no início do processo, a *expertise* de uma equipe de cuidados paliativos para discutir possibilidades de aliviar o sofrimento do paciente tanto quanto possível. Quando fica claro que a dor e a angústia (*distress*) não podem ser adequadamente combatidas usando métodos paliativos normais, a técnica da sedação paliativa passa a ser considerada. As razões mais frequentes para introduzir a sedação são o *delirium*, a dispneia e a dor, mas também sintomas psicológicos podem ser levados em conta.

4. Quando se solicita a abreviação da vida

Uma solicitação de eutanásia é, antes de tudo, um sinal que o paciente emite para comunicar sua visão em relação a estar doente, com dor física ou possibilidade de deterioração. Assim, cada solicitação deve estar aberta à discussão, mesmo no caso de o paciente ainda estar medicamente longe da fase final. É fundamental que os profissionais da saúde envolvidos manifestem a vontade de ouvir o paciente que solicita a eutanásia, enquanto, ao mesmo tempo, precisam assegurar-se de que a decisão do paciente em optar pela eutanásia se baseia numa escolha autônoma, livre e informada. Neste momento os seguintes questionamentos devem ser feitos:

- Que motivação está na base do pedido de eutanásia? Trata-se de uma solicitação de realmente pôr um fim à sua vida ou o paciente está implorando por aconselhamento sensível nos últimos dias ou semanas de vida?
- O paciente tem informações suficientes (por exemplo, diagnóstico e prognóstico) que embasem a solicitação?
- O paciente está mentalmente capaz no momento em que faz a solicitação?
- O paciente discutiu a solicitação de eutanásia com outras pessoas?
- O pedido é voluntário? Não existe nenhuma forma de coerção ou pressão?

5. Quando é o caso de ingressar com procedimento paliativo

Ao considerar a necessidade de iniciar o procedimento paliativo, é fundamental ter em conta diversos aspectos:

a) Possibilidades concretas de cuidados paliativos são discutidas à exaustão pelo médico responsável com a equipe de cuidados paliativos da instituição:
   - Que diagnóstico e prognóstico são dados para a doença?
   - Quais sugestões podem ser oferecidas em termos de tratamento dos sintomas?
   - Que tratamentos alternativos ainda podem ser oferecidos ao paciente?

b) O paciente está completamente informado pelo médico que o atende sobre todos os aspectos de sua situação de saúde e as possibilidades existentes de cuidados paliativos. Nesses casos, o paciente terá o apoio da equipe de cuidados paliativos, bem como a oportunidade clara de consultar esta mesma equipe. Assim, deve ser-lhe comunicado com quem pode tirar suas dúvidas, que tipo de cuidado pode esperar e o que acontece se não mais puder decidir sobre si próprio.

c) Se o paciente desejar, o médico discutirá a solicitação de eutanásia com os amigos e familiares que ele designar. Nestas circunstâncias é importante que o profissional assegure-se de que o paciente pode responder às seguintes perguntas:
   - Como entende a situação de sua doença?

- Que informações têm sobre a doença e o prognóstico?
- Que conhecimentos têm sobre as possibilidades de cuidados paliativos?
- O que os parentes acham a respeito de seu pedido de eutanásia?
- Como seus parentes podem receber apoio?

d) O médico atendente irá discutir exaustivamente a solicitação de eutanásia e a situação do paciente com a equipe de enfermagem. Os enfermeiros devem saber que têm o direito de seguir a própria consciência em relação à solicitação de eutanásia e eventualmente exercer sua objeção. O eventual envolvimento com a prática da eutanásia nunca pode ir além dos cuidados de enfermagem; eles podem lidar com as emoções que uma solicitação de eutanásia traz consigo. Este procedimento, apenas descrito, garante que será oferecida a possibilidade de bons cuidados paliativos a todos os pacientes em fase terminal que o necessitem.

e) E se o pedido de eutanásia persistir? A experiência das equipes de cuidados paliativos evidencia que uma abordagem ativa e integral (incluindo sedação) pode, em muitos casos, tornar irrelevante a solicitação para a eutanásia, permitindo ao paciente morrer naturalmente, sem abreviação de vida. Intenta-se que o procedimento do filtro paliativo funcione como medida preventiva em relação às solicitações de eutanásia e ofereça a melhor garantia de adequada proteção da pessoa humana. A sedação paliativa parece funcio-

nar como alternativa extremamente valiosa à prática da eutanásia, reduzindo ao mínimo os chamados casos de necessidade (*casus perplexi*). Se, nos casos raros e excepcionais, acontecerem tais estados de necessidade, o médico poderá enfrentar um dilema de consciência. Nessas situações extremamente dramáticas, respeitamos a decisão tomada em boa consciência pelo médico (SCHOTSMANS; GASTMAN, 2009).

6. Observações em relação ao filtro paliativo belga

O debate ético a respeito da eutanásia na Bélgica e Holanda leva a perceber que doravante os profissionais da saúde serão sempre mais confrontados com solicitações desta natureza, bem como as voltadas a aliviar a dor e o sofrimento. O procedimento do filtro paliativo, utilizado na Bélgica, contribui para maior transparência em relação ao desenvolvimento de diretrizes práticas escritas sobre decisões médicas no final da vida. O que está em sintonia com a tendência mundial da medicina moderna: elaborar diretrizes que orientem os médicos em situações-limite e críticas de cuidados de saúde. Essas diretrizes, além de serem importantes e úteis como guia prático de intervenção em cuidados críticos de saúde, servem como marco de qualidade nos cuidados da assistência à saúde.

É recente o reconhecimento internacional da necessidade de diretrizes práticas voltadas a como lidar com solicitações de pacientes para intervenções no final de vida. Um estudo demonstra que 63% dos hospitais belgas/flamengos possuem diretrizes éticas sobre a eutanásia, o que é facilitado pelo existência naqueles países de legislação a respeito. Os hospitais de confessionalidade cristã implementam cuidados mediante o procedimento do filtro paliativo; em relação à prática da eutanásia, exercem o que se chama de *objeção de consciência*, isto é, não a praticam.

Embora o procedimento do filtro do cuidado paliativo seja prioritariamente orientado para a prática, sua aplicação clínica evidencia que os campos da medicina, da ética e da lei estão inter-relacionados. Os profissionais da saúde o utilizarão para aprimorar a qualidade dos cuidados oferecidos. Observa-se que suas decisões acerca do final da vida não são puramente *técnicas e médicas*, mas também *éticas*, pois em sua substância lidam com valores humanos e exigem criteriosos discernimentos éticos, tais como dignidade humana, sentido de vida, qualidade de vida, valores que transcendem o discurso clínico científico.

O enfoque utilizado no procedimento do filtro de cuidados paliativos é de *bioética clínica* (PESSINI; BARCHIFONTAINE, 2010). Centra-se nos aspectos éticos da situação clínica factual, com atenção às expectativas dos pacientes, bem como nas experiências pessoais e laborais dos profissionais da saúde (SCHOTSMANS; GASTMAN, 2009).

À exceção da Holanda, não existem estudos a respeito da experiência dos profissionais da saúde com diretrizes clínicas práticas em cuidados de final de vida. A contribuição desses profissionais é de extrema importância, pois foca a atenção em importantes aspectos do conteúdo e objetivos das diretrizes. Isso significa que as instituições de saúde devem conceber os cuidados paliativos como uma abordagem ativa e integral a ser adotada nos pacientes em fase terminal. A solicitação do procedimento do filtro de cuidados paliativos só é credível se ele estiver suficientemente desenvolvido e estruturado no contexto das instituições de saúde (hospitais, clínicas e/ou ambulatórios).

Precisamos, contudo, lembrar que o procedimento do filtro do cuidado paliativo não é resposta para todos os problemas clínicos. Uma das situações mais difíceis é aquela em que pacientes solicitam a eutanásia e recusam a utilização de qualquer medida paliativa. Nesses casos, existem condições clínicas e vontade de prover cuidados paliativos, mas são recusados pelo paciente. Como dito anteriormente, esta situação é denominada de *casus perplexus*. Outro aspecto a ser destacado é que este procedimento é específico apenas para pacientes que sejam competentes e estejam na fase final de vida, não podendo ser aplicado diante de solicitações de eutanásia em pacientes por outros motivos.

Comentários finais

Cresce no Brasil o interesse da medicina pela prática dos cuidados paliativos. Alguns programas de cuidados paliativos são aplicados em instituições públicas — cujo número está aumentando sensivelmente — e já dispomos de várias publicações sobre o assunto. No primeiro caso, é importante destacar o trabalho de organizações como a Academia Nacional de Cuidados Paliativos (2004) e a Sociedade Brasileira de Cuidados Paliativos (1997), que militam na área organizando congressos, simpósios e elaborando diretrizes de atuação. É fundamental indicar a contribuição da reflexão realizada no âmbito do Conselho Regional de Medicina do Estado de São Paulo (Cremesp), que resultou em publicação sobre cuidados paliativos em 2008 (OLIVEIRA, 2008), bem como o da própria Academia Nacional de Cuidados Paliativos, que lançou um manual em 2009 (ACADEMIA NACIONAL DE CUIDADOS PALIATIVOS, 2009).

Em grande parte, o movimento voltado à prática de cuidados paliativos é impulsionado pelo próprio desenvolvimento da medicina tecnológica, que, reconhecendo seus limites em não conseguir a cura em muitos casos, para de investir terapeuticamente a fim de não agredir a dignidade das pessoas. A morte não é uma doença e não deve ser tratada como tal.

Paralelamente, a filosofia de cuidados paliativos mostra que se pode estabelecer uma relação mais saudável com o final da vida, superando os medos e tabus que apresentam a morte sempre como inimiga, um fracasso ou revelação de incompetência profissional. Em que pesem as diferenças culturais, sempre presentes e que dão soluções também distintas dependendo da particularidade do contexto, é importante e saudável conhecer como outros países estão respondendo à necessidade humana fundamental de humanizar os cuidados no final da vida na dimensão de suas políticas públicas. É o caso examinado nesta reflexão sobre cuidados paliativos, que considerou a realidade de dois países que têm a eutanásia legalizada.

Não somos doentes e nem vítimas da morte: é saudável sermos peregrinos na existência (PESSINI; BERTACHINI, 2009). Mas isto não quer dizer que podemos passivamente aceitar a morte como consequência do descaso pela vida, decorrente da violência, acidentes e/ou pobreza. Neste contexto, é necessário, se não imprescindível, cultivar sempre uma santa indignação ética. Tal atitude diante do desprezo pela vida é marca indelével de nossa humanidade.

Entretanto, precisamos ter em mente que, se podemos ser curados de uma doença classificada como mortal, não podemos abster-nos de nossa mortalidade. Quando nos esquecemos desse fato, acabamos por cair na tecnolatria e absolutização da vida biológica, pura e simplesmente. Tomados por essas representações mentais, insensatamente procuramos a cura da morte e não sabemos mais o que fazer com os pacientes que se aproximam do adeus à vida. É a obstinação terapêutica (distanásia) adiando o inevitável, que acrescenta somente mais sofrimento ao doente, confundindo quantidade de vida com qualidade de vida.

Um pensamento de Cicely Saunders, a grande pioneira do movimento moderno do *Hospice*, traduz com muita felicidade a essência da filosofia dos cuidados paliativos: "Eu me importo pelo fato de você ser você, me importo até o último momento de sua vida e faremos tudo o que está ao nosso alcance não somente para ajudar você a morrer em paz, mas também para você viver até o dia da morte" (SAUNDERS, 1996). Essa inspirada e compassiva reflexão nasce da recém-descoberta sabedoria sobre a terminalidade da vida, que compreende aceitação e assimilação do cuidado da vida humana no adeus final.

Tal reflexão desponta como o caminho aristotélico da virtude entre dois limites opostos. De um lado, a convicção profunda de *não abreviar intencionalmente a vida* (eutanásia); de outro, a visão para *não prolongar o sofrimento e adiar a morte* (distanásia). Entre o não abreviar e o não prolongar está o *amarás* com suas dores e recompensas...

É um desafio difícil aprender a amar o paciente na fase final de vida sem exigir retorno, com a gratuidade com que se ama um bebê, num contexto social em que tudo é medido pelo mérito! Porém, ante tal missão não se deve esquecer de que o sofrimento humano só se torna intolerável quando ninguém dele cuida. Com o mesmo desvelo com que fomos cuidados ao nascer, precisamos também ser cuidados ao morrer. Não podemos esquecer que a chave para o bem morrer está no bem viver.

Referências bibliográficas

ACADEMIA NACIONAL DE CUIDADOS PALIATIVOS. *Manual de cuidados paliativos*. São Paulo: ANCP, 2009.

BERNHELM, J.; DESCHEPPER, R.; DISTELMANS, W.; MULLIE, A.; BILSEN, J.; DELIENS, L. Development of palliative care and legalization of euthanasia: antagonism or synergy? *BMJ*, Apr. 2008, 336, 18, 864-867.

CONSELHO FEDERAL DE MEDICINA. *Código de Ética Médica*. Brasília: CFM, 2010.

_____. Resolução CFM n. 1.805, de 9 de novembro de 2006.

HEIDE, A.; ONWUTEAKA-PHILIPSEN, B. D.; RURUP, M. L.; BUITING, H. M.; VAN DELDEN, J. J. M.; WOLF, J. E. H. et alii. End-of-life practices in the Netherlands under the euthanasia act. Special Article. *N. Engl. J. Med.*, 2007, 356, 19, 1.957-1.965.

OLIVEIRA, R. A. (coord.). *Cuidado paliativo*. São Paulo: Cremesp, 2008.

PESSINI, L.; BARCHIFONTAINE, C. P. *Problemas atuais de bioética*. 9. ed. São Paulo: Loyola, 2010.

PESSINI, L.; BERTACHINI, L. *Humanização e cuidados paliativos*. 4. ed. São Paulo: Loyola, 2009.

SAUNDERS, C. Into the valley of shadow of death: a personal therapeutic journey. *BMJ*, Dec. 1996, 313, 1.599-1.601.

SCHOTSMANS, P.; GASTMAN, C. How to deal with euthanasia requests: a palliative filter procedure. *Cambridge Quarterly of Healthcare Ethics*, 2009, 18, 4, 425.

VAN DEN BLOCK, L. Euthanasia and other end of life decisions and care provided in final three months of life: nationwide retrospective study in Belgium. *BMJ*, 2009, 339b, 2.772.

Capítulo 3

Algumas questões éticas urgentes em situações críticas e de final de vida

Leo Pessini

Neste capítulo apresentamos de uma forma objetiva seis questões relacionadas ao cuidado humano em situações críticas e terminais. Todas elas têm um fortíssimo componente ético que exige dos cuidadores, para além da necessária competência tecnocientífica, a chamada competência humana e ética, para discernir o que é o melhor eticamente para o paciente terminal. Iniciamos com uma reflexão sobre uma aliança indissolúvel entre medicina e ética. Seguimos explorando um imperativo ético urgente, na relação de honestidade entre o médico e o paciente: o "sagrado" direito à verdade. A seguir abordamos a questão dos chamados testamentos de vida ou diretivas antecipadas de vida e exemplificamos concretamente com um testamento vital muito utilizado nos Estados Unidos, popularmente denominado "os cinco desejos". Finalizamos com duas questões éticas delicadíssimas: uma relacionada com o clamor mundial de que o cuidado da dor seja considerado um direito humano, e outra com a questão da alimentação e hidratação em pacientes que estão no chamado "estado vegetativo persistente".

Iniciemos nossa reflexão sobre a importância de cultivar uma aliança que existe desde os primórdios da escola hipocrática: medicina e ética. O Conselho Federal de Medicina (CFM, 2011), órgão máximo no país, que regula o exercício profissional dos 348 mil médicos que atuam no Brasil, iniciou no final de 2007 um processo de revisão do Código de Ética Médica de 1988. Passados vinte anos, muita coisa mudou na área dos cuidados da saúde quanto à consciência cidadã e ao comportamento ético da população e dos profissionais. Também houve uma verdadeira revolução tecnológica, que interfere profundamente na vida humana, desde antes do nascimento, até depois da morte. Estes são alguns dos fatores que criam um cenário novo no âmbito dos cuidados da saúde e que exigem de todos nós reflexão, nova consciência e postura ética.

A medicina brasileira, ao longo de quase um século e meio (1867-2011), utilizou-se de nove diferentes códigos de ética, que sucintamente relacionamos a seguir:

1) O Código de Ética Médica de 1867: uma tradução do Código de Ética Médica da Associação Médica Americana.
2) O segundo Código de Moral Médica de 1929.
3) O Código de Deontologia Médica de 1931.
4) O Código de Deontologia Médica de 1945.
5) O Código de Ética da Associação Médica Brasileira de 1963.
6) O Código de Ética Médica de 1965.
7) O Código Brasileiro de Deontologia Médica de 1984.
8) O Código de Ética Médica de 1988.
9) O atual Código de Ética Médica de 2010 (Resolução CFM n. 1931/09, em vigor no desde o dia 13 de abril de 2010).

Cada profissão tem sua história e peculiaridades que a tornam única diante de outras profissões. Ela se modifica também segundo as culturas nas quais foi exercida ao longo do tempo. Existem aspectos importantes do exercício profissional que mudam no decorrer do tempo com as transformações sociais, culturais e tecnológicas.

Para exemplificar, vejamos o perfil do médico delineado no código de Ética Médica de 1867: “Para ser ministro de esperança e conforto para seus doentes, é preciso que o médico, alentando o espírito que desfalece, suavize o leito da morte, reanime a vida que expira e reaja contra a influência deprimente destas moléstias que, muitas vezes, perturbam a tranquilidade dos mais resignados em seus últimos momentos. A vida do doente pode ser abreviada não só pelos atos, como também pelas palavras ou maneiras do médico. É, portanto um dever sagrado proceder com toda a reserva a este respeito, e evitar tudo que possa desanimar o doente ou deprimir-lhe o espírito”.

Nesse perfil, as funções atribuídas ao médico são as de um verdadeiro sacerdote. Atente-se para as expressões “ministro de esperança e conforto”; “alentando o espírito que desfalece”; “dever sagrado”; “evitar o que possa deprimir-lhe o espírito”. Estamos quase no final do século XIX, e a medicina ainda não estava tecnologicamente aparelhada para prolongar a vida. Fala-se não em lutar contra a morte mas sim em aceitá-la. A partir de meados do século XX, com a introdução dos cuidados tecnológicos e o surgimento das UTIs, passa-se a declarar guerra à morte, negando-a, e tornam-se corriqueiros procedimentos distanásicos, isto é, prolongamentos indevidos do processo do morrer. De um

extremo a outro, surge o bom senso com cuidados paliativos diante de pacientes fora de possibilidades de cura.

Hoje assistimos a uma verdadeira crise de humanismo na área de cuidados da saúde. Urge redescobrirmos o valor da pessoa diante da tentação do endeusamento da tecnologia. Quando não tínhamos tecnologia, tínhamos humanismo; agora que temos tecnologia esquecemos o humanismo. Há que se resgatar urgentemente o respeito pela dignidade humana, respeito dos valores do paciente e exercício da profissão com competência técnico-científica e ética. Por que não cuidar com ciência e ternura humana? Este é o clamor que não quer calar e que surge a partir dos que necessitam de cuidados no mundo da saúde hoje.

Um aspecto importante na relação médico-paciente/família é a questão da verdade a respeito de diagnóstico e prognóstico. O maior interessado é sempre o paciente. Nossa tradição brasileira evita, com muita frequência, dizer diretamente ao paciente, preferindo comunicar a família e/ou representante legal. Vejamos esta questão mais em detalhes.

1. O paciente tem direito à verdade: um imperativo ético urgente[1]

O que dizer ao doente quando estamos diante de um diagnóstico e/ou prognóstico difícil? Esta é uma das questões éticas mais delicadas e difíceis que os profissionais da saúde e familiares enfrentam hoje. Em um passado não muito distante, a mentalidade cultural defendia a crença de que quanto menos o paciente soubesse a respeito de seu estado

---

1 Ver capítulo "Comunicação de más notícias no processo terapêutico" nesta obra.

de saúde, melhores seriam as chances de recuperação. Em muitas situações, mesmo diante da morte inevitável e iminente, os médicos não comunicariam nada a respeito, temendo que tal comunicação e conhecimento pudessem levar a pessoa à depressão e ao desespero.

Com o crescente despertar dos direitos dos pacientes, entre os quais o direito de saber a verdade, que realça o seu protagonismo e autonomia, existe hoje uma tendência cada vez maior para que se adote uma postura aberta, honesta e verdadeira ao se revelar as condições de saúde do paciente. A comunicação de uma verdade em que está em jogo a própria vida exige delicadeza e respeito pela condição do paciente. Pesquisas nos informam que a depressão em pacientes, que geralmente ocorre após o diagnóstico de uma doença fatal, tem como causa em grande parte a famosa "conspiração do silêncio". Ninguém fala nada ao paciente sobre sua real condição ou, então, quando questionados pelo paciente, simplesmente mentem, alimentando uma ilusão do tipo "não se preocupe, não, você está melhorando", "fique tranquila, no final tudo vai dar certo". Não temos o direito de tirar a esperança de ninguém, mas igualmente não podemos acrescentar ilusões. As práticas de mentir e enganar são geralmente desastrosas, fazem mais mal que bem. O paciente necessita de esperança, sim, mas não pede para ser enganado.

O médico será de grande ajuda se simplesmente se colocar à disposição do paciente para esclarecer as dúvidas e dialogar. O mais recente Código de Ética Médica (2010), no seu art. 34, diz que é vedado ao médico "deixar de informar ao paciente o diagnóstico, o prognóstico, os riscos e os objetivos do tratamento, salvo quando a comunicação direta ao mesmo possa lhe provocar dano, devendo fazer a comunicação ao seu responsável legal". Muitas vezes a praxe médica brasileira comunica somente aos familiares.

A decisão de comunicar um prognóstico grave, que pode ser ética em si mesma, pode tornar-se inapropriada se o médico, ao comunicar a situação ao paciente abruptamente, se afasta sem oferecer nenhum esclarecimento adicional quando necessário e sempre o imprescindível apoio humano e emocional. A certeza de que o médico acompanha o doente e está disponível a ele pode ser mais importante do que a má notícia em si. Em muitos dos chamados casos difíceis, em que por vezes se "justificaria" ocultar a verdade, a falsa compaixão pode produzir maiores danos do que a comunicação sincera da verdade.

Em suma, a questão ética, no que diz respeito a comunicar a verdade ao paciente, mudou. Não é mais "se devemos ou não comunicar", mas antes "como" vamos partilhar esta informação. Neste sentido faz-se necessário levar em conta a condição psicológica do doente, os valores familiares, culturais e religiosos.

Nossa tendência é decidir pelo paciente o que é melhor para ele (paternalismo), como se pelo fato de estar doente ele tivesse perdido o uso da razão e se infantilizado. É necessário parar e perguntar respeitosamente o que ele quer saber. É mais fácil decidir *por ele* do que *com ele*, mas certamente o que é mais fácil nem sempre é o melhor. Em muitos casos, a verdade, por mais dura que seja, é o melhor presente e gesto de amor que podemos comunicar.

Em situações em que a pessoa perdeu a consciência, o que fazer medicamente para mantê-la viva? Para contornar este problema, cresce em todo mundo desenvolvido (EUA, Europa, Austrália) a utilização dos chamados testamentos de vida ou diretrizes antecipadas de vida. Vejamos em que consiste esse documento.

2. Testamentos de vida ou diretivas antecipadas de vida

No Brasil, através do Conselho Federal de Medicina (CFM), começa-se a discutir a implantação de testamentos de vida e ou diretivas antecipadas de vida. Em tempos de revolução tecnocientífica no âmbito das ciências da vida e da saúde, surgiu o chamado *imperativo tecnológico*. Esse imperativo de intervenção está aos poucos sendo superado, com a consciência ética crescente de limites em termos de investimentos terapêuticos e tratamentos de manutenção de funções vitais em situações de terminalidade de vida. Surgem o protagonismo do doente e o respeito pela sua tábua de valores e autonomia no processo de decisão. Nada mais acontece sem sua participação ativa.

Para preservar sua autonomia e valores, superando o antigo paternalismo médico, surgiu o chamado *consentimento livre e esclarecido* e, mais recentemente, as chamadas *diretivas antecipadas de vida* ou *testamentos de vida*, que valem para as situações em que a pessoa se tornou incapaz ou se encontra em estado de inconsciência permanente.

As declarações antecipadas de vida surgiram nos EUA em 1976, junto com o chamado princípio da autonomia prospectiva, que outorga autoridade decisória aos doentes que fizeram previamente registro de suas vontades. Em seus primórdios, a legislação americana reconheceu os direitos de os doentes recusarem tratamentos para enfermidades incuráveis cujo tratamento somente prolongaria o processo doloroso do morrer. A intenção era evitar o tratamento fútil e inútil, ou seja, a prática da distanásia. Não tem nada a ver com possíveis práticas de abreviação de vida (eutanásia), mas se trata de um procedimento que quer evitar a distanásia.

A utilização de diretivas antecipadas de vida restringe-se somente às situações de terminalidade e de inconsciência permanente. Trata-se de um documento em que o doente, quando ainda consciente, deixa documentado que renuncia a determinados tratamentos ou intervenções que somente acrescentariam mais sofrimentos. Outro aspecto a ser observado é que este documento pode ser revogado a qualquer momento pelo paciente. Ocorre que as pessoas decidem quando estão com saúde, mas quando caem doentes muitas vezes reveem suas decisões.

Claro que todo esse processo pressupõe diálogo, parceria e colaboração como forma de respeitar os valores e opções do doente. Para que tenhamos um legítimo consentimento livre e esclarecido, devemos:

a) ter informações básicas necessárias;
b) compreender o conteúdo das informações adequadamente;
c) decidir livremente, sem coações, de acordo com a própria tábua de valores;
d) ter capacidade e consciência plena para decidir.

É preciso ter muito cuidado com os formulários impressos em letras microscópicas, assinados às pressas sem o necessário tempo para o esclarecimento das possíveis dúvidas. Esses documentos, no seu conteúdo, devem conter as consequências seguras da intervenção, os riscos frequentes e graves, além de todas as informações que uma pessoa comum necessita para tomar a decisão. Não esqueçamos que a verdade e a liberdade se constituem na essência do consentimento livre e esclarecido e são expressões de lealdade e respeito pelo doente. Vejamos a seguir um exemplo de testamento vital muito difundido nos EUA.

3. Exemplo de um testamento vital: os cinco desejos

Como pacientes e familiares podem se preparar com antecedência para enfrentar uma doença crônico-degenerativa em fase final ou enfrentar a morte iminente e inevitável de um ente querido em fase terminal? Um instrumento importante é o chamado "testamento vital" ou "diretiva antecipada de vida".

Ele permite que você designe a pessoa que decidirá em seu lugar caso você não possa fazê-lo. Permite que você diga exatamente como deseja ser cuidado caso fique gravemente doente. Com esse documento, seus parentes não precisam adivinhar o que você quer. Você pode saber o que seu pai, mãe, cônjuge ou amigo desejam através do testamento vital "cinco desejos".

É algo ainda muito novo entre nós, brasileiros, mas nos EUA mais de 8 milhões de pessoas já adotaram a prática e em mais de 40 estados ela tem validade legal. Existem, evidentemente, diferenças culturais que contam, e muito, mas o roteiro que apresentamos a seguir nos dá pistas de como

podemos ajudar os outros a se despedirem da vida com mais dignidade e respeito. Nada substitui o encontro sincero, honesto, marcado pela sensibilidade e ternura.

3.1. Desejo número 1: quem decide sobre os cuidados de saúde quando eu mesmo não mais conseguir

Este alguém (procurador, representante legal) que você escolhe tem que ser alguém próximo em quem você confia. O cônjuge ou um parente por vezes podem não ser a melhor indicação por estarem muito envolvidos emocionalmente. Mas, às vezes, eles são a melhor opção. Você é quem sabe. Escolha alguém que fielmente lhe garante que seus desejos serão respeitados. Essa pessoa fará por você as escolhas de tratamento de saúde quando você não mais estiver apto (incapaz ou inconsciente) a fazê-lo.

3.2. Desejo número 2: que tratamento médico desejo ou não receber

Desejo que minha dor seja aliviada, mesmo que eu fique em estado de torpor ou durma mais do que o normal, mas que nada seja feito com o objetivo de abreviar minha vida? Desejo que me ofereçam alimento e líquidos pela boca, e que me mantenham limpo e aquecido?

Em caso de emergência, antes de qualquer manobra é preciso procurar se não há um documento do paciente com a ordem de não ressuscitar (*Do not resuscitate*).

O que é "tratamento de suporte de vida"? É todo procedimento ou aparato médico ou medicamento que mantenha vivo. O tratamento de manutenção de vida inclui aparatos médicos que ajudam na respiração, alimentação e hidratação por sonda; ressuscitação cardiopulmonar; cirurgia grave; transfusões de sangue; diálise; antibióticos etc.

Perante a morte iminente e inevitável, em estado de coma sem expectativa de recuperação, em caso de lesão cerebral permanente e grave, pode-se escolher entre:

a) Desejo receber todos os tratamentos de manutenção de vida.

b) Não desejo tratamento de manutenção de vida. Se já estiver sendo administrado, desejo que seja interrompido.

c) Desejo o tratamento de manutenção de vida se este for de ajuda, mas que este seja interrompido caso não estiver ajudando minha condição de saúde e somente prolongue o processo de morrer.

3.3. Desejo número 3: nível de conforto que desejo ter

Não quero sentir dor e espero que, se esta persistir, seja aliviada. Se eu mostrar sinais de depressão, náusea, falta de ar ou alucinação, desejo que tudo o que for possível seja realizado para me ajudar.

Gostaria de ouvir minhas músicas preferidas sempre que for possível, bem como que fossem lidos em voz alta textos de minha preferência quando estiver prestes a partir.

Gostaria que utilizassem uma toalha umedecida e fria na minha testa se eu tiver febre. Desejo que meus lábios sejam mantidos úmidos para evitar o ressecamento. Gostaria que me dessem banhos quentes com frequência. Gostaria que meu corpo fosse mantido limpo e refrescado o tempo todo.

Gostaria que continuassem a cuidar da minha higiene pessoal (fazer a barba, aparar as unhas, escovar o cabelo e os dentes), desde que não causem dor ou desconforto.

3.4. Desejo número 4: como quero ser tratado pelas pessoas

Não gostaria de estar só, desejo ter gente comigo, principalmente quando tudo indicar que minha morte seja iminente. Gostaria que segurassem a minha mão e falassem comigo, mesmo que eu não pareça reagir à voz ou ao toque das pessoas.

Gostaria de receber cuidados espirituais e que os membros da minha comunidade religiosa soubessem que estou doente e que rezassem por mim. Gostaria de ser cuidado com ternura e alegria e não com tristeza. Gostaria de ter fotos dos meus entes queridos no meu quarto, perto da minha cama. Gostaria que minhas roupas pessoais e as de cama estejam sempre limpas. Se eu desejo e se for possível, que eu possa morrer em casa.

3.5. Desejo número 5: o que eu desejo que meus entes queridos saibam

Que soubessem que os amo, que peço perdão pelos possíveis sofrimentos que lhes causei, e que eu os perdoo por algum sofrimento que tenham me infligido.

Gostaria que eles soubessem que eu não tenho medo da morte e acredito que ela não seja o fim de tudo, mas um novo começo para mim.

Gostaria que eles vivessem em paz e que cessassem os conflitos e fizessem as pazes antes da minha partida. Que, após minha partida, se lembrassem de mim como eu era antes de ficar gravemente doente.

Gostaria que eles respeitassem meus desejos, mesmo que não concordem com eles. Que eles considerassem o período antes de minha partida como um momento de crescimento pessoal para todos, inclusive para mim. Isso dará mais sentido para minha vida nos últimos dias. Desejo que meu corpo seja enterrado ou cremado e que as lembranças de minha vida sejam motivo de alegria e não de tristeza.

O alívio da dor e o cuidado do sofrimento são um desafio persistente em toda a área de cuidados de saúde. Hoje se luta para que o "cuidado da dor" seja considerado como um direito humano. É o que abordaremos a seguir.

4. O cuidado da dor como um direito humano

A dor e o sofrimento são companheiros da humanidade desde tempos imemoriais. O seu controle e alívio constituem hoje uma das competências e responsabilidades éticas fundamentais dos profissionais da saúde. Esta ação é um indicador fundamental de qualidade de cuidados, bem como de assistência integral ao paciente no âmbito da saúde.

A dor é um sintoma e uma das causas mais frequentes da procura pelos serviços de saúde. Em muitas instituições de saúde humanizadas, a dor é reconhecida como o quinto sinal vital integrado na prática clínica. Se a dor for cuidada com o mesmo zelo que os outros sinais vitais (temperatura, pressão arterial, respiração e frequência cardíaca), sem dúvida haveria muito menos sofrimento. Os objetivos da avaliação da dor são identificar a causa, bem como compreender a experiência sensorial, afetiva, comportamental e cognitiva da pessoa para implementar seu alívio e cuidado.

Hoje se reconhece que a dor é uma doença. De acordo com a definição da Organização Mundial da Saúde, a saúde "é um estado de completo bem-estar, físico, mental e social, e não somente a ausência de doença ou de mal-estar". É evidente que as condições dolorosas são um estado de mal-estar; portanto o ser humano que sofre de dor não está sadio e pode-se afirmar legitimamente que se está violando seu direito inalienável à saúde. O art. 25 da Declaração Universal dos Direitos Humanos reconhece como um dos direitos dos seres humanos "um nível de vida adequado para a saúde e o bem-estar". Infelizmente, a saúde e o bem-estar nem sempre são uma opção possível. Ocorre que, em inúmeras situações, muitas pessoas, devido à velhice ou às doenças, sentem dor e sofrem muito no final da vida.

A falta de um tratamento adequado para a dor é uma das maiores injustiças e uma causa importante de grandes sofrimentos e desespero. A premissa filosófica e humanística da proposta de considerar o tratamento da dor como um direito humano fundamental é a busca legítima de reconhecimento explícito para que se proclame e promova o tratamento da dor por si mesmo à categoria de um dos direitos fundamentais do ser humano. O reconhecimento intrínseco do tratamento da dor como um direito humano incluído no direito à saúde é importante, mas insuficiente. Além deste princípio de elevar o tratamento da dor à categoria de um dos direitos fundamentais do ser humano, busca-se dar-lhe uma estrutura legal, aliviar a dor, eliminar a opção pela eutanásia como medida desesperada para por fim ao sofrimento, prover qualidade de vida àqueles que são vítimas dessa tortura e levar paz e esperança às famílias das pessoas que padecem do terrível flagelo da dor.

Ouvimos com frequência no âmbito dos cuidados de saúde pessoas dizendo: "Não tenho medo de morrer, mas sim de sofrer e sentir dor". Ou então outros que dizem que "dói o coração", " dói a alma". Pois bem, estas são expressões metafóricas de um sofrimento interior. É importante que distingamos os conceitos de dor e de sofrimento. O corpo sente dor e esta se liga ao sistema nervoso central. Para tratar desta dor, necessitamos de medicamentos, analgésicos. O sofrimento atinge a pessoa como um todo. Mais que um problema de técnica farmacológica, constitui um desafio ético, perante o qual nosso enfrentamento e cuidado se faz a partir da atribuição de um sentido e valores transcendentes (Victor Frankl).

Outro desafio ético que volta à baila com muita frequência e que a mídia captura com muita sensibilidade e passa para a população é a questão de alimentação e hidratação dos pacientes que estão no chamado "estado vegetativo persistente". A grande maioria deles não depende de tecnologia para sobreviver, não está ligada a aparelhagem de sustentação de vida, depende apenas de alimentação e hidratação. O que fazer? É a nossa reflexão ética que segue.

5. Alimentação e hidratação em pacientes em estado vegetativo persistente

Após os casos de Terry Schiavo (2005, EUA) e Eluana Englaro (2009, Itália), de ampla repercussão mundial pela mídia, muitos se perguntaram sobre qual seria a posição da Igreja Católica em relação a esta questão da alimentação e nutrição em pacientes que estão em estado vegetativo persistente. Em 2004, o Papa João Paulo II fez um discurso sobre a utilização da alimentação e nutrição artificiais em pacientes em estado vegetativo persistente. A declaração do papa incluiu algumas afirmações que surpreenderam muitos dos envolvidos na área da saúde. Uma delas foi de que a alimentação e nutrição artificial "representam sempre um meio natural de conservação da vida, não um ato médico", e, por isso, seu uso deveria ser considerado "moralmente obrigatório". O papa afirmou mais adiante que "nenhuma avaliação de despesas pode prevalecer sobre o valor do bem fundamental que se procura proteger, a vida humana", e acrescentou que "a sociedade deve empenhar recursos suficientes para a cura deste tipo de fragilidade".

Alguns teólogos sustentam que essas afirmações representam um afastamento da antiga tradição ética da Igreja Católica. As atuais *Diretrizes Éticas e Religiosas para os Serviços de Saúde Católicos* da Conferência dos Bispos dos EUA afirmam que "uma pessoa pode renunciar a meios extraordinários e desproporcionais de preservação da vida", e definem tais meios como "aqueles em que o julgamento do paciente não oferece uma esperança razoável de benefícios ou acarretam um ônus excessivo, ou impõem custos excessivos para a família ou para a comunidade". Claro que aqui estamos diante da realidade de um paciente em fase terminal, o que não é o caso de um paciente em estado vegetativo persistente.

Para dirimir as dúvidas, em 2007 a Congregação para a Doutrina da Fé respondeu a duas questões da Conferência

Episcopal Norte-Americana, após o caso Terry Schiavo, sobre a questão ética da alimentação e hidratação artificiais. Transcrevemos a seguir na íntegra as perguntas e respostas:

Pergunta 1: É moralmente obrigatória a administração de alimento e água (por vias naturais ou mesmo artificiais) ao doente que se encontra em "estado vegetativo", a não ser que tais alimentos não possam mais ser assimilados pelo corpo do doente ou então não possam ser administrados sem causar um significativo incômodo físico?

Resposta 1: Sim. A administração de alimento e água, mesmo por vias artificiais, é em linha de princípio um meio ordinário e proporcionado de conservação da vida. Torna-se, portanto, obrigatória, à medida que e até quando ela mostra conseguir sua finalidade própria, que consiste em assegurar a hidratação e alimentação do doente. Assim, evitam-se os sofrimentos e a morte por inanição e desidratação.

Pergunta 2: Se a alimentação e a hidratação são feitas por vias artificiais a um doente em "estado vegetativo permanente", podem ser interrompidas quando médicos competentes julgarem com certeza moral que o doente jamais retomará a consciência?

Resposta 2: Não. Um doente em "estado vegetativo permanente" é uma pessoa, com sua dignidade humana fundamental, a quem, portanto, são devidos os cuidados ordinários e proporcionados, que compreendem, em linha de princípio, a administração de água e alimento, mesmo por vias artificiais.

Essas afirmações vão contra uma crescente tendência na área da saúde de considerar a alimentação e nutrição artificiais como sendo *um tratamento médico que pode ser recusado como qualquer outro tratamento*. Aqui estamos diante de uma "eutanásia por omissão", o que é inaceitável.

Referências bibliográficas

MARTIN, L. M. *A ética médica diante do paciente terminal*; leitura ético-teológica da relação médico-paciente terminal nos códigos brasileiros de ética médica. Aparecida: Santuário, 1993.

NEVES, N. (org.). *A medicina para além das normas*; reflexões sobre o novo Código de Ética Médica. Brasília: Conselho Federal de Medicina, 2010.

PESSINI, L. *Distanásia*; até quando prolongar a vida? 2. ed. São Paulo: Loyola/Centro Universitário São Camilo, 2005.

PESSINI, L.; BARCHIFONTAINE, C. de P. *Problemas atuais de bioética*. 9. ed. São Paulo: Loyola/Centro Universitário São Camilo, 2010.

PESSINI, L.; BERTACHINI, L. *Humanização e cuidados paliativos*. 5. ed., revista e ampliada. São Paulo: Loyola/Centro Universitário são Camilo, 2011.

_____. *Cuidar do ser humano*; ciência, ternura e ética. 2. ed. São Paulo: Paulinas/Centro Universitário São Camilo, 2010.

SCHNEIDERMAN, L. J. *Embracing mortality*; hard choices in an age of medical miracles. New York: Oxford University Press, 2008.

Capítulo 4

Reflexões éticas sobre o cuidar na terminalidade da vida

José Eduardo de Siqueira

A rotina imposta aos médicos é a de reconhecer e perseguir múltiplos objetivos, que podem ser complementares ou excludentes. Curar a enfermidade, cuidar da insuficiência orgânica, restabelecer a função, compensar a perda, aliviar os sofrimentos, confortar pacientes e familiares, e acompanhar ativa e serenamente os últimos momentos da vida do paciente não são tarefas fáceis e isentas de frustrações. Elas os obrigam a considerar, caso a caso, o justo equilíbrio nas tomadas de decisões, evitando a obstinação terapêutica em circunstância de terminalidade da vida e reconhecendo a finitude humana e as limitações da ciência médica sem, entretanto, deixar de proporcionar todos os benefícios oferecidos pelos avanços do conhecimento científico. O presente artigo pretende oferecer elementos de reflexão para orientar a busca do sensato equilíbrio no uso das hodiernas tecnologias biomédicas no tratamento de pacientes com enfermidades crônico-degenerativas em fase terminal de vida.

Introdução

"Morrer pertence à vida, assim como o nascer. Para andar, primeiro levantamos o pé e, depois, o baixamos ao chão [...]. Algum dia saberemos que a morte não pode roubar nada do que nossa alma tiver conquistado, porque suas conquistas se identificam com a própria vida" (TAGORE, 1991). Assim se expressa Tagore, poeta indiano, incorporando a morte como parte integrante da vida e não como intrusa indesejável.

É certo, entretanto, que a modernidade a encara de maneira diversa, percebendo-a como prova de fracasso. Em novembro de 1993, o jornal *The New York Times* assim apresentou o tema da morte: "Quando a morte era considerada um evento metafísico, exibia certo tipo de respeito. Hoje, onde o processo se prolonga enormemente, é vista como prova de fracasso [...]. Num sentido bastante novo em nossa cultura, ficamos envergonhados pela morte e procuramos nos esconder dela. A nosso ver, ela é um fracasso" (ROSENBLATT, 1993). Tratando da mesma temática, porém com enfoque muito diverso, recolhemos este ensinamento de Rubem Alves: "Houve um tempo em que nosso poder ante a morte era muito pequeno e, por isso, os homens e as mulheres dedicavam-se a ouvir sua voz e podiam tornar-se sábios na arte de viver. Hoje, nosso poder aumentou, a morte foi definida como inimiga a ser derrotada, fomos possuídos pela fantasia onipotente de nos livrarmos de seu toque. Com isso, nos tornamos surdos às lições que ela pode nos ensinar" (ALVES, 2003).

Não há vida sem morte, e aí temos o caráter central da questão, qual seja, o da finitude e transitoriedade da existência tão bem tratada por Hegel na *Fenomenologia do espírito*: "O botão desaparece com o surgimento da flor. Poder-se-ia dizer que aquele é negado por esta. Do mesmo modo, o fruto aparece no lugar da flor, mostrando o verdadeiro sentido da árvore. A morte do botão permite a vida da flor, a morte da flor significa a vida do fruto, ou seja, vida e morte estão intimamente entrelaçadas" (HEGEL, 1999).

A morte representa, portanto, o fim da vida em duplo sentido: como fim cronológico da existência humana e, ao mesmo tempo, elemento que lhe oferece significado, dotando-a de sentido transcendente, conforme percebido por Rainer Maria Rilke: "Há que aprender a morrer. Nisto consiste a vida, em preparar com tempo a obra maior de uma morte nobre e superior, uma morte em que a dúvida não tome parte" (RILKE, 1993). Em maio de 1991, o jornal *Washington Post* publicou um artigo, assinado pelo médico John H. Flaschen, com o título "Escolhendo morte ou mamba na UTI", que bem define a situação de sofrimento que muitos doentes experimentam quando internados em nossas modernas unidades de terapia intensiva. Relata o articulista, em história ficcional, a experiência vivida por três missionários religiosos quando aprisionados por uma tribo de canibais. Como forma de passamento, o chefe tribal lhes oferecera duas opções: morte ou mamba. Dois deles, sem saber o significado de mamba, a escolheram, na suposição de que certamente seria melhor que a morte, que bem conheciam. Souberam, então, que mamba era uma cobra venenosa cuja mordedura impunha enorme e insuportável sofrimento antes de culminar, após algumas horas, em morte. Viveram, assim, longa agonia antes do desenlace. Após presenciar o insólito sofrimento dos companheiros, o terceiro missionário rogou ao chefe indígena que lhe concedesse a morte. Recebeu como resposta que a teria, sem dúvida, porém precedida de "um pouquinho de mamba". A questão apresentada por Flaschen, aos médicos, é a quantidade desproporcional de mamba imposta cotidianamente a inúmeros pacientes internados em UTI (FLASCHEN, 1991).

Lemos em Eclesiastes, redigido no século III a.C.: "Tudo tem seu tempo, o momento oportuno para todo propósito debaixo do sol. Tempo de nascer, tempo de morrer" (Ecl 3, 1.2). Inevitavelmente, cada vida humana chega a seu final. Assegurar que essa passagem ocorra de forma digna, com cuidados e buscando-se o menor sofrimento possível, é missão daqueles que assistem aos pacientes terminais.

Um grave dilema ético se apresenta, hoje, para os profissionais da saúde e se refere a quando não utilizar toda a tecnologia disponível. No Brasil, há muito a ser feito, iniciando-se pelos aparelhos formadores que moldam profissionais com esmerada formação técnica e muito pouca ênfase em habilidades humanísticas. Precisamos atentar para as observações de Bernard Lown, que exorta as faculdades de medicina a formarem profissionais mais sensíveis ao sofrimento humano e menos técnicos ou "oficiais maiores da ciência e gerentes de biotecnologias complexas" (LOWN, 1997).

1. Envelhecimento populacional e morte

A pessoa idosa sempre foi reconhecida pela sociedade por avaliações ambíguas. A princípio, por terem vivido muito, têm a possibilidade de contribuir com experiência e sabedoria para melhor aperfeiçoar a vida da comunidade. Essa é a percepção de Cícero em *De senectude*, quando considera a velhice a presença do passado no presente, o que facultaria aos idosos sólida colaboração para a convivência mais harmônica entre os diferentes segmentos geracionais (CÍCERO, 2001).

Paralelamente, a modernidade tornou o passado, mesmo que próximo, território de pouco valor. Nessas condições, os idosos serão merecedores de respeito, desde que não se transformem em peso demasiado oneroso para a saúde econômica da sociedade. O envelhecimento da população mundial é, seguramente, o fator que mais preocupará as autoridades governamentais no presente século. Em 1950, o percentual de maiores de 60 anos era de 8,2%; em 2000, de 10%. As projeções feitas para 2050 mostram que o planeta abrigará 21,1% de pessoas idosas. No Brasil, os índices são similares: em 1950, 4,9%; em 2000, 7,8%; para 2050, estima-se a impressionante cifra de 23,6% de idosos presentes no convívio social (CAMARANO, 2002).

Os idosos realizam elevado número de consultas médicas (11/ano) quando comparados com os jovens (1/ano). Em 1995, foram responsáveis por 38% de todas as internações hospitalares realizadas nos EUA (KATZ; WELCH; VERRILI, 1997).

O aumento significativo de custos impostos por pacientes idosos com doenças crônico-degenerativas é fundamentalmente gerado por internações mais frequentes e maior número de procedimentos terapêuticos. A tendência de gastos crescentes com idosos é uma realidade universal. Estima-se que entre 1990 e 2020 haverá um aumento de 7,9% na expectativa de vida de cidadãos norte-americanos com idade superior a 65 anos, o que resultará em aumento de gastos da ordem de US$ 98 bilhões para o Sistema Medicare (LUBITZ; BEEBE; BAKER, 1995).

As últimas décadas do século XX foram marcadas por extraordinários avanços tecnológicos, o que resultou em maior indicação de sofisticados procedimentos terapêuticos a grande parcela da população idosa. Entre 1987 e 1995, o número de pacientes norte-americanos com idade superior a 65 anos beneficiados pela cirurgia de revascularização miocárdica saltou de 82 mil para 141 mil, enquanto a indicação de angioplastia coronária cresceu três vezes, de 44 mil para 131 mil. Importante considerar que a realização desses procedimentos ocorreu de maneira mais significativa em pacientes octogenários (POCOCK; HENDERSON; RICHARDS, 1995).

É consensual reconhecer no Ocidente três correntes de pensamento em bioética: a anglo-americana, a europeia e a latino-americana. A primeira privilegia a autonomia da pessoa, inspirando-se no pragmatismo liberal. A segunda, com base na tradição filosófica grega e judaico-cristã, preocupa-se com questões atinentes à fundamentação dos princípios morais. A terceira, embora ainda em construção, alimenta-se das reflexões das escolas anteriores e se distingue das outras por priorizar o social, dando igual ênfase a fatos científicos e valores morais.

As grandes metrópoles da atualidade, produtos da revolução industrial iniciada no século XIX, impõem a convivência de diferentes gerações e as obriga a desigual concorrência num mercado de trabalho extremamente competitivo, que valoriza a juventude e subestima a experiência acumulada dos idosos.

Curiosamente, revivemos o modelo da *pólis* grega, em que a beleza da juventude era valorizada e a velhice estigmatizada em apreciações cruéis proferidas por, pelo menos, dois dos maiores filósofos da antiguidade clássica, Platão e

Aristóteles. Na *República*, o discípulo preferido de Sócrates considera "a enfermidade uma velhice precoce e a velhice uma enfermidade permanente". Já Aristóteles, na *Retórica*, apresenta o seguinte juízo sobre as pessoas idosas: "Os anciãos passados da maturidade [...] como características [...] são mesquinhos, por terem sido humilhados por toda a vida [...], covardes e egoístas, e vivem mais com a memória que com a esperança" (GRACIA, 1998).

Os modernos preceitos morais sobre o envelhecimento são paradoxais. Declaram, por diplomas legais, o respeito aos idosos, mas, simultaneamente, os marginalizam e consideram como um peso para a sociedade. Chega-se à velhice ocupando posições centrais em fotografias de famílias, esquecidas em álbuns de recordações, e rimos desbragadamente com a propaganda de cerveja, veiculada por canais de televisão brasileiros nos meses que antecederam o carnaval de 2005, onde era apresentado um enorme e patético cortejo de senhoras idosas correndo atrás de dois rapazes, que, para fugir das incômodas perseguidoras, mergulhavam em uma geladeira de bar, onde encontravam alegre refúgio nos braços de famosa e bela cantora que os convidava a consumir uma nova marca da bebida.

A sociedade é perversamente manipulada em campanhas para promover o rejuvenescimento dos velhos. Os idosos são incentivados a assumir a condição de jovens não somente na aparência física, mas também na incorporação de novos hábitos de vida. Para serem acolhidos pela sociedade de consumo precisam renunciar a seus princípios de autodeterminação, além de serem coagidos a incorporar comportamentos alheios a seus valores pessoais.

Elisabeth Kübler-Ross relata pungente depoimento de uma paciente octogenária terminal: "Somos como uma torta: damos um pedaço para nossos pais, outro para nossos amores, um para os amigos, outro para os filhos e um outro para nossa profissão. No final da vida, algumas pessoas não guardaram nenhum pedaço para si mesmas e nem mesmo sabem que tipo de torta foram" (KÜBLER-ROSS; KESSLER, 2004).

2. Relacionamento médico-paciente

A pergunta que atualmente se impõe aos médicos é: o que ocorreu com a prática médica no cenário da modernidade? O modelo cartesiano-flexeneriano, matriz da formação médica atual, introduziu práticas na atenção à saúde que resultaram em dramáticas mudanças no relacionamento médico-paciente. O extraordinário avanço técnico-científico, aliado ao uso acrítico de métodos de semiologia armada, descaracterizou a medicina como arte, levando o profissional a afastar-se das dimensões socioantropológicas das pessoas enfermas.

Heidegger definiu a tecnociência como "veículo que conduz a vida à pura instrumentalidade, inviabilizando o projeto de existência humana autêntica". Jacques Ellul, assim como Heidegger, reconheceu a civilização da técnica como instrumento de anulação da liberdade humana e identificou "uma perversão do homem pela tecnologia", já que esta o desviou de seus objetivos essencialmente humanos (BOURG, 1996).

Se os conhecimentos científicos são cumulativos, a construção de valores éticos não o é. A ética não é tempero a ser adicionado ao banquete da tecnociência para conferir melhor sabor; ao contrário, é ingrediente necessário para tornar assimilável, pela sociedade, o prato condimentado da ciência.

Não infrequentemente, os seres humanos são dominados pelo fascínio da tecnociência e criam a ilusão de que o acúmulo de conhecimentos é suficiente para torná-los felizes. Bertold Brecht, em *A vida de Galileu*, cunhou a implacável sentença de que “talvez, com o tempo, descubrais tudo aquilo que se pode descobrir e, contudo, o vosso progresso não será mais do que uma progressão, deixando a humanidade sempre cada vez mais para trás. A distância entre vós e ela pode, um dia, tornar-se tão profunda que o vosso grito de triunfo diante de alguma nova conquista poderá receber como resposta um grito universal de pavor” (SIQUEIRA, 2000).

O impressionante crescimento da tecnologia em medicina foi sendo assimilado de maneira inadequada na prática profissional, pois originalmente complementares, os métodos de semiologia armada transformaram-se em procedimentos essenciais, deixando a condição de súditos para assumirem a posição de soberanos nas tomadas de decisões clínicas.

Atrofiou-se enormemente a destreza em realizar anamneses elucidativas, e o exame físico detalhado transformou-se em exercício cansativo e desnecessário diante da grande precisão das informações fornecidas pelos equipamentos. O que era complementar transformou-se em essencial.

A vinculação entre profissional e enfermo, que o ato médico impõe, é resultado de dois movimentos que se completam: o do enfermo que procura o profissional e o do médico que acolhe o paciente. Embora sejam qualitativamente distintos, Hipócrates os descreveu num único vocábulo, *philia*, que deve ser traduzido como "amizade", "amor", "solidariedade" e "compaixão" (ENTRALGO, 1986).

Como apreender o global, o multidimensional, o complexo, e organizar o conhecimento para melhor atender o ser humano protagonista central de quaisquer iniciativas em medicina? Essa é a indagação apresentada por Edgar Morin no que denomina "os princípios do conhecimento pertinente". Em resposta à questão, resgata ensinamento de Blaise Pascal apresentados na obra *Pensamentos*: "Sendo todas as coisas causadas e causadoras, ajudadas ou ajudantes, mediatas e imediatas e sustentando-se todas por um elo natural que une as mais distantes e as mais diferentes, considero ser impossível conhecer as partes sem conhecer o todo, tampouco conhecer o todo sem conhecer as partes" (MORIN, 2000).

3. Formação profissional

Müller, citado por Troncon, avalia que "as escolas médicas estão submergindo os estudantes em pormenores opressores sobre conhecimentos especializados e aplicação de tecnologias sofisticadas, restringindo a aprendizagem de habilidades médicas fundamentais, o que pode levar a uma fascinação pela tecnologia, tornando o artefato mais importante que o paciente" (TRONCON; CIANFLONE; MARTIN, 1998).

É óbvio que o fascínio pela tecnologia, apontado pelo autor, está presente não exclusivamente na pessoa do profissional, mas, igualmente, na fantasia de pacientes que, informados inadequadamente pela mídia, pressionam seus médicos a solicitar os últimos exames gerados pela tecnociência, bem como a que lhes prescrevam as mais modernas drogas produzidas pelas empresas farmacêuticas. Esse sinergismo de equívocos acaba por transformar o profissional em prosaico intermediário entre a ganância de grandes empresas farmacêuticas e de tecnologias biomédicas pouco afeitas a preceitos éticos e com enorme contingente de consumidores mal informados e, portanto, vulneráveis.

Desde as primeiras lições, o estudante de medicina é ensinado, por metodologia analítica, que para bem compreender uma enfermidade deve dividir o objeto de seu estudo em tantas partes quanto possível. Esse modelo de ciência foi proposto por René Descartes, filósofo francês que no século XVII escreveu *O discurso do método*, obra na qual propõe que a busca do saber científico verdadeiro deve partir do conhecimento das partes e somente por intermédio deste procedimento poder-se-á alcançar os autênticos objetivos de qualquer pesquisa (DESCARTES, 1984).

O modelo vigente de ensino médico, inaugurado no início do século XX por Abraham Flexner, é fiel herdeiro da proposta cartesiana. Em 1910, o famoso Relatório Flexner impôs mudanças radicais e necessárias no relapso sistema de ensino médico norte-americano (FLEXNER, 1970).

Quisera pudéssemos ressuscitar Flexner para nos auxiliar a corrigir as mazelas dos cursos médicos de nosso país, crescentemente dominados pela iniciativa de grupos privados de ensino que têm como preocupação central o lucro advindo de mensalidades com valores exorbitantes para a nossa realidade. Inegavelmente imprescindíveis, o método cartesiano — que permitiu desvincular a ciência do território inadvertidamente ocupado por dogmas religiosos — e o modelo flexneriano de ensino, que trouxe credibilidade à formação médica, permanecem imutáveis até nossos dias, desconhecendo que no transcurso do século XX a sociedade assistiu a transformações nos campos do conhecimento científico e de valores morais como nunca antes em toda a história da humanidade.

A aplicação do método cartesiano em medicina nos faz descrever o ser humano por diferentes mecanismos: respiratório, circulatório, hormonal, muscular, ósseo, digestivo, imunológico, reprodutor etc. Tenta-se empilhar as informações colhidas destes processos e organizá-las em órgãos e sistemas contidos num grande saco epidérmico. Olhar para esta estrutura disforme e imaginar que estamos diante de um ser humano é reduzir ao estritamente biológico o que, em realidade, é biopsicossocial e espiritual.

Aléxis Carrel, médico e fisiologista francês falecido em 1944, descreve em *O homem, este desconhecido*: "O homem que os especialistas conhecem não é o homem concreto, o homem real. É apenas um esquema, ele próprio composto por esquemas construídos pelas técnicas de cada ciência" (CARREL, 1938).

O ser humano, o grande "desconhecido" de Carrel, é, na verdade, muito complexo, e os médicos reconhecem quase que unanimemente não haver enfermidade que se manifeste fora de um temperamento pessoal, de vivências e experiências já vividas. E, mesmo que se apresente com fisionomia semelhante no conjunto, seus traços particulares sempre mostram peculiaridades específicas de cada ser biográfico. O doente, na visão de Michel Foucault, sempre será a expressão da doença "com traços singulares, com sombra e relevo, modulações, matizes e profundidade, sendo que a tarefa do médico ao descrever a enfermidade será a de reconhecer esta realidade viva" (FOUCAULT, 1998).

Fundamental, portanto, será reconhecer a necessidade de introduzir mudanças no ensino para formar profissionais mais sensíveis e atentos aos novos horizontes que se apresentam à prática da medicina, pois é forçoso considerar que educar é muito mais que fazer escolas para oferecer certificação acadêmica. Educar não é simplesmente "instruir", mas aperfeiçoar a formação do caráter de uma pessoa. Assim sendo, há que perceber que, além de habilidades técnicas, as universidades devem "formar" médicos que respeitem valores éticos distintos daqueles que lhes são próprios — e isto não se consegue unicamente com lições sobre códigos deontológicos (SIQUEIRA, 2001).

Ao subestimarmos valores socioantropológicos do ser humano enfermo e ao apreendê-lo como um conjunto de variáveis biológicas, induzimos jovens estudantes de medicina a se transformarem em meros cuidadores de doenças. Qualquer médico sabe, por experiência própria, que uma doença raramente é orgânica ou psíquica, social ou familiar. O profissional reconhece que a enfermidade é simultaneamente orgânica e psíquica, social e familiar.

Algumas diretrizes obrigatórias para a adequada formação médica são apontadas pela Comissão Institucional de Avaliação do Ensino Médico (Cinaem) de nosso país:

a) Adquirir habilidades e conhecimentos que lhes permita identificar os problemas básicos de saúde do indivíduo e da sociedade.
b) Ter flexibilidade profissional que lhes permita ser eficientes e considerar os valores, direitos e a realidade socioeconômica de seus pacientes.

c) Aprender métodos científicos e postura ética para tomar decisões adequadas que, expressas no trabalho clínico, sejam eficientes e respeitosas ao ser humano e seu ambiente.

d) Ter formação que lhes possibilite aprender fazendo e aprender a aprender, procurando ativamente construir seus próprios conhecimentos (BATISTA; SILVA, 1998).

Bernard Lown, em obra já apontada anteriormente, nos faz uma inquietante afirmação: "Busca-se o médico com quem nos sentimos à vontade quando descrevemos nossas queixas, sem receio de sermos submetidos, por causa disso, a numerosos procedimentos; o médico para quem o paciente nunca é uma estatística [...] e, acima de tudo, que seja um semelhante, um ser humano cuja preocupação pelo paciente é avivada pela alegria de servir" (LOWN, 1997, p. 349).

É razoável pensar que só formaremos o médico entrevisto por Lown quando estivermos preparados para compreender o ensinamento de Maimônides, célebre médico do século XII, que considerava imprescindível não esquecer que "o paciente é um semelhante, transido de dor e que jamais deve ser considerado como mero receptáculo de doenças" (ENTRALGO, 1983).

Vários são os relatos veiculados pela mídia acerca de maus-tratos a idosos, asilados ou internados com doenças crônico-degenerativas, abandonados à própria sorte, o que os faz entregar-se ao desânimo, passando a viver inexorável decadência física e mental.

Médico e paciente são dominados pela sensação de fracasso. O médico, vencido pela falta de alternativas terapêuticas em casos de doenças incuráveis; o paciente, aterrorizado com o vulto da morte que se aproxima incontinente, assumindo atitudes de fuga ou negação. Decepciona-se o médico, sobretudo aquele que valoriza excessivamente a busca da impossível cura, subestimando as ações de cuidar e confortar e orientando-se pela equivocada prerrogativa de que os pacientes submetidos a seus cuidados devem obedecê-lo sem impor nenhum questionamento sobre propostas diagnósticas e/ou terapêuticas, já que para tanto bastaria o reconhecimento de sua competência técnica.

Evidentemente, é frustrante para o médico não realizar um procedimento que julga beneficente para seu paciente. Esta, certamente, nunca será decisão passível de assimilação sem conflitos com a própria consciência profissional. Contudo, não reconhecer o direito de o enfermo recusar autonomamente uma proposta terapêutica ou diagnóstica é atitude inaceitável do ponto de vista ético. Como justificar moralmente a imposição de valores, mesmo que na busca do maior benefício ao paciente, se o protagonista da ação terapêutica assim não o deseja? O enfermo, quando competente, tem o direito de exercer plenamente sua autonomia em tomar decisões sobre seu próprio corpo, mesmo ante propostas médicas baseadas em evidências científicas.

Os médicos são submetidos, com enorme frequência, a duras provas oriundas de diferentes percepções morais, o que deve ser interpretado não como impotência pessoal mas sim como limitações intrínsecas ao ato de cuidar da saúde de pessoas que têm o direito de discordar. No mesmo sentido, dois outros aspectos devem merecer nossa atenção: a medicalização da vida e a ocultação da morte. No Ocidente, ao mesmo tempo em que se imagina possível oferecer medicamentos para tratar todos os males físicos e mentais, a finitude da vida é encarada como prova de fracasso da medicina.

Com relação à medicalização da vida, é importante ter presente que pacientes com idade superior a 65 anos, nos EUA, embora representem apenas 13% da população, consomem mais de 1/3 dos gastos com medicamentos. Lown denuncia, em artigo, situação moralmente questionável envolvendo divulgação de pesquisa com nova e potente droga antiagregante plaquetária apresentada como substituta ideal da tradicional aspirina para o tratamento de diferentes formas de insuficiência coronária, embora apresente custo proibitivo até mesmo para os padrões do consumidor norte-americano. Declara que, "na verdade, a nova droga custará para cada paciente US$1.000/ano, em vez dos centavos necessários para a compra de aspirina". Aduz, ainda, que a venda do mencionado medicamento já superara a impressionante cifra de US$1 bilhão/ano. Se considerado que seu efeito antiagregante plaquetário é parcialmente bloqueado quando do uso concomitante de qualquer estatina, medicamento invariavelmente presente no receituário dos pacientes com hipercolesterolemia e aterosclerose coronariana, facilmente conclui-se que se deve acolher com muita parcimônia a desproporcional euforia apresentada pela empresa farmacêutica (LOWN, 2004).

Com relação à formação profissional, parece útil considerar os dados descritos por Hill, que, decorridos mais de dez anos da publicação de sua pesquisa, ainda mostram-se atuais. Nesse trabalho, as conclusões expostas pretendem demonstrar que entre as causas do despreparo dos médicos para tratar de questões atinentes à morte e à terminalidade está a insuficiência de conteúdos programáticos sobre a temática oferecidos nas grades curriculares dos cursos médicos de graduação e pós-graduação. O estudo apresenta dados que demonstram que apenas cinco entre 126 escolas de medicina norte-americanas ofereciam ensinamentos sobre a morte e somente 26 de 7.048 programas de residência médica tratavam do tema como atividade obrigatória em algum momento da formação especializada (HILL, 1995).

Estudo realizado na Universidade de Londrina demonstra quão distantes estamos de capacitar, no campo da ética, os formandos em medicina. Quando profissionais egressos da instituição foram indagados sobre temas de formação ética não incluídos no período de graduação do curso médico, as seguintes respostas foram apresentadas: 38,5% indicaram o tema ética propriamente dita; 33,8%, conhecimentos de ciências humanas; 29,4%, relação médico-paciente; 29,1%, questões relacionadas à morte e ao morrer. Essas constatações nos causam enorme perplexidade, especialmente porque cerca de 40% dos entrevistados manifestaram-se espontaneamente, afirmando não reconhecer nas aulas da tradicional disciplina de Medicina Legal e Deontologia momentos de reflexão adequados para a formação ética durante o curso médico (SIQUEIRA; SAKAI; EISELE, 2002).

Faz-se necessário, portanto, introduzir com maior determinação temas de bioética na grade curricular dos cursos médicos e ouvir, com atenção, a recomendação de André Hellegers, primeiro diretor do Instituto Kennedy de Bioética, que considerou que os problemas enfrentados pelos médicos no alvorecer do século XXI seriam, cada vez mais, de natureza ética e menos de ordem técnica.

A propósito, recordo citação de Edgar Morin: "A primeira finalidade do ensino foi formulada por Montaigne, ao considerar que mais vale uma cabeça benfeita do que uma bem cheia". O significado de uma cabeça bencheia, obviamente, é uma cabeça em que o saber é acumulado, empilhado e não dispõe de princípios de seleção e organização que lhes dê sentido. Contrariamente, uma cabeça benfeita significa que, em vez de acumular indiscriminadamente o saber, é mais importante dotá-lo de condições que permitam aos graduados tomar as decisões profissionais adequadas (MORIN, 2001).

Conclusão

A medicina atual vive um momento de busca do sensato equilíbrio na relação médico-paciente. A ética médica tradicional, concebida no modelo hipocrático, tem forte acento paternalista. Ao paciente cabe simplesmente obediência às decisões médicas, tal qual uma criança deve cumprir, sem questionar, as ordens paternas. Assim, até a primeira metade do século XX qualquer ato médico era julgado levando-se em conta apenas a moralidade do agente, desconsiderando-se os valores e crenças dos pacientes. Somente a partir da década de 1960 os códigos de ética profissional reconheceram o enfermo como agente autônomo.

À mesma época, a medicina passou a incorporar com grande rapidez um impressionante avanço tecnológico. Unidades de terapia intensiva e novas metodologias criadas para aferir e controlar as variáveis vitais ofereceram aos profissionais a possibilidade de adiar o momento da morte. Se no início do século XX o tempo estimado para o desenlace após a instalação de enfermidade grave era de cinco dias, ao seu final era dez vezes maior. Tamanho é o arsenal tecnológico hoje disponível que não é descabido dizer que se torna quase impossível morrer sem a anuência do médico.

Em contundente observação, na obra referida (LOWN, 1997, p. 286) Lown afirma: "As escolas de medicina e o estágio nos hospitais os preparam (os futuros médicos) para tornarem-se oficiais-maiores da ciência e gerentes de biotecnologias complexas. Muito pouco se ensina sobre a arte de ser médico. Os médicos aprendem pouquíssimo a lidar com os enfermos terminais [...]. A realidade mais fundamental é que houve uma revolução biotecnológica que possibilita o prolongamento interminável do morrer".

O poder de intervenção do médico cresceu enormemente sem que simultaneamente ocorresse uma reflexão sobre o impacto dessa nova realidade na qualidade de vida dos enfermos. Seria ocioso comentar os benefícios auferidos com as novas metodologias diagnósticas e terapêuticas. Incontáveis são as vidas salvas em situações críticas como, por exemplo, a enfrentada pelos pacientes recuperados após infarto agudo do miocárdio e/ou enfermidades com graves distúrbios hemodinâmicos, resgatados plenamente saudáveis mediante engenhosos procedimentos terapêuticos.

Ocorre que nossas UTIs passaram a receber, também, pacientes portadores de doenças crônicas incuráveis com intercorrências clínicas as mais diversas, contemplados com os mesmos cuidados oferecidos aos agudamente enfermos. Se para os últimos, com frequência, alcança-se plena recuperação, para os crônicos pouco se oferece além de um sobreviver precário e, às vezes, não mais que vegetativo. Somos expostos à dúvida sobre o real significado da vida e da morte. Até quando avançar nos procedimentos de suporte vital? Em que momento parar e, sobretudo, guiados por que modelos de moralidade?

Despreparados para a questão, passamos a praticar uma medicina que subestima o conforto do enfermo terminal, impondo-lhe longa e sofrida agonia. Adiamos a morte à custa de insensato e prolongado sofrimento para o paciente e sua família. O estudo Support colheu informações de familiares e pacientes idosos gravemente enfermos e concluiu que 55% deles estiveram conscientes nos três dias que antecederam a morte, 40% sofreram dores insuportáveis, 80% fadiga extrema e 63%, extrema dificuldade para tolerar o sofrimento físico e emocional (LYNN, 1997).

As evidências parecem demonstrar que esquecemos o antigo ensinamento que reconhece como função do médico "curar às vezes, aliviar muito frequentemente e confortar sempre". Deixamos de cuidar da pessoa doente e nos empenhamos em tratar a doença da pessoa, desconhecendo que nossa missão primacial deve ser a busca do bem-estar físico e emocional do enfermo, já que todo ser humano sempre será uma complexa realidade biopsicossocial e espiritual.

A obsessão de manter a vida biológica a qualquer custo nos conduz à chamada obstinação terapêutica. Alguns, alegando ser a vida um bem sagrado, por nada se afastam da determinação de tudo fazer enquanto restar débil sopro de vida. Documento da Igreja Católica de maio de 1980, sobre a eutanásia, assim considera a questão: "É lícito renunciar a certas intervenções médicas inadequadas às situações reais do doente, porque não proporcionais aos resultados que se poderiam esperar ou, ainda, porque demasiado gravosas para ele e sua família. Nessas situações, quando a morte se anuncia iminente e inevitável, pode-se em consciência renunciar a tratamentos que dariam somente um prolongamento precário e penoso da vida" (PESSINI; BARCHIFONTAINE, 1994).

Seu autor, o Papa João Paulo II, foi protagonista exemplar desta orientação quando, por vontade própria e contra sugestões médicas, desconsiderou a possibilidade de ser internado na UTI do Hospital Gemelli, em Roma, e preferiu passar seus últimos momentos de vida recolhido em seus aposentos, ouvindo as preces de uma multidão de fiéis reunidos em longa vigília na Praça de São Pedro, na cidade do Vaticano.

Referências bibliográficas

ALVES, R. *O médico*. Campinas: Papirus, 2003.

BATISTA, H. A.; SILVA, S. H. S. *O professor de medicina*. São Paulo: Loyola, 1998.

Bíblia de Jerusalém. São Paulo: Paulinas, 1973.

BOURG, D. *O homem artifício*. Lisboa: Instituto Piaget, 1996.

CAMARANO, A. A. Envelhecimento da população brasileira: uma contribuição demográfica. In: FREITAS, E. V.; PY, L. (orgs.). *Tratado de geriatria e gerontologia*. Rio de Janeiro: Guanabara Koogan, 2002. pp. 58-71.

CARREL, A. *O homem, este desconhecido*. Porto: Editora Educação Nacional, 1938.

CÍCERO, M. T. *De senectude*. Madrid: Editorial Triacastela, 2001.

DESCARTES, R. *Discurso del método*. México: Parrúa, 1984.

ENTRALGO, P. L. *Ciência, técnica y medicina*. Madrid: Alianza Editorial, 1986.

_____. *La relación médico-enfermo*. Madrid: Alianza Editorial, 1983.

FLASCHEN, J. H. Choosing death or "Mamba" in the ICU. "Where there's life, there's hope" is not necessarily true. *The Washington Post*, May 8, 1991.

FLEXNER, A. *Medical education in the United States and Canada*; the report for the Carnegie Foundation for the advancement of teaching. New York: Carnegie Foundation, 1970.

FOUCAULT, M. *O nascimento da clínica*. Rio de Janeiro: Forense Universitária, 1998.

GRACIA, D. *Ética de los confines de la vida*. Bogotá: El Buho, 1998.

HEGEL, G. F. São Paulo: Nova Cultural, 1999. (Os Pensadores, 16).

HILL, T. P. Treating the dying patient: the challenge for medical education. *Arch. Inten. Med.*, 1995, 155, 1.265-1.269.

KATZ, S. J.; WELCH, W. P.; VERRILI, D. The growth of physician services for the elderly in the United States and Canada 1987-1992. *Med. Care Res. Rev.*, 1997, 54, 301-320.

KÜBLER-ROSS, E.; KESSLER, D. *Os segredos da vida*. Rio de Janeiro: Sextante, 2004.

LOWN, B. *A arte perdida de curar*. São Paulo: JSN Editora, 1997.

_____. A crise das drogas III: corrupção da ciência. *Diagn. Tratamento*, 2004, 9, 4, 154-161.

LUBITZ, J.; BEEBE, J.; BAKER, C. Longevity and Medicare expenditures. *N. Engl. J. Med.*, 1995, 332, 999-1.003.

LYNN, J. Study to understand prognosis and preferences for outcomes and risk of treatment (Support). *Ann. Intern. Med.*, 1997, 126, 97-106.

MORIN, E. *A cabeça benfeita*; repensar a reforma, reformar o pensamento. Rio de Janeiro: Bertrand Brasil, 2001.

_____. *Os sete saberes necessários à educação do futuro*. São Paulo: Cortez, 2000.

PESSINI, L.; BARCHIFONTAINE, C. P. *Problemas atuais em bioética*. 2. ed. São Paulo: Loyola, 1994.

POCOCK, S. J.; HENDERSON, R. A.; RICHARDS, A. F. Meta-analysis of randomized trials comparing coronary angioplasty with bypass surgery. *Lancet*, 1995, 346, 1.184-1.189.

RILKE, R. M. *Cartas a una amiga veneciana*. Madrid: Hiperión, 1993.

ROSENBLATT, R. Lewis Thomas. *The New York Time*, 21 nov. 1993, section 6, 50.

SIQUEIRA, J. E. Tecnologia e medicina entre encontros e desencontros. *Bioética*, 2000, 8, 1, 55-67.

_____. Universidade: uma ponte para o futuro. In: ALMEIDA, M. *A universidade possível*. Londrina: Eduel, 2001.

SIQUEIRA, J. E.; SAKAI, M. H.; EISELE, R. L. O ensino da ética no curso de medicina: a experiência da Universidade Estadual de Londrina. *Bioética*, 2002, 10, 1, 85-95.

TAGORE, R. *Pássaros perdidos*. São Paulo: Paulinas, 1991.

TRONCON, L. E.; CIANFLONE, A. R.; MARTIN, C. C. Conteúdos humanísticos na formação geral do médico. In: MARCONDES, E.; GONÇALVES, E. L. (orgs.). *Educação médica*. São Paulo: Sarvier, 1998.

Nesta vida, um dia chegamos, noutro partimos. Uma das experiências mais difíceis do ser humano é a partida: do nascimento até o último dia de nossa vida, a vida não deixa de ser uma série de inúmeras partidas, algumas temporárias, outras permanentes. Diante do adeus final de um ente querido surge a necessidade de ajustar-se à nova realidade em que o outro não estará mais presente. Isso ocorre quando conseguimos substituir a presença física pela doce lembrança que nos deixou. Nesse sentido, o aparente absurdo do fim pode se tornar uma conclusão feliz de uma jornada de vida e de um novo início.

Parte IV

Despedida
Adeus

Capítulo 1

Espiritualidade e cuidados paliativos

LEO PESSINI
LUCIANA BERTACHINI

Neste início de milênio, para surpresa de muitos, principalmente no âmbito científico do mundo ocidental, testemunhamos o renascimento da religião, ou melhor, das religiões, em todos os âmbitos da vida humana. A seguir buscamos na raiz das grandes religiões os principais pontos convergentes. Aprofundamos a discussão procurando distinguir religião de espiritualidade (*ruah*: "sopro de vida"). Avançamos relacionando medicina e espiritualidade, como a espiritualidade é vista na Carta dos Direitos dos Usuários da Saúde e finalmente qual a importância da espiritualidade nos cuidados paliativos.

Introdução

No contexto de uma publicação multidisciplinar sobre questões bioéticas relacionadas com a prática de cuidados paliativos, o presente trabalho enfoca a importância dos valores religiosos e espirituais e da fé no enfrentamento e no relacionamento com as grandes questões da vida humana: nascimento, dor, sofrimento e além-vida entre outras.

Nosso itinerário reflexivo abre a porta do mundo das grandes religiões refletindo sobre alguns de seus valores fundamentais: a busca nas raízes das religiões, seus pontos convergentes e a necessária distinção, sem separar, entre religião, espiritualidade e mística. Em seguida delimitamos o nosso enfoque no âmbito da medicina ressaltando alguns documentos internacionais que valorizam a dimensão da espiritualidade no âmbito dos cuidados de assistência a saúde. A seguir fazemos referência à Carta dos Direitos dos Usuários da Saúde, que reconhece o direito do usuário de ser cuidado espiritualmente.

Com todos esses elementos, avançamos nos perguntando sobre que espiritualidade cultivar, durante os cuidados paliativos, diante do mistério da dor e do sofrimento humanos. Concluímos que fundamentalmente a espiritualidade tem a ver com a busca transcendente de um sentido maior no aparente absurdo de passarmos por experiências de dor, sofrimento, perda, angústia e até mesmo medo da morte.

1. Entrando no mundo das grandes religiões

Em tempos de globalização econômica excludente, ousa-se falar no desafio de globalizar a solidariedade. As religiões têm tido um papel importante em denunciar a primeira e ousar apontar o horizonte utópico em direção à segunda, ou seja, a globalização da solidariedade. Superando polarizações históricas quanto a valores institucionais, elas se unem no diálogo inter-religioso — diálogo entre as diferentes religiões — e na busca ecumênica — no interior das diversas tradições cristãs (KÜNG, 2004).

1.1. Busca nas raízes das religiões

Todas as religiões são mensagens de salvação que procuram responder às questões básicas do ser humano. São perguntas sobre os eternos problemas humanos do amor e sofrimento, culpa e perdão, vida e morte, origem do mundo e suas leis. Por que nascemos e por que morremos? O que governa o destino da pessoa e da humanidade? Como se fundamentam a consciência moral e a existência de normas éticas e afirmam a existência de uma vida pós-morte?

Todas oferecem caminhos semelhantes de salvação: caminhos nas situações de penúria, sofrimento; indicação de caminhos para um modo de se comportar de forma correta e responsável nesta vida, a fim de alcançar uma felicidade duradoura, constante e eterna, a libertação de todo sofrimento, culpa e morte. Mesmo quem rejeita as religiões deve levá-las a sério, como realidade social e existencial básica. Elas têm a ver com o sentido e o não sentido da vida, com a liberdade e a escravidão das pessoas, com a justiça e a opressão dos povos, com a guerra e a paz na história e no presente, com a doença, o sofrimento e a saúde das pessoas.

Em todas as grandes religiões existe uma espécie de "regra de ouro". Esta já foi atestada por Confúcio: "O que não desejas para ti também não o faças aos outros" (551-489 a.C.); também no judaísmo, em formulação negativa: "Não faças aos outros o que não queres que te façam a ti" (Rabi Hillel (60 a.C.-10 d.C.); com Jesus de Nazaré, em forma positiva: "O que quereis que os outros vos façam fazei-o vós a eles" (Mt 7,12; Lc 6,31); no budismo: "Um estado que não é agradável ou prazeroso para mim não o será para o outro; e como posso impor ao outro um estado que não é agradável ou prazeroso para mim?" (Samyutta Nikaya V, 353.3-342.2), e no islamismo: "Ninguém de vocês é um crente a não ser que deseje para seu irmão o que deseja para si mesmo".

Diferentemente das filosofias, as religiões não apresentam apenas modelos de vida abstratos, mas "pessoas modelares". Por isso, as figuras-líderes das religiões são da maior importância: Buda, Jesus de Nazaré, Confúcio, Lao-Tsé ou Maomé. Existe uma grande diferença entre ensinar abstratamente às pessoas uma nova forma de vida e apresentar um modelo concreto de vida comprometida como seguimento de Buda, Jesus ou Confúcio, por exemplo. Aqui entramos no âmago da espiritualidade, que precisamos distingui-las da religião. A religião codifica uma experiência de Deus e dá forma de poder religioso, doutrinário, moral e ritual ao longo de sua expressão histórica. A espiritualidade se orienta pela experiência profunda e sempre inovadora e surpreendente do encontro vivo com Deus. Hoje, percebe-se no horizonte da humanidade um cansaço da religião entendida enquanto doutrina, instituição, norma e dogma. Por outro lado, existe uma grande busca de espiritualidade, que vai de encontro aos anseios mais profundos do coração humano em termos de transcendência, dando sentido último à existência humana.

A religião, no seu sentido originário, é o elo que liga e religa todas as coisas, o consciente com o inconsciente, a mente com o corpo, a pessoa com o cosmo, o masculino com o feminino, o humano (imanente) com o divino (transcendente). A missão da religião não se esgota no espaço do sagrado. Seu lugar está no coração da vida. Quando ela é bem-sucedida, emerge a experiência de Deus, o sentido último e o fio condutor que perpassa e unifica tudo. Os símbolos e ritos que definem o espaço sagrado são criações para celebrar o Deus da Vida. Viver esta religação é obra da fé.

Sem dúvida é um grande desafio para as religiões históricas, de modo especial para o Cristianismo, resgatar esta fé originária, que recria a religação de tudo.

1.2. Religiões: pontos convergentes

As grandes religiões, não obstante suas diferenças doutrinais e tradições, apresentam convergências fundamentais, como enfatiza Küng (1992). Entre as mais significativas assinalam-se:

a) *O cuidado com a vida*: todas as religiões defendem a vida, especialmente aquela mais vulnerável e sofrida. Prometem a expansão do reino da vida, quando não a ressurreição e a eternidade, no tocante não apenas à vida humana, mas também a todas as manifestações cósmico-ecológicas.

b) *O comportamento ético fundamental*: todas apresentam um imperativo categórico: não matar, não mentir, não roubar, não violentar, amar pai e mãe e ter carinho para com as crianças. Esses imperativos favorecem uma cultura de veneração, de diálogo, de sinergia, de não violência ativa e de paz.

c) *A justa medida*: as religiões procuram orientar as pessoas pelo caminho da sensatez, que significa o equilíbrio entre o legalismo e a libertinagem. Elas não propõem exclusivamente nem o desprezo do mundo, nem sua adoração, nem o hedonismo, nem o ascetismo, nem o imanentismo, nem o transcendentalismo, mas sim o justo equilíbrio em todos esses domínios. Este é o caminho do meio, das virtudes. Mais do que atos, são atitudes interiores coerentes com a totalida-

de da pessoa e que impregnam de excelência todos os seus relacionamentos.

d) *A centralidade do amor*: todas pregam a incondicionalidade do amor. Confúcio (551-489 a.C.) pregava: "O que não desejas para ti não o faças a outro". Jesus: "Amem-se uns aos outros como eu vos tenho amado". Na perspectiva ecológica de Jonas (2006): "age de tal maneira que os efeitos da tua ação sejam compatíveis com a permanência de uma vida autenticamente humana".

e) *As figuras éticas exemplares*: as religiões não apresentam somente máximas e atitudes éticas, mas principalmente figuras históricas concretas, paradigmas vivos, como tantos mestres, santos e santas, justos e justas, heróis e heroínas que viveram dimensões radicais de humanidade. Daí surge a força mobilizadora de figuras eticamente exemplares como Jesus, Buda, Confúcio, Francisco de Assis, Ghandi, Luther King, Madre Teresa de Calcutá, entre tantos outros.

f) *A definição de um sentido último*: trata-se do sentido do todo e do ser humano. A morte não é a última palavra, mas a vida, sua conservação, sua ressurreição e sua perpetuidade. Todas apresentam um fim bom para a criação e um futuro bem-aventurado para os justos (BOFF, 2000).

1.3. Religião e espiritualidade: distinguir sem separar

Na visão do Dalai-Lama, há distinção entre religião e espiritualidade: "Julgo que religião esteja relacionada com a crença no direito à salvação pregada por qualquer tradição de fé, crença esta que tem como um de seus principais aspectos a aceitação de alguma forma de realidade metafísica ou sobrenatural, incluindo possivelmente uma ideia de paraíso ou nirvana. Associados a isso estão ensinamentos ou dogmas religiosos, rituais, orações, e assim por diante. Considero que espiritualidade esteja relacionada com aquelas qualidades do espírito humano — tais como amor e compaixão, paciência e tolerância, capacidade de perdoar, contentamento, noção de responsabilidade, noção de harmonia — que trazem felicidade tanto para a própria pessoa quanto para os outros. Ritual e oração, junto com as questões de nirvana e salvação, estão diretamente ligados à fé religiosa, mas essas qualidades interiores não precisam ter a mesma ligação. Não existe, portanto, nenhuma razão pela qual um indivíduo não possa desenvolvê-las, até mesmo em alto grau, sem recorrer a algum sistema religioso ou metafísico" (DALAI-LAMA, 2003).

A distinção entre religião e espiritualidade nos ajuda hoje a resgatar a alta relevância da espiritualidade para os dias atuais, marcados pelo modo secular de ver o mundo e pela redescoberta da complexidade misteriosa da subjetividade humana.

As religiões constroem edifícios teóricos — as doutrinas, as morais, as liturgias e os ritos. Constroem também edifícios artísticos, grandes templos e catedrais. Através da arte em geral, da música sacra e das artes plásticas, as religiões nos elevam a Deus. É só entrarmos numa catedral, por exemplo, a Notre Dame; além de ser uma joia de arte arquitetônica, vamos encontrar em seu interior e nos seus vitrais toda uma época histórica, cultural e religiosa. As religiões constituem uma das construções de maior excelência do ser humano. Elas trabalham com o divino, com o sagrado, com o espiritual, mas não são, na sua essência, o espiritual.

O que afirma Boff ajuda-nos a refletir: "Quando a religião se esquece da espiritualidade, ela pode se autonomizar, articulando os poderes religiosos com outros poderes. No Ocidente tivemos já muita violência religiosa, feita em nome de Deus. Ao se institucionalizar em forma de poder, seja sagrado, social ou cultural, as religiões perdem a fonte que as mantém vivas — a espiritualidade. No lugar de homens carismáticos e espirituais, passam a criar burocratas do sagrado. Em vez de pastores que estão no meio do povo, criam autoridades, acima do povo e de costas para ele. Não querem fiéis criativos, mas obedientes; não propiciam a maturidade na fé, mas o infantilismo da subserviência. As instituições religiosas podem tornar-se, com seus dogmas, ritos e morais, o túmulo do Deus vivo" (BOFF, 2001, p. 19).

A religião codifica uma experiência de Deus e lhe dá a forma de poder doutrinário, moral e ritual. A espiritualidade se orienta pela experiência do encontro vivo com Deus. Este encontro sempre novo e inspirador é vivido como gerador de sentido, entusiasmo de viver e transcendência.

1.4. Afinal, o que entender por espiritualidade e mística?

Nossa compreensão alinha-se com a perspectiva de Boff quando afirma que "a espiritualidade é aquela atitude pela qual o ser humano se sente ligado ao todo, percebe o fio condutor que liga e religa todas as coisas para formarem um cosmo. Essa experiência permite ao ser humano dar um nome a esse fio condutor, dialogar e entrar em comunhão com ele, pois o detecta em cada detalhe do real. Chama-o de mil nomes, Fonte Originária de todas as coisas, Mistério do Mundo ou simplesmente Deus" (BOFF, 2003). É ainda Boff que nos diz que "a espiritualidade tem a ver com experiência, não com doutrina, não com dogmas, não com ritos, não com celebrações, que são apenas caminhos institucionais capazes de nos ajudar a alcançá-la, mas que são posteriores a ela. Nasceram da espiritualidade, podem até contê-la, mas não são a espiritualidade. São água canalizada, não a fonte de água cristalina" (BOFF, 2001, p. 44).

E o que entender por mística? "A mística é aquela forma de ser e de sentir que acolhe e interioriza experiencialmente esse Mistério sem nome e permite que ele impregne toda a existência. Não o saber sobre Deus, mas o sentir Deus funda o místico. Como dizia com acerto Wittgenstein: 'O místico não reside no como o mundo é, mas no fato de que o mundo é'. Para ele 'crer em Deus é compreender a questão do sentido da vida; crer em Deus é afirmar que a vida tem sentido. É esse tipo de mística que confere um sentido último ao caminhar humano e a suas indagações irrenunciáveis sobre a origem e o destino do universo e de cada ser humano'" (BOFF; BETTO, 1994).

A mística e a espiritualidade se exteriorizam institucionalmente nas religiões do mundo, e subjazem aos discursos éticos, portadores de valores, de normas e de atitudes fundamentais. Sem elas, a ética se transforma num código frio de preceitos e as várias morais em processos de controle social e de domesticação cultural. Por isso, a ética, como prática concreta, remete a uma atmosfera mais profunda, àquele conjunto de visões, sonhos, utopias e valores inquestionáveis cuja fonte situa-se na mística e na espiritualidade. São como a aura, sem a qual nenhuma estrela brilha (BOFF; BETTO, 1994).

2. Na raiz *ruah*: espiritualidade como "sopro de vida"

A palavra "espírito" em hebraico é *ruah*, significando "sopro". Sopro está associado com vida. Assim, literalmente, espiritualidade é "o sopro de vida". De um ponto de vista existencial, espírito é o que nos move para fora de nós mesmos para encontrar sentido de vida. Contudo, a dimensão espírito continua a existir em nós quando a vida parece ter perdido sentido. Em tempos de crise, as energias espirituais necessitam ser redirecionadas para a vida. A espiritualidade é muito mais ampla que religião. O termo religião deriva da palavra latina *religare*, significando "religar", e diz respeito a determinadas tradições espirituais, enquanto ganham expressão concreta em ritos e celebrações codificadas cultural e historicamente.[1]

Existem muitas definições de espiritualidade, mas nenhuma delas esgota a riqueza de um conceito tão abrangente e

---

1 Cf. Wald (1996). Destacamos, entre outros: In search of the spiritual component of Hospice care (Florence S. Wald); The modern Hospice (Dame Cicely Saunders); The role of the interdisciplinary team in providing spiritual care: an attitudinal study of Hospice workers (Patrice O'Connor and Morajorie P. Kaplan); The arts as an avenue to the spirit (Sally Bailey); Spiritual help from Judaic and psychiatric perspectives (Samuel C. Klagsbrun); Spirituality for whom (Inge B. Corless); Hospice care and faith: a Christian perspective (Carleton J. Sweetser); Social action as spiritual component: the relevance of Nicaragua (Morris A. Wessel).

profundo. Na atualidade começam a surgir muitos escritos sobre a incidência da fé, da religião, da espiritualidade no processo de cura, recuperação da saúde e bem-estar humano e no final da vida (DUNNE, 2001). Bryson, a partir de estudo sobre espiritualidade na perspectiva da enfermagem, destaca cinco temas centrais que permeiam a definição de espiritualidade:

1) tendência inata em direção a um sentido;
2) dimensão espiritual expressa no âmbito temporal;
3) dimensão transcendente;
4) movimento para conseguir unidade, verdade e bondade (compaixão);
5) relação consigo mesmo, com outras pessoas, com o meio ambiente natural e com a ordem não visível.

Nesse sentido, a espiritualidade é definida como "uma tendência inata em direção a Deus ou a uma Força Superior". Ela surge de nossa relação entre nossa busca por sentido e transcendência (Deus ou uma Força Superior). A existência de uma dimensão transcendente num relacionamento dá o sentido de pertença a algo maior que o próprio ser humano. Permite-nos sair de nós mesmos em tempos de crise, o que justifica ser ela na hierarquia das necessidades de Maslow o ponto culminante, a busca de transcendência (BRYSON, 2004).

A atenção às necessidades físicas, psicológicas e espirituais dos pacientes no final da vida tem sido identificada como prioridade tanto por organizações profissionais médicas, como pelos próprios pacientes, especialmente os que enfrentam doença crônico-degenerativa. Seguimos aqui de perto o pensamento de William Breitbart, que trabalha no Memorial Sloan-Kettering Cancer Center em Nova York, EUA (BREITBART, 2005). Num recente relatório denominado "Morte próxima: melhorar os cuidados no final da vida" (1997), o Instituto de Medicina dos Estados Unidos identificou as seguintes dimensões de excelência dos cuidados de final de vida:

1) qualidade geral de vida;
2) bem-estar físico;
3) bem-estar psicossocial;
4) bem-estar espiritual;
5) percepção que o paciente tem a respeito dos cuidados que lhe são proporcionados;
6) bem-estar familiar (BREITBART, 2009, p. 210).

Puchalsky e Romer (2000) definem espiritualidade como aquilo que permite que uma pessoa vivencie um sentido transcendente na vida. Trata-se de uma construção que envolve "fé" e "sentido". Fé é crer numa força transcendental superior; não se identifica necessariamente com Deus, nem se vincula necessariamente com a participação em rituais ou crenças de uma determinada religião. Esta fé pode identificar tal força como externa à psique humana ou internalizada. É o relacionamento e a ligação com essa força ou espírito que é componente essencial da experiência espiritual e está vinculado com o sentido.

O sentido, ou julgar que a própria vida faz sentido, envolve a convicção de que se está realizando um papel e um propósito inalienáveis na vida, que é um dom. O componente "fé" da espiritualidade é um conceito o mais das vezes associado à religião e às crenças religiosas, ao passo que o componente "sentido" é um conceito mais universal, que existe independente das pessoas se identificarem com uma determinada religião.

Victor Frankl, psiquiatra que sobreviveu ao campo de concentração de Auschwitz, e seus conceitos de logoterapia e psicoterapia baseada no sentido da vida, nos iluminam nesta questão de espiritualidade e sentido da vida. Alguns de seus conceitos básicos são:

1) *Sentido da vida*: a vida tem sentido e nunca cessa de ter, mesmo no último momento; ele pode sofrer alterações, mas nunca cessa.
2) *desejo de encontrar sentido*: o desejo de descobrir sentido na existência humana é um instinto primário e uma motivação básica do comportamento humano.
3) *Liberdade de vontade*: ter liberdade de descobrir significado na existência e tomar uma atitude perante o sofrimento.
4) *As três principais fontes de sentido da vida são*: (a) criatividade: o trabalho, as boas ações, a dedicação às pessoas; (b) experiência: a arte, a natureza, o humor, o amor, os relacionamentos, os papéis que desempenhamos na vida; (c) atitude: a postura que se tem diante do sofrimento e dos problemas existenciais (BREITBART, 2009, pp. 209-227).

Frankl dizia que existem três problemas existenciais inevitáveis: o sofrimento, a morte e a culpa, isto é, a culpa existencial por não ter realizado todo o potencial que possuímos. Outros conceitos fundamentais de Frankl são: o conceito de vida como um dom, a ideia de que temos a

responsabilidade de viver da maneira mais plena possível e a noção de que o sentido, o significado, ocorre no contexto da pessoa, da família, do seu povo.

Segundo John Harding, "espiritual" diz respeito à preocupação sobre o significado fundamental e os valores que dão sentido à vida humana. Não implica necessariamente a crença num ser superior ou numa vida após a morte. Espiritual não significa religioso. Neste sentido, os que se dizem ateus, ou agnósticos, têm preocupações espirituais como qualquer outra pessoa. Na verdade, este sentido do conceito nos obriga a perguntar como efetivamente as religiões organizadas lidam com as necessidades espirituais de seus membros. Harding se posiciona de uma forma provocativa diante do seu próprio fim de vida: "Tenho absoluta certeza de que as questões fundamentais para mim não serão se estão me colocando um respirador artificial, tentando uma ressuscitação cardiorrespiratória quando meu coração para ou se estou recebendo alimentação artificial. Embora cada uma dessas medidas possa ser importante, tenho quase certeza de que cada uma delas será bastante periférica. Minha preocupação fundamental será como devo encarar a minha morte, como encerrar a minha vida e qual será a melhor forma de ajudar minha família a prosseguir sem mim. Um respirador artificial não me ajudará a fazer essas coisas, a menos que tudo o que eu precise para isso seja um pouco mais de tempo para terminar minha tarefa" (HARDING, 2000, p. 321).

O Canadá recentemente criou um comitê nacional com o objetivo de "desenvolver um guia para cuidados de final de vida para idosos". O documento que resultou deste trabalho coordenado por Rory Fisher (Universidade de Toronto) e Margaret M. Ross (Universidade de Ottawa) dedica à espiritualidade toda uma seção, o capítulo 7 (pp. 135-150).[2] Vale destacar o que é dito na conclusão deste capítulo: "No final, a busca por um sentido diante de uma doença ameaçadora de vida e subsequente perda é algo crítico. Alguns idosos terão suas preocupações fortalecidas e reafirmadas. Outros podem ser incapazes de encontrar sentido, levando para um duro sentimento de desespero. Tal resultado nos lembra que uma espiritualidade não desenvolvida pode ser um fator crítico quando lutamos com uma doença ameaçadora de vida. O não ter refletido sobre os mistérios da vida, pelo menos ainda que num nível bem básico, deixa a pessoa despreparada para confrontar a morte. Mas, para outras, este momento é um evento transformador que lhes oferece um novo sentido para compreender a vida, a doença e a morte. Estas redescobertas ou reconstituição de sentido permite aos idosos, mesmo no meio de uma crise devastadora e perante uma consciência alarmante da própria mortalidade, experimentar novas descobertas, encontrar renovadas forças e conquistar crescimento pessoal" (FISHER; ROSS, 2000, p. 149).

---

[2] *A guide to end-of-life care for seniors*. Manual de cuidados para idosos no final da vida, trabalho coordenado por especialistas das Universidades de Toronto e Ottawa (Canadá), publicado no ano 2000. No intuito de estimular que surja também no nosso país algo nesse sentido para educar e conscientizar profissionais da saúde, familiares e população idosa, a título de inspiração destacamos as questões abordadas neste manual de cuidados para idosos: Toward optimal care (cap. I); Living and dying well in later life (cap. 2); Maintaining comfort (cap. 3); Ethical issues (cap 4); Delivery of end-of-life care (cap. 5); Care for the caregiver (cap. 6); Spirituality (cap. 7); The cultural context for palliative and end-of-life for seniors (cap. 8); Aboriginal issues (cap. 9); Continuing challenges (cap. 10).

Oferecer cuidados paliativos com qualidade significa implementar ações inovadoras que evitem o sofrimento físico e espiritual, a desmoralização e a perda de sentido, tão comuns no final da vida. A definição da OMS de cuidados paliativos evidencia uma preocupação com as necessidades espirituais dos pacientes e seus familiares. Sua abordagem global fundamenta-se no entendimento de que a pessoa é uma entidade indivisível, um ser físico e espiritual. A busca de sentido, por algo maior em que confiar, tem sido expressa de muitas maneiras, diretas e indiretas, em metáforas ou em silêncio, em gestos ou símbolos ou, talvez mais que tudo, numa interação terapêutica e numa nova experiência de criatividade. Quem trabalha em cuidados paliativos é também desafiado a enfrentar esta dimensão em relação a si próprio. Muitos vivem numa sociedade secularizada e não têm uma linguagem religiosa. Mesmo assim é possível para um profissional da saúde colaborar junto ao paciente nesta busca de sentido. "Contudo, se nos aproximamos para além de nossa capacidade profissional, com nossa comum humanidade vulnerável, pode ser que não existirá necessidade de palavras de nossa parte, mas somente respeito profundo e um ouvir atento" (SAUNDERS, 2005, p. 20).

A *Associação de Capelães de Hospice e Cuidados Paliativos do Reino Unido* apresenta as seguintes razões sobre a natureza e o objetivo de cuidados espirituais: os cuidados espirituais sempre estiveram no centro da filosofia e prática dos cuidados paliativos. Os cuidados paliativos procuram implementar uma abordagem holística no cuidado de pessoas com doenças ameaçadoras de vida e integrar as dimensões física, social, psicossocial e espiritual, de modo que os pacientes e cuidadores possam enfrentar a experiência do morrer da forma mais amadurecida possível. No mundo ocidental de hoje a dimensão espiritual do ser humano é amplamente interpretada como se referindo ao que dá um sentido transcendente e que pode ou não incluir Deus ou religião. A espiritualidade diz respeito a tudo que envolve a existência da pessoa como pessoa, a tudo o que isto implica em termos de nossa capacidade, como seres humanos, de autotranscendência, relacionamentos, amor, desejo e criatividade, altruísmo, autossacrifício, fé e crença. É a dinâmica de integração da pessoa em relação à sua identidade única e original. A partir dessa perspectiva, segue-se que todas as pessoas têm necessidades espirituais. Tais necessidades e preocupações adquirem uma importância muito maior quando as pessoas têm que enfrentar a própria morte.[3]

3. Medicina e espiritualidade

Há um cansaço na cultura contemporânea em relação a uma medicina que reduz o ser humano meramente à sua dimensão biológica orgânica. O ser humano é muito mais do que sua materialidade biológica. Poderíamos dizer que este cansaço provocou uma crise da medicina técnico-científica e que favoreceu o nascimento de um novo modelo, do paradigma biopsicossocial e espiritual (SIQUEIRA, 2000; CASSEL, 1991). É a partir desta virada antropológica que podemos introduzir a dimensão espiritual do ser humano como um componente importante a ser trabalhado na área de cuidados no âmbito da saúde. Já existem inúmeras publicações

---

[3] Association of Hospice Palliative Care Chaplains. Nature and Scope of Spiritual Care. Disponível em: http://www.ahpc.org.uk/nature/htm

em nosso meio sobre o assunto (LELOUP; BOFF; WEIL et alii, 2002; PESSINI; BARCHIFONTAINE, 2008; PESSINI; BERTACHINI, 2009).

A *Declaração Universal sobre Bioética e Direitos Humanos da Unesco* (Unesco, 19/10/2005), logo na sua introdução, apresenta como fundamento uma visão antropológica integral, holística, contemplando a "dimensão espiritual" do humano: "Tendo igualmente presente que a identidade de um indivíduo inclui dimensões biológicas, psicológicas, sociais, culturais e espirituais".

A *Associação Médica Mundial* (AMA), na Declaração sobre os Direitos do Paciente, revista na 171ª sessão do Conselho, Santiago, outubro de 2008, elenca onze direitos, sendo que o décimo primeiro é o "direito à assistência religiosa": "O paciente tem o direito de receber ou recusar conforto espiritual ou moral, incluindo a ajuda de um ministro de sua religião de escolha".

No *Canadá*, o Código de Ética Médica (atualizado em 2004), ao apresentar as dez "responsabilidades fundamentais" dos médicos, diz que é uma responsabilidade fundamental do médico "prover cuidados apropriados ao seu paciente, mesmo quando a cura não é mais possível, incluindo o conforto físico e espiritual, bem como suporte psicossocial".

Nos *EUA*, a Associação Médica Americana, em "declaração sobre cuidados de final de vida" (2005), diz que "na última fase da vida as pessoas buscam paz e dignidade", e sinaliza para que os médicos "prestem atenção aos objetivos e valores pessoais da pessoa na fase final de vida. Os pacientes devem confiar que seus valores pessoais terão uma prioridade razoável na comunicação com a família e amigos, no cuidado das necessidades espirituais, na realização de uma última viagem, na tarefa de concluir uma questão ainda inacabada na vida, no morrer em casa ou em outro lugar significativo para a pessoa".

No *México* entrou em vigor em 5 de janeiro de 2009 o "Decreto por el que se reforma y adiciona la Ley General de salud en Materia de Cuidados Paliativos". No capítulo II, que trata dos "direitos do paciente em situação terminal", entre os doze direitos arrolados, o XI diz que o paciente tem direito "a receber os serviços espirituais quando ele, sua família, representante legal ou pessoa de confiança o solicitar".

4. Brasil – Carta dos Direitos dos Usuários da Saúde

Em nosso país, o Ministério da Saúde aprovou a Portaria n. 1820, de 13 de agosto de 2009, que "dispõe sobre os direitos e deveres dos usuários da saúde nos termos da legislação vigente" (art. 1º), que passam a constituir a Carta dos Direitos dos Usuários da Saúde (art. 9º) (MINISTÉRIO DA SAÚDE, 2009).

O art. 4º e parágrafo único afirmam: "Toda pessoa tem direito ao atendimento humanizado e acolhedor, realizado por profissionais qualificados, em ambiente limpo, confortável e acessível a todos. Parágrafo único: É direito da pessoa, na rede de serviços de saúde, ter atendimento humanizado, acolhedor, livre de qualquer discriminação, restrição ou negação em virtude de idade, raça, cor, etnia, religião, orientação sexual, identidade de gênero, condições econômicas ou sociais, estado de saúde, de anomalia, patologia ou de deficiência, garantindo-lhe: III – nas consultas, nos procedimentos diagnósticos, preventivos, cirúrgicos, terapêuticos e internações, o seguinte: respeito [...]: d) aos seus valores éticos, culturais e religiosos; [...]; g) ao bem-estar psíquico e emocional; X – a escolha do local de morte [...]; XIX – o recebimento de visita de religiosos de qualquer credo, sem que isso acarrete mudança na rotina de tratamento e do estabelecimento e ameaça à segurança ou perturbações a si ou aos outros".

O art. 5º afirma que "toda pessoa deve ter seus valores, cultura e direitos respeitados na relação com os serviços de saúde, garantindo-lhe: [...]; VIII – o recebimento ou recusa à assistência religiosa, psicológica e social".

Hoje, portanto, há um reconhecimento — em termos de políticas públicas, bem como no âmbito da própria medicina — da necessidade do cuidado espiritual.

5. Que espiritualidade cultivar diante do "mistério" do sofrimento humano?

Vivemos em um momento cultural sócio-histórico, no âmbito das terapias da saúde dominado pela analgesia, em que fugir da dor é o caminho racional e normal. À medida que a dor e a morte são absorvidas pelas instituições de saúde, as capacidades de enfrentar a dor, de inseri-la no ser e de vivê-la são retiradas da pessoa. Ao ser tratada por drogas, a dor é vista medicamente como um barulho disfuncional nos circuitos fisiológicos, sendo despojada de sua dimensão existencial subjetiva. Essa mentalidade retira do sofrimento seu significado íntimo e pessoal, e transforma a dor em problema técnico.

Diz-se que hoje temos a chamada trindade farmacológica da felicidade, no nível *físico-corporal*, *psíquico* e *sexual*, que está disponível a conta-gotas nas prateleiras das farmácias, a um custo razoável. O *Xenical* — para emagrecimento e para a busca da felicidade do corpo escultural; o *Prozac* — para livrar-se dos incômodos da depressão e da busca do bem-estar psíquico; e o *Viagra*, que liberta do fracasso e da vergonha da disfunção erétil (impotência) para proporcionar o prazer e a felicidade sexual. Não possuímos mais hoje os místicos de outrora, que atribuíam à dor e ao sofrimento um sentido. Vivemos em uma sociedade na qual o sofrer não tem sentido. Por isso nos tornamos incapazes de encontrar algum sentido em uma vida marcada pelo sofrimento. Na base das solicitações para praticar a eutanásia temos sempre o drama da vida envolta em sofrimento sem perspectivas. As culturas tradicionais tornam o homem responsável por seu comportamento, sob o impacto da dor, sendo que hoje é a sociedade industrial que responde diante da pessoa que sofre, para livrá-la deste incômodo.

Em meio medicalizado, a dor perturba e desnorteia a vítima, obrigando-a a entregar-se ao tratamento. Ela transforma em virtudes obsoletas a compaixão e a solidariedade, fonte de reconforto. Nenhuma intervenção pessoal pode mais aliviar o sofrimento. Só quando a faculdade de sofrer e de aceitar a dor for enfraquecida é que a intervenção analgésica tem efeito previsto. A gerência da dor pressupõe, portanto, a medicalização do sofrimento.

A dor pode ser definida como uma perturbação, uma sensação no corpo. O sofrimento, por outro lado, é um conceito mais abrangente e complexo que atinge o todo da pessoa.

Pode ser definido, no caso de doença, como um sentimento de angústia, vulnerabilidade, perda de controle e ameaça à integridade do eu. Pode existir dor sem sofrimento e sofrimento sem dor. Em cada caso, somente nós podemos senti-lo, bem como aliviá-lo. A dor exige medicamento e analgésico; o sofrimento clama por sentido. Como afirma Cassel: "O sofrimento ocorre quando existe a possibilidade de uma destruição iminente da pessoa, continua até que a ameaça de desintegração passe ou até que a integridade da pessoa seja restaurada novamente de outra maneira. Aponto que *sentido e transcendência* (grifo nosso) oferecem duas pistas de como o sofrimento associado com destruição de uma parte da personalidade pode ser diminuído. *Dar um significado* à condição sofrida frequentemente reduz ou mesmo elimina o sofrimento associado a ela. A *transcendência* é provavelmente a forma mais poderosa pela qual alguém pode ter sua integridade restaurada, após ter sofrido a desintegração da personalidade" (CASSEL, 1991).

No famoso livro bíblico de Jó, escrito há mais de 2.500 anos, temos uma apresentação do mistério do sofrimento e Deus. É a mesma pergunta que tantos "Jós" (sofredores) se fazem hoje. Por que Deus faz isto comigo? O rabino Kushner responde que "as palavras de Jó nem de longe contêm uma indagação de ordem teológica — elas são um grito de dor. Depois daquelas palavras caberia um ponto de exclamação, não de interrogação. O que Jó queria de seus amigos [...] não era teologia, mas simpatia. Não desejava que lhe explicassem Deus, tampouco estava querendo mostrar-lhes que sua teologia era insatisfatória. Ele queria somente dizer-lhes que era realmente um bom homem e que as coisas que lhe estavam acontecendo eram terrivelmente trágicas e injustas. Mas seus amigos empenharam-se tanto em falar de Deus que quase esqueceram de Jó, a não ser para observar que ele deveria ter feito alguma coisa de muito ruim para merecer aquele destino das mãos de um Deus justo" (KUSHNER, 1999).

Na história da espiritualidade cristã católica em época não muito distante se enfatizava a importância do sofrimento, caindo-se numa mentalidade dolorista de valorização do sofrimento por si mesmo. A expressão do povo "se a gente não sofre, não ganha o céu" espelha bem esta mentalidade. Na busca de superação desta religião do sofrimento e da culpa precisamos beber da fonte primeira, redescobrindo nos Evangelhos que no centro não está a dor ou o sofrimento, mas o amor. O mandamento não é para sofrer, mas sim para amar.

Na carta apostólica *Salvifici Doloris* lemos que "o sofrimento humano suscita compaixão, inspira também respeito e, a seu modo, intimida. Nele, efetivamente está contida a grandeza de um mistério específico". É dito também que "o amor é ainda a fonte mais plena para a resposta à pergunta acerca do sentido do sofrimento. Esta resposta foi dada por Deus ao homem, na Cruz de Jesus Cristo" (JOÃO PAULO II, 1984).

6. Espiritualidade e cuidados paliativos

A espiritualidade diz respeito à busca do ser humano por um sentido e significado transcendente da vida. A religião, por outro lado, é um conjunto de crenças, práticas rituais e linguagem litúrgica que caracteriza uma comunidade que está procurando dar um significado transcendente às situações fundamentais da vida, desde o nascer até o morrer.

A filosofia dos cuidados paliativos desde suas origens, a partir do cultivo de uma visão antropológica biopsicossocial e espiritual, propõe um *modelo de cuidados holísticos* que vá ao encontro das necessidades das várias dimensões do ser humano, seja no nível físico, psíquico, social ou espiritual. A própria definição da Organização Mundial da Saúde contempla essa perspectiva.

Hoje se reforça a convicção de que os cuidados paliativos devem expandir seu foco para além do controle da dor e dos sintomas físicos, para incluir abordagem psiquiátrica, psicológica, existencial e espiritual nos cuidados de final de vida e talvez em situações específicas culminar na aceitação com serenidade e paz da própria morte (BREITBART, 2008, p. 211).

A provisão para controle da dor e dos sintomas físicos continua sendo o objetivo básico e fundamental para os paliativistas. Isto porque tais sintomas se transformam em fonte de angústia e sofrimento para o paciente, e os paliativistas têm as ferramentas e as habilidades para efetivamente lidar com esses sintomas.

Os objetivos da medicina podem ser resumidos em: *prolongar, proteger e preservar a vida humana*. Como estes objetivos podem ser aplicados em cuidados paliativos? Prolongar a vida não é um objetivo clínico em cuidados paliativos. Paradoxalmente, estudos recentes mostram que pacientes que são cuidados em *Hospices* sobrevivem por mais tempo que os pacientes em fase final que são cuidados em outros contextos clínicos. Proteger o paciente de danos apresenta-se como razoável em cuidados paliativos. O que significa preservar a vida como um objetivo em cuidados paliativos? Significa fazer tudo o que for possível para o paciente manter a essência de quem ele é, seu senso de identidade, significado e dignidade na última fase da vida e no processo do morrer. Isso pode ser conseguido através do controle dos sintomas, cuidados humanizados, facilitando o relacionamento com as pessoas queridas, focando em questões existenciais que necessitam ser finalizadas e cuidando do legado (o que a pessoa deixa). Portanto, em cuidados paliativos, os objetivos são *raramente* prolongar a vida, *frequentemente* proteger a vida, mas *sempre* preservar e cuidar da vida.

A compaixão é um importante elemento humano em todas as interações em cuidados paliativos e pode ser definida pela *hospitalidade, presença e abertura para ouvir.* O termo “hospitalidade” é a raiz das expressões “hospital” e “hospice”. O encontro clínico dos cuidadores com o doente revela que todos estamos relacionados uns com os outros, enfrentamos as mesmas realidades e questões existenciais (PESSINI; BERTACHINI, 2010).

Estar presente é procurar focar e centralizar-se nas preocupações e história do paciente. Ouvir é responder de tal maneira às suas preocupações e angústias que este se sinta compreendido. A empatia está no coração e na arte de ouvir. O objetivo maior desta abordagem na fase terminal é ajudar no processo de aceitação da vida vivida e finalmente chegar à aceitação da morte; em outras palavras, enfrentar a morte com serenidade e paz. William Breitbart afirma: “Reconhecer e encarar com serenidade a própria morte, nossa finitude de vida, pode ser para muitos um fator de transformação. A atitude de enfrentar a própria morte leva a pessoa a se voltar para encarar e abraçar a vida que foi vivida" (BREITBART, 2008, p. 211).

Ao olhar para e examinar a vida que viveu e que luta para aceitar, a pessoa enfrenta uma série de desafios. Enfrentar a morte pode ajudar a dar coerência, significado e completude à vida. Permite também que tenhamos a consciência de que o último capítulo da vida é a última oportunidade para viver toda a sua potencialidade, para deixar um autêntico legado e se conectar com o além, colocando a vida numa perspectiva de transcendência. "Neste momento ainda existe vida para ser vivida, tempo para simplesmente ser, de modo que o paciente pode partir com um sentimento de paz e de aceitação da vida vivida. O paradoxo dessa dinâmica de final de vida é que, através da aceitação da vida que se viveu, surge a aceitação da partida e da morte", conclui o psiquiatra William Breitbart, paliativista do Memorial Hospital de Nova York (BREITBART, 2007, p. 212).

Como seres humanos, buscamos o sentido maior das coisas e da vida e nos preocupamos com três questões básicas: (1) De onde vim? (2) Por que estou aqui? (3) Para onde vou? (existe algo além da morte?). São questões centrais na experiência religiosa e espiritual. A palavra "religião" (do latim *religio*, *re-* ["novamente"] e *ligare* ["conectar"]) fundamentalmente diz respeito ao esforço de se *reconectar* ou *ligar junto*. A busca de transcendência ou conexão como algo a mais de nós mesmos é a maneira básica e simples de uma aventura espiritual, não importando se acreditamos em Deus ou não.

Para as pessoas que cultivam uma fé religiosa, podem-se oferecer cuidados e respostas confortantes para estas questões existenciais. Para os que não possuem crença religiosa podemos prover conforto via solidariedade e compaixão, que amenizam os medos associados com a dor, o sofrimento e o sentimento de serem esquecidos após a morte.

Considerações finais

Para além dos tratamentos farmacológicos, que visam aliviar a dor e tratar dos sintomas físicos desagradáveis, faz-se necessário o resgate da dimensão espiritual da existência humana. A maior contribuição de Victor Frankl para a psicologia humana foi despertar para a consciência de um componente espiritual da existência e experiência humana e para a importância central do significado (ou busca de significado). Os conceitos básicos de Frankl incluem: *(1) O sentido da vida*: a vida tem um sentido e este não é perdido na fase final da vida; o significado pode mudar neste contexto, mas nunca deixa de existir. *(2) Busca de significado*: é uma motivação básica do ser humano; *(3) Livre arbítrio*: liberdade de buscar um sentido na vida e escolher a atitude diante do sofrimento e na fase final da vida (FRANKL, 2008). Como diz o filósofo brasileiro Oswaldo Giacóia Jr., "o insuportável não é só a dor; mas a falta de sentido da dor, mais ainda a dor da falta de sentido".

A dimensão da espiritualidade é fator de bem-estar, conforto, esperança e saúde, e precisamos urgentemente que nossas instituições de saúde se organizem no atendimento dessa necessidade humana. Estará faltando um elemento muito importante no processo de humanização dos cuidados

de saúde caso negligenciemos a promoção do bem-estar espiritual do doente (HARDING, 2000).

Com esses cuidados paliativos, preservaremos a dignidade e a integridade da pessoa no final de sua vida. Dignidade basicamente significa respeito à pessoa na sua integralidade de ser, bem como para com seus valores de vida. Integridade seria o esforço de preservar sua própria identidade, mantendo-a conectada com tudo o que tem sentido e valor em sua vida, mesmo diante de uma cadeia progressiva de perdas e enfermidade. Não podemos esquecer que, como necessitamos de cuidados ao nascer, precisamos também de cuidados no momento de nos despedirmos da vida.

Referências bibliográficas

BOFF, L. *Espiritualidade*; um caminho de transformação. 2. ed. Rio de Janeiro: Sextante. 2001.

_____. *Ethos mundial*; um consenso mínimo entre os humanos. Rio de Janeiro: Sextante, 2003.

_____. *Saber cuidar*; ética do humano, compaixão pela terra. Petrópolis: Vozes, 2000.

BOFF, L.; BETTO, F. *Mística e espiritualidade*. Rio de Janeiro: Rocco, 1994.

BREITBART, William. Thoughts on the goals of psychosocial palliative care. *Palliative and Supportive Care*, 2008, 6, 211-212,

_____. Espiritualidade: fé e sentido. *Revista Essencial: ciência, cuidado, suporte*, abr./maio 2005, 2, 7, 12-13.

_____. Espiritualidade e sentido nos cuidados paliativos. In: PESSINI, L.; BERTACHINI, L. (orgs.). *Humanização e cuidados paliativos*. 4. ed. São Paulo: Centro Universitário São Camilo/Loyola, 2009.

BRYSON, K. A. Spirituality, meaning, and transcendent. *Palliative and Supportive Care*, 2004, 2, 323.

CASSEL, E. J. *The nature of suffering and the goals of medicine*. New York: Oxford University Press, 1991.

DALAI LAMA. *Ética do terceiro milênio*. Rio de Janeiro: Sextante, 2003.

DUNNE, T. Spiritual care at the end of life. *Hastings Center Report*, April 2001, 31, 2, 22-26.

FISHER, R; ROSS, M. M. (orgs.). *A guide to end-of-life care for seniors*. Ottawa: University of Toronto and University of Ottawa, 2000.

FRANKL, V. E. *Em busca de sentido*. 26. ed. Petrópolis: Vozes, 2008.

HARDING, J. Questões espirituais no fim da vida: um convite à discussão. *O mundo da saúde*, São Paulo, jul./ago. 2000, ano 24, v. 24, n. 4, pp. 321-324.

JONAS, H. *Princípio responsabilidade*. Rio de Janeiro: Contraponto, 2006.

KÜNG, H. *Projeto de ética mundial*; uma moral ecumênica em vista da sobrevivência humana. São Paulo: Paulinas, 1992.

_____. *Religiões do mundo*; em busca dos pontos comuns. Campinas: Verus, 2004.

LELOUP, J.-Y.; BOFF, L.; WEIL, P. et alii. *O espírito na Saúde*. 6. ed. Petrópolis: Vozes, 2002.

MINISTÉRIO DA SAÚDE. Portaria n. 1.820 de 13 de agosto de 2009. Dispõe sobre os direitos e deveres dos usuários da saúde. Publicada no DOU em 14 de agosto de 2009, Seção 1, pp. 80-81.

PESSINI, L.; BARCHIFONTAINE, C. de P. de. *Em busca de sentido e plenitude de vida*; bioética, saúde e espiritualidade. São Paulo: Paulinas/ Centro Universitário São Camilo, 2008.

PESSINI, L.; BERTACHINI, L. (orgs.). *Humanização e cuidados paliativos*. 4. ed. São Paulo: Centro Universitário São Camilo/ Loyola, 2009.

_____. *Cuidar do ser humano*; ciência, ternura e ética. 2. ed. São Paulo: Paulinas, 2010.

_____. *O que entender por cuidados paliativos?* São Paulo: Paulus, 2006. Questões fundamentais de saúde, n. 8.

PUCHALSKI, C.; ROMER, A. L. Taking a spiritual history allows clinicians to understand patients more fully. *Journal of Palliative Medicine*, 2000, 3, 129-137.

SAUNDERS, C. Foreword. In: DOYLE, D.; HANKS, G.; CHERNY, N.; CALMON, K. (eds.). *Oxford textbook of palliative medicine*. 3. ed. Oxford: Oxford University Press, 2005.

SIQUEIRA, J. E. de. Tecnologia e medicina entre encontros e desencontros. *Bioética*, 2000, v. 8, n. 1, pp. 55-64.

WALD, F. S. (ed.). In quest of the Spiritual Component of Care for the Terminally Ill. *Proceedings of a colloquium*, May 3-4 1996, Yale University School of Nursing.

Capítulo 2

Bioética, espiritualidade e a arte de cuidar na terminalidade da vida

Virgínio Cândido Tosta de Souza

O ser médico é uma atividade humana que se caracteriza por certo tipo de conhecimento e postura que o diferencia no seio da sociedade. O ser humano não nasce nem ético, nem antiético, ele nasce aético. Adquire-se ética no curso do desenvolvimento e esta no bojo do processo de humanização ao longo da vida. A ciência, entretanto, é aética em suas descobertas, cabendo ao homem torná-la ética. Na sociedade contemporânea, a bioética clínica ou a bioética da relação médico-paciente constitui a parte mais complexa e angustiante de toda ética médica, pois é no seu exercício que se conseguem perceber e cultivar valores do relacionar-se com o outro (paciente). O desenvolvimento científico e tecnológico contemporâneo aparece com possibilidades e interesses que vêm modificando a relação entre médico, paciente e sociedade. No que concerne à terminalidade da vida, esta relação assume proporções impensáveis em passado recente, exigindo do médico um equilíbrio nas tomadas de decisões, com respeito à dignidade do ser humano no uso dos benefícios proporcionados pelos avanços científicos e tecnológicos. Neste particular a obstinação terapêutica apresenta-se como divisor entre a maleficência e não maleficência como referenciais bioéticos. A bioética alimentada pela espiritualidade constitui um antídoto contra a desumanização da medicina e resgata a ética do cuidado como arte diante da finitude da vida.

Introdução

Este início de milênio, chamado por alguns de pós-modernidade, é um período em que a razão atingiu seu ápice. Na Idade Média, toda a cultura girava em torno da figura divina. Nos dias atuais, deparamos com um movimento de ideias e comportamentos que defende um humanismo sem Deus, totalmente voltado para a produção e lucro, centrado no consumo e na busca do prazer.

Essa cultura voltada para o visível, em que o ter aniquila o ser, gera um individualismo que resulta em um vazio interior difícil de suportar. Vazio que na área médica conceituamos como depressão.

A busca da dimensão interior do ser humano, em sua essência, é a espiritualidade que, quando visa ao bem estar do outro em sua alteridade, exerce a ética.

Sem a ética, os valores morais da compaixão, solidariedade, compreensão e justiça desaparecem, e os limites de distinguir o que é certo e o que é errado se perdem. São esses valores que inspiram nosso modo de ser e agir, tornando nossa conduta profícua e sábia, portanto ética (CORTELLA, 2007).

Na sociedade capitalista globalizada, científica e tecnológica, o paradigma não é o compromisso de servir, mas sim competir, mesmo que para isso se ignorem as necessidades e os direitos do outro, desaparecendo, portanto, o conteúdo humano de nossas condutas.

A instantaneidade dos meios de comunicação fragiliza a riqueza da reflexão, levando-nos à simultaneidade de relacionamento e opções que geram um individualismo carente de partilha e compromisso com o outro.

Ao exercermos a ética baseada em valores internos (espirituais), articulamos, como esperança, uma necessária reflexão crítica acerca do nosso padrão de civilização que se perde na exterioridade, no individualismo, no consumismo e no imediatismo.

Dentro do contexto contemporâneo, um campo que merece um estudo sistemático da conduta moral com repercussões diretas na vida social é a medicina. Esta, alicerçada na ciência com seus avanços tecnológicos, representa para os dias atuais o que a religião e a salvação foram em épocas medievais.

Num rápido panorama histórico da medicina, a partir da metade do século XX e o início deste século, deparamos com uma época que poderíamos denominar de paradoxal. Faz pouco mais de meio século que os antibióticos começaram a ser usados e há quarenta anos teve início a era dos transplantes. Os primeiros bebês de proveta têm pouco mais de trinta anos e agora são milhares. As cirurgias cardíacas são feitas hoje rotineiramente, proporcionando aos sobreviventes de ataques cardíacos uma vida mais longa. As unidades de tratamento intensivo proporcionam padrões de excelência para pós-operatório de cirurgias de grande porte, permitindo aos cirurgiões realizarem o que era no passado impossível. Um número crescente de idosos começa a chegar próximo dos 90 ou 100 anos.

A medicina progride e salva mais vidas, mas está cada vez mais difícil para as pessoas, empresas e governos pagarem esse processo. Entretanto, é crescente a insatisfação contra os médicos, principalmente na relação médico-paciente, que é o fundamento mais importante da prática médica. Esta relação torna-se impessoal, diante da parafernália tecnológica, das máquinas, da burocracia das empresas ligadas à saúde. Normas éticas legais questionáveis, interesses e patentes de laboratórios, entre outros, vêm cada vez mais afastando a saudosa relação médico-paciente.

No campo da pesquisa, cada vez mais se tornam indispensáveis os comitês de ética para modernizarem e normatizarem condutas que eventualmente venham a ferir a dignidade do ser humano.

A clonagem, a inseminação artificial e o uso das células-tronco vêm mobilizando opiniões diversas entre a religião e a ciência, levando para o direito (biodireito) decisões que despertam euforia, mas também incertezas para o futuro da humanidade.

As unidades de terapia intensiva, equipadas com um vasto arsenal terapêutico científico e tecnológico, passaram a ser o local em que morrer não é permitido sem anuência do médico. Isso tem causado consequências traumatizantes não só para pacientes em fase terminal de vida, mas também para seus familiares.

Desde os estudos anatômicos de Vesálio até a aurora da descoberta do DNA por Francis Crick e James Watson em 1953, a ciência trouxe progresso e contribuições importantíssimas para a medicina. Mas são se deve perder de vista o ser humano na sua dignidade com seus direitos de benefício, equidade e autonomia quando acometido por uma enfermidade.

E essa foi uma das dúvidas levantadas por Van Rensselaer Potter, da Universidade de Wisconsin Madison (EUA), ao publicar o livro *Bioethics: bridge to the future* ("Bioética:

ponte para o futuro"). Apontava para um caminho de sobrevivência da espécie humana de forma decente e sustentável, baseado fundamentalmente em um sistema ético global (POTTER, 1971).

Dentro destas considerações estabelecidas, o propósito é nortear uma reflexão bioética do assunto em tela alicerçada em um referencial teórico para discussão e proposição.

1. Referencial teórico

1.1. Ética e moral

A "ética" e a "moral" são termos de uso corrente no nosso cotidiano, entretanto não são sinônimos (SEVERINO, 2005).

A "moral" refere-se a uma conduta de acordo com valores consolidados em uma determinada cultura social, não sendo necessária a justificativa destes valores, que vão além dos interesses imediatos desta sociedade. Refere-se à rotina de comportamentos que se denominam bons ou maus, certos ou errados, lícitos ou ilícitos. São valores que vêm de fora para dentro.

A "ética" refere-se à conduta que os indivíduos de uma determinada sociedade estabelecem entre si; vem sempre precedida de uma reflexão elucidativa de fundamentos, justificativas ou valores, independentemente da aprovação ou não de seus pares. São valores que vêm de dentro para fora, oriundos de fundamentos elaborados de forma reflexiva e elucidativa. A ética justifica nossos sentimentos morais por meio da busca de seus fundamentos.

1.2. Ética e bioética

A bioética é um neologismo oriundo da ética, com características transdisciplinares, e combina conhecimentos biológicos com o conhecimento dos sistemas de valores humanos.

O termo "bioética" é um legado deixado por Van Rensselaer Potter na década de 1970 em sua obra já citada. *Bio* representaria os conhecimentos biológicos e *ética* os conhecimentos dos valores humanos perante as descobertas da biologia molecular, dentro da sociedade científica e tecnológica.

O compromisso com a preservação da vida dos seres humanos entre si e com o ecossistema antevia os grandes dilemas dos dias atuais no campo da biologia molecular e da sustentabilidade do meio ambiente.

A década de 1970 foi o período em que os avanços científicos e tecnológicos, principalmente no meio médico, se intensificaram e ao mesmo tempo passaram a ser questionados (UTIs, transplantes, diagnóstico de morte, procriação, diagnóstico pré-natal).

O compromisso hipocrático e a experiência de Nuremberg propiciaram a criação de Comitês de Ética, que, em sua essência, fundamentam-se no principialismo da bioética composto por: beneficência, não maleficência, justiça, autonomia, e possuem composição multidisciplinar (médicos, enfermeiros, teólogos, juristas, usuários, entre outros).

A bioética é um desdobramento da ética voltado para os questionamentos morais, suscitados pelos avanços científicos e tecnológicos, no contexto da sociedade em sua globalidade (pessoa, meio ambiente, cidadania, aspectos terapêuticos e suas aplicações legais). Assim, podemos dizer que a bioética difere da ética, da moral e da deontologia devido à sua característica problematizadora e evolutiva. O que na ética é estudado, na moral praticado, na deontologia obrigado, na bioética é problematizado (SOARES; PINHEIRO, 2006).

1.3. Espiritualidade e religiosidade

Assim como ocorre com ética e moral, espiritualidade e religiosidade não são sinônimos. A espiritualidade é uma forma implícita de tratar dimensões profundas da subjetividade sem incluir necessariamente a religiosidade (LAMA, 2000).

O grande vazio existencial na sociedade de grandes complexos urbanos da sociedade atual vem propiciando fóruns para discutir a importância da busca de valores e virtudes que são de natureza espiritual, como a compaixão.

Nos Estados Unidos, recentemente 47 faculdades de medicina, incluindo a de Harvard, propuseram a inclusão de espiritualidade como disciplina no currículo (SOUZA, 2008). A psicologia fenomenológica existencial, a oncologia e diversas outras áreas da saúde vêm se interessando pelo estudo e sua importância no exercício profissional.

O Dalai-Lama considera a espiritualidade como aquilo que produz uma mudança interior no ser humano. Boff (BOFF, 2001) acredita que a nossa estrutura de base fundamental, que regula as nossas ações, é de natureza interior e não exterior. Tais mudanças são fomentadas pela religião, mas nem sempre.

Segundo Frei Betto (BETTO; BARBA; COSTA, 1997), a espiritualidade não é uma questão simplesmente religiosa, é uma questão de educação, de subjetividade, de interioridade. É uma forma de reeducarmos para a comunhão com nós mesmos, para a comunhão com a natureza, para a comunhão com o próximo e com Deus.

A palavra "religião" é oriunda do latim *religare*, sendo definida como a crença na existência de valores metafísicos, criadores do universo. Tal crença estabelece dogmas que devem ser adotadas e obedecidas. É simbolizada por meio de doutrina e ritual próprios, envolvendo preceitos morais e éticos. É uma filiação a um sistema específico de pensamentos os quais envolvem filosofia, ética e metafísica, voltados e vinculados ao ser supremo: Deus. O termo *religare* é a volta a Deus do qual o homem nunca esteve separado, no dizer de Santo Agostinho (GREGÓRIO, 1995). A religião existe onde existir uma comunidade, porque ela oferece ao indivíduo um significado da vida além da realidade terrena, proporcionando explicações para as grandes questões da existência humana, como, por exemplo, a morte. Ela contribui para a organização social, orientação moral, segurança, e, mesmo institucionalizada, fomenta e enriquece a espiritualidade (CARVALHO, 1992).

Na sociedade racionalizada contemporânea, ela vem sendo concentrada na vida pessoal, particularizada, o que torna às vezes difícil distingui-la da espiritualidade.

1.4. Bioética e educação médica

A importância da bioética na formação acadêmica do estudante de medicina e em outras áreas da saúde passa inevitavelmente pela cultura humanística. Para isso, é fundamental que o modelo cartesiano, que privilegia o modelo fragmentado por especialidades, abra espaço para um ensino voltado para a busca de conhecimento integrado, considerando a óbvia inseparabilidade entre as partes que constituem o ser humano integral. Aquele modelo, flexeriano, privilegia a tecnologia e divide a pessoa humana em partes cada vez menores. Está voltado para as especialidades que formam territórios em que os especialistas se comportam, segundo Morin, como lobos que urinam para marcar seus territórios e mordem os que nele penetram. Com isso, a formação acadêmica é atravessada por uma metodologia desconexa de disciplinas prejudicando a visão holística e integral do ser humano em sua complexidade profissional (SIQUEIRA, 2008).

Desnecessário repetir que a própria universidade, intencionada ou alheia à cultura técnico-científica da pós-modernidade, foi ficando cativa de um modelo educacional que tem como parâmetros a eficácia e a rentabilidade econômica, formando profissionais voltados para a competitividade e prestígio pessoal, alheios aos valores éticos, que são o selo de um ambiente acadêmico.

A bioética, por sua característica interdisciplinar e transdisciplinar, problematiza essa cultura dominante enfatizando posições éticas que devem ser estabelecidas visando transmitir valores, assim como fez Sócrates na Grécia junto aos jovens de Atenas. É crescente o consenso de que a bioética deve figurar em todos os anos da formação acadêmica médica, com o intuito de que, no exercício profissional, o futuro médico comprometa-se com o exercício pleno da cidadania.

1.5. Bioética e cidadania

D'Assumpção (2002) denomina a cultura dos dias atuais como a "ética da manipulação". Ética esta regida por grupos dominantes que seguem os ditames "por que assim é que deve ser", ou então "os outros que se danem".

Essa ética se caracteriza por cidadãos submissos e manipuláveis, nos quais a reflexão e autonomia estão reduzidas. O *Homo sapiens* é substituído pelo *Homo faber*.

Nesse contexto, os meios de comunicação, principalmente a televisão, representam o paradigma ideal para a conscientização desses valores. Na medicina, a televisão interativa e a telemedicina constituem um dos pontos questionados pela bioética quanto aos benefícios e à autonomia dados às pessoas, pois o diálogo é exercido muitas vezes de forma direcionada e unilateral pelas emissoras.

Os anúncios criam necessidades de consumo. Os cidadãos passam a usar remédios sem que realmente necessitem. Atualmente nos Estados Unidos cerca de 17 medicamentos de grande lucro laboratorial, entre eles os antidepressivos e outros voltados para o desempenho sexual ou para o culto à expressão corporal, são desnecessários, embora mais de 90% da população acreditem na sua beneficência.

Outro fator ainda referido por D'Assumpção é o imediatismo, que descartabiliza as coisas e até o ser humano. No sistema de saúde, o econômico voltado para o lucro fragiliza a relação médico-paciente em seus princípios fundamentais. A própria pesquisa científica torna-se manipulada, e os fins justificam os meios, criando-se um ambiente de competitividade e busca de *status*.

É nesse contexto que a Resolução 196/96 do Ministério da Saúde, por meio dos Comitês de Ética, dentro do principialismo da bioética, confronta a ética de manipulação do ser humano com o respeito à sua dignidade e autonomia.

1.6. Bioética e tecnologia médica

A insatisfação com a medicina na sociedade pós-moderna não decorre dos avanços tecnológicos conquistados pela pesquisa científica, que são incontestáveis, mas sim pelos aspectos éticos que envolvem os usuários quando recorrem a um atendimento hospitalar ou ambulatorial.

No que concerne ao atendimento ambulatorial, a relação médico-paciente é fragmentada. Diferentes especialistas examinam o paciente, estabelecendo muitas vezes problemas de comunicação, o que leva a desconsiderar o principal motivo que originou a consulta ambulatorial.

No sistema público, o paciente, dentro do principialismo da bioética, em diversas ocasiões usufrui somente da não maleficência e da justiça. Em determinadas situações, o exame de padrão ouro seria a tomografia, mas pela condição hospitalar somente se consegue uma ultrassonografia. A justiça depende do profissional que realiza o atendimento naquela determinada circunstância. A não possibilidade da livre escolha do profissional, bem como a impossibilidade do exame mais indicado, fere os princípios da autonomia e da beneficência.

O paradoxo é que a alta tecnologia, que aumentou a eficácia dos diagnósticos e tratamentos, estabeleceu uma lacuna no relacionamento pessoal entre o médico e o paciente (DRANE; PESSINI, 2005). Aquele relacionamento fraternal entre o médico e o paciente, caracterizado pela satisfação recíproca, foi substituído por um relacionamento burocrático e impessoal em que o paciente se comporta como consumidor em busca de resultados.

2. Discussão

A modernidade é um período que nasceu com o Renascimento e se estendeu por aproximadamente quatro séculos. A pós-modernidade é imprecisamente definida por alguns como o período do final do século passado e início deste século.

Vivemos uma hegemonia do sistema capitalista, que se concretizou com a queda do muro de Berlim, representando o fim do socialismo no leste europeu.

O racionalismo, preconizado por Freud para resolver os dilemas humanos e por Marx para restabelecer uma justiça social, não responde à globalização do mercado alicerçado no lucro, no consumo e na busca do prazer imediato.

A lógica é a acumulação da riqueza para uma minoria e a exclusão da maioria com grande sacrifício de pessoas que têm direito a uma qualidade de vida.

Os meios de comunicação, com raras exceções, estimulam o consumo e o prazer imediato, caracterizando uma lógica religiosa dentro da qual os *shopping centers* simbolizam as catedrais da sociedade pós-moderna.

A virtualidade substitui o real, a ponto de se poder fazer sexo pela internet sem risco de pegar AIDS ou promover a procriação. Essa abstração de sentimentos nos torna ética e moralmente virtuais.

O avanço científico e tecnológico, principalmente na área da saúde, melhora a qualidade e a longevidade da vida. Porém, os tratamentos ficam cada vez menos acessíveis às pessoas, mesmo pelo sistema de saúde governamental.

Eu existo à medida que tenho e posso consumir, e não à medida que sou e prezo a minha dignidade.

Esta metafísica vem gerando um vazio de valores espirituais, caracterizado por um exoterismo crescente, alimentado por radicalismo de seitas religiosas.

É exatamente esta crise de sentido, proporcionada pela busca desenfreada de prazer e posse, que nos obriga a recorrer à interioridade de valores que nos alimentam e recompõem, e que chamamos de espiritualidade (BERGER, 1996).

À medida que nossa espiritualidade se traduz em compaixão e solidariedade, exercemos a ética em sua plenitude, pois nos reeducamos para a comunhão conosco e para a comunhão com o próximo.

A religiosidade, conforme nos orienta na busca de princípios e virtudes, subsidia nossa espiritualidade, como nos ensinou Jesus Cristo e nos ensina o Dalai-Lama.

A espiritualidade nos indica que a vida é substancialmente o que não se vê, e, como a literatura, sobrevive a seus atores quando feita de interiores.

A bioética, como um neologismo da ética, é uma área de conhecimento interdisciplinar de base filosófica e antropológica voltada para os dilemas recorrentes do avanço científico e tecnológico no que concerne à pesquisa envolvendo os seres humanos e o meio ambiente (STEPKE; DRUMOND, 2007).

É urgente nos conscientizarmos de que vivemos em uma "aldeia global", que tornou pequenos os estados-nações e exige soluções globais para seus problemas.

E, para isso, cabe uma atitude ética universalista, ainda que seja preciso construí-la a partir do regional (CORTINA, 2005).

A bioética representa uma proposta de tolerância e esperança para a pluralidade moral da humanidade nas suas diferenças de crenças e valores em todos os campos relacionados às ciências da vida (DÉBORA; GUILHEN, 2005).

Pelo seu caráter transdisciplinar, ela se apresenta como um instrumento valioso e indispensável para o diálogo que envolve questões éticas levantadas pelas decisões clínicas, pelos avanços científicos e tecnológicos. E o maior exemplo se manifesta na composição pluralista e interdisciplinar das comissões bioéticas dos hospitais e universidades.

Diante do avanço científico e tecnológico que permeia todos os setores envolvidos com a saúde, é importante que o estudante de medicina e o médico se conscientizem de que a missão mais importante é a de promover a saúde e não de ser um manipulador de tecnologia, infelizmente muitas vezes comprometidos com dilemas éticos.

A medicina mais humana se distingue da medicina tecnológica pelas características que envolvem o desempenho do profissional como forma de avaliação e competência.

O médico humanista carrega consigo o compromisso de buscar a cura para aquele que sofre, mas, embora nem sempre a cura seja possível, cuidar sempre o é.

Nos dias de hoje, a competência é avaliada mais pela técnica objetiva do que pelo cuidado pessoal com o paciente. E essa lacuna vem dificultando a relação médico-paciente, que é o fundamento ético e humano da medicina hipocrática.

Esse paradigma será mudado à medida que nos conscientizarmos de que a competência profissional no exercício da assistência médica traduz uma definição ética da própria pessoa que a executa, determinando assim sua espiritualidade profunda, que se plenifica na compaixão e na solidariedade.

No que concerne ao tratamento das enfermidades crônico-degenerativas na terminalidade da vida, o uso da tecnologia deve se pautar pelos critérios éticos dos profissionais da saúde sob a supervisão de um médico responsável. O tratamento não se restringe somente ao paciente, mas também aos familiares, conscientizando-os das decisões a serem tomadas e recorrendo a toda beneficência científica disponível, mas evitando, sempre que possível, a obstinação terapêutica.

Conclusão

O exercício da medicina é uma arte. Arte porque se depara com situações que extrapolam o conhecimento da técnica e da ciência. Arte porque lida com pessoas fragilizadas física e emocionalmente. Arte quando valoriza a subjetividade no encaminhamento da solução dentre vários rumos possíveis.

Possuir vasto conhecimento científico, certificados de pós-graduação ou doutorado, ou até mesmo muitos anos de exercício profissional pode ser qualificado como um padrão elevado. Mas a postura com que o médico se coloca ante as diversas situações que enfrenta no dia a dia junto a seus pacientes constitui o mais importante indicador de sua eficiência.

É incontestável que, nessa virada de século, a medicina alcançou progressos tecnológicos espetaculares no diagnóstico e tratamento das mais variadas doenças. Também é notório que nunca houve tanta insatisfação por pare dos pacientes. Nunca a falta de diálogo e atenção foi tão evidente.

Em consequência, o médico está desaprendendo a arte de curar. Uma relação humanizada com o paciente é importante e tem também poder de cura como os sofisticados métodos de diagnóstico e tratamento.

A bioética, por sua natureza transdisciplinar, possibilita, na formação acadêmica do estudante de medicina e de outras áreas da saúde, a aquisição e o desenvolvimento de uma cultura humanística. Esta formação voltada ao ser humano repercutirá tanto na atividade profissional como no exercício da cidadania de seu detentor.

É necessário que os currículos médicos sejam direcionados por um conhecimento integrado do ser humano, diferente do modelo cartesiano e flexeriano, fragmentado por especialidades e divisor da pessoa em partes desconexas.

No exercício profissional humanizado é fundamental que o médico possua uma sólida competência técnica e científica alicerçada no compromisso de buscar a cura e, quando esta não for possível, o cuidado.

Referências bibliográficas

BERGER, P. *Rumor dos anjos;* a sociedade moderna e a redescoberta do sobrenatural. 2. ed. Petrópolis: Vozes, 1996.

BETTO, F.; BARBA, E.; COSTA, J. F. *Ética*. Brasília: Codeplan, 1997. pp. 15-36.

BOFF, L. *Espiritualidade*. Rio de Janeiro: Sextante, 2001. pp. 16-17.

CARVALHO, J. J. Características do fenômeno religioso na sociedade contemporânea. In: BINGEMER, M. C. (org.). *O impacto da modernidade sobre a religião*. São Paulo: Loyola, 1992. pp. 133-197.

CORTELLA, M. S. *Qual é a tua obra?* Inquietações propositivas sobre gestão, liderança e ética. São Paulo: Vozes, 2007. pp. 105-115.

CORTINA, A. *Cidadãos do mundo para uma teoria da cidadania*. São Paulo: Loyola, 2005.

D'ASSUMPÇÃO, E. A. *Bioética & cidadania*. Belo Horizonte: Fumarc, 2002. pp. 12-19.

DÉBORA, D.; GUILHEN, D. *O que é bioética*. São Paulo: Brasilense, 2005.

DRANE, J.; PESSINI, L. *Bioética, medicina e tecnologia;* desafios éticos na fronteira do conhecimento humano. São Paulo: Centro Universitário São Camilo, 2005. pp. 55-64.

GREGÓRIO, S. B. Religião e vivência religiosa. *Revista de filosofia*, São Paulo, jan. 1995, v. 1, n. 1, 300-305.

LAMA, D. *Uma ética para o novo milênio*. Rio de Janeiro: Sextante, 2000.

POTTER, V. R. *Bioethics*; bridge to the future. Englewood Cliffs, N.J.: Prentice-Hall, 1971.

SEVERINO, A. J. Educação e ética no processo de construção da cidadania. In: CLAUDINEI, J. L.; GUERGEN, P. (orgs.). *Ética e educação*. Campinas: Autores Associados, 2005. pp. 37-52.

SIQUEIRA, J. C. Educação médica em bioética. *Revista brasileira de bioética*, Brasília, 2008, v. 3, n. 3, 301-325.

SOARES, A. M. M.; PINHEIRO, W. E. *Bioética e biodireito;* uma introdução. São Paulo: Loyola, 2006. pp. 21-51.

SOUZA, V. C. T. de. Bioética e espiritualidade na sociedade pós-moderna. In: SILVA, J. V. da. (org.). *Bioética; visão multidimensional*. São Paulo: Iatria, 2010. pp. 169-171.

_____. Universidade, ética e espiritualidade. In: PESSINI, L.; BARCHIFONTAINE, C. P. (orgs.). *Buscar o sentido e plenitude de vida*. São Paulo: Paulinas, 2008. pp. 245-259.

STEPKE, F. L.; DRUMOND, J. F. F. *Fundamentos de uma antropologia bioética;* o apropriado, o bom e o justo. São Paulo: Loyola, 2007.

Capítulo 3

A importância da Pastoral da Saúde no mundo da saúde: a presença solidária diante da dor e do sofrimento

Alexandre Andrade Martins

Apresentaremos a relação entre pastoral e saúde a fim de propor uma fundamentação que possa justificar a presença da Pastoral da Saúde no mundo da saúde. Dirigimo-nos primeiramente às pessoas ligadas ao mundo da saúde, sobretudo profissionais e estudantes dessa área, convidando-os a perceberem a importância da atuação pastoral em um ambiente que é marcado pelo sofrimento, por incertezas, angústias e expectativas. O caminho que seguimos parte de uma apresentação sobre o que é pastoral e sua atuação no mundo a partir do ensino de Jesus. Depois apresentamos a especificidade da Pastoral da Saúde. Em um segundo momento, apresentamos uma reflexão antropológica que justifica a atuação da Pastoral da Saúde no mundo da saúde, pois a ação pastoral pode ajudar no cuidado das pessoas em seu sofrimento, levando-as a encontrar as forças necessárias para restituir sua existência despedaçada pelo sofrimento. Encontramos uma relação entre pastoral e saúde por meio do cuidado integral do ser humano.

Introdução

Neste texto, dirigido primeiramente a um público acadêmico, proveniente, sobretudo, de profissionais e estudantes da área da saúde, abordaremos o tema pastoral e saúde. Primeiramente, nos perguntávamos o que escrever para um meio tão exigente, o qual é muito familiarizado com a temática saúde, pois lida com ela nos seus paradoxos diariamente, na teoria ou na prática, mas certamente pouco contato tem com a questão pastoral. Sendo assim, o primeiro desafio é familiarizarmo-nos com a pastoral para podermos estabelecer algumas relações entre pastoral e saúde no intuito de oferecermos alguns elementos para a reflexão e a importância da Pastoral da Saúde no contexto da saúde.

O caminho que seguiremos nesta apresentação é bastante simples. Primeiramente entenderemos do que se trata quando falamos de pastoral e como ela se estrutura e atua no universo da Igreja Católica ou a partir dela para o mundo. Depois buscaremos mostrar uma fundamentação antropológica que justifique a atuação pastoral no mundo da saúde e, por fim, proporemos uma relação entre pastoral e saúde a partir da questão do cuidado, por meio da solidariedade e da busca humana pelo sentido da sua existência, sentido capaz de levar até a transcender o sofrimento.

Um esclarecimento prévio precisa ser feito. Todo o nosso texto tem como fundamento e *locus* reflexivo o universo filosófico e teológico. Portanto não temos a pretensão de abordar questões técnicas ou acadêmicas do *stricto* meio das ciências da saúde. Mas acreditamos que nossa proposta de reflexão tem algo a oferecer para essas ciências. Colocamo-nos como aqueles que veem de fora, com o olhar crítico da filosofia e com o ensino milenar da teologia, para que os homens e mulheres dessas ciências possam se questionar dentro do universo acadêmico e profissional no qual estão inseridos.

Didaticamente, nosso roteiro seguirá três pontos: (1) Pastoral: a missão de ser pastor-ovelha; (2) A Pastoral da Saúde, sua antropologia e a transcendência; (3) A saúde a partir da utopia do cuidado.

1. Pastoral: a missão de ser pastor-ovelha

"Pastoral" é um termo tradicionalmente utilizado pelo Cristianismo, mais especificamente pela Igreja Católica. Não é um termo restrito à Igreja, mas no seu universo tem um significado específico. Para entendermos o que significa pastoral, precisamos falar de pastor, mais precisamente da atuação de um pastor, no sentido raso da palavra e depois no sentido metafórico.

Em nosso contexto, pastor não é uma figura muito conhecida. Temos uma imagem de pastor como uma pessoa que cuida de ovelhas, mas não temos um contato direto com essa relação entre o pastor, que cuida, e as ovelhas, que são cuidadas. Imaginamos como seria, e isso para nós é o suficiente. Basta lembrarmos que o pastor conhece o seu rebanho de ovelhas e as conduz apenas com o som da sua voz, pois as ovelhas conhecem a voz do seu dono e se deixam conduzir por ela. Impressiona-nos saber que, num encontro entre dois rebanhos, cada um com seu pastor, não há mistura de ovelhas, pois elas não confundem a voz do seu dono e seguem-no sem se desviarem para o outro rebanho. Há uma relação de proximidade e de cuidado entre o pastor e as suas ovelhas. Algo meio estranho para nós que, inseridos na sociedade da tecnologia, estamos perdendo certas sensibilidades, sobretudo aquelas que exigem um apreço ao detalhe, como é o caso das ovelhas, que percebem a diferença entre uma voz e outra.

Essa relação entre pastor e ovelhas é transportada metaforicamente para a relação entre os seres humanos, mais especificamente entre o líder e o seu grupo. Essa metáfora é utilizada por Jesus, que se intitula o "bom pastor", ao tratar da sua relação com os discípulos e com o povo que o procurava como uma relação entre pastor e ovelhas. Jesus se chama de bom pastor, pois ama e cuida de suas ovelhas, que na relação íntima com ele vão reconhecendo a sua voz e não seguem outro pastor. No Evangelho de São João, capítulo 10, Jesus fala de si como bom pastor e da relação de cuidado com suas ovelhas. Jesus é um pastor que cuida das suas ovelhas a ponto de dar a vida por elas, e elas o reconhecem ao escutar a sua voz, sabem do seu ensino e da profundidade das suas palavras, que são palavras de vida eterna (cf. Jo 6,68).

Disse Jesus: "Eu sou o bom pastor, o bom pastor dá a vida por suas ovelhas [...]. Eu sou o bom pastor, conheço as minhas ovelhas e elas me conhecem" (Jo 10,12.14).

Sabemos do exercício do pastoreio de Jesus pela sua ação junto aos pequeninos do seu tempo, isto é, junto aos que sofrem pela pobreza, pela doença, pela exclusão, pela opressão e por qualquer tipo de mal que, porventura, viesse a abatê-los. Ele vai ao encontro dos pequeninos para amá-los, servi-los e resgatar-lhes a dignidade. Todos os Evangelhos retratam esse pastoreio de amor e serviço incondicional aos necessitados, pois essa foi a sua missão, exercida pela força do Espírito Santo, que o ungiu na Sinagoga de Nazaré para evangelizar os pobres, libertar os presos, recuperar a vista dos cegos, restituir a liberdade aos oprimidos e proclamar um ano da graça do Senhor (cf. Lc 4,18-19). Jesus é o bom pastor e por sua ação e ensino sabemos em que consiste ser pastor.

Jesus não reservou a missão de pastoreio apenas para si, mas a confiou aos seus discípulos enviando-os para continuar a missão que ele começou. O Evangelho de Mateus retrata bem o pastoreio de Jesus e o chamado aos apóstolos para exercerem essa missão pastoral:

> Jesus percorria todas as cidades e aldeias, ensinando nas sinagogas e pregando o Evangelho do Reino, enquanto curava toda sorte de doenças e enfermidades. Ao ver a multidão, teve compaixão dela, porque estava cansada e abatida como ovelhas sem pastor. Então disse aos seus discípulos: "A colheita é grande, mas poucos os operários! Pedi, pois, ao Senhor da colheita, que envie operários para a sua colheita".
>
> Chamou os doze discípulos e deu-lhes a autoridade de expulsar os espíritos imundos e de curar toda sorte de males e enfermidades. [...] Esses Doze enviou Jesus com estas recomendações: "Não tomeis o caminho dos gentios, nem entreis na cidade de samaritanos. Dirigi-vos a elas, antes, às ovelhas perdidas da casa de Israel. Dirigindo-vos a elas, proclamai que o Reino dos Céus está próximo. Curai os doentes, ressuscitai os mortos, purificai os leprosos, expulsai os demônios. De graça recebestes, de graça dai. Não leveis ouro, nem prata, nem cobre nos vossos cintos, nem alforje para o caminho, nem duas túnicas, nem sandálias, nem cajado" (Mt 9,35–10,1.5-10).

Nesse trecho de Mateus, percebemos a ação de Jesus junto aos sofredores, especialmente os doentes, de quem cuidava com carinho especial, curando-os. Importante notar também o que movia Jesus para ir ao encontro desse povo necessitado de cuidados, necessitado de um pastor: Ele era movido pela compaixão. O termo usado por Mateus para expressar esse sentimento foi *splanchnízomai* ("teve compaixão"), do verbo grego *splanchníz*. Esses termos traduzem o sentido da palavra hebraica *rahmim*, que significa o amor misericordioso em um acento de amor visceral, gratuito, de mãe (*rehem*, "útero"), diferente de *hesed*, o amor de pai, um termo menos forte (cf. VENDRAME, 2008, pp. 270-271). Algo muito forte movia Jesus para cuidar das ovelhas, o povo ferido. A mesma coisa ele pede para os seus discípulos, a fim de que eles continuem a sua missão. Na parábola do Bom Samaritano (Lc 10,29-37), Jesus pede para servir o próximo movido pela compaixão, e depois de Ressuscitado envia o Espírito Santo, o mesmo que o conduziu durante seu ministério na terra, para conduzir a comunidade cristã (cf. Jo 20,21-23).

Quando Jesus envia o Espírito Santo sobre a comunidade cristã, inicia a missão da Igreja, em continuidade à executada por Jesus. Assim, diz a teologia católica, a Igreja continua na história a missão de Jesus, conduzida pelo mesmo Espírito que o conduziu. Aqui inicia o pastoreio da Igreja, entendida como o Povo de Deus e não apenas o clero. A Igreja é sempre ovelha, discípula, pois está sempre sendo cuidada pelo Bom Pastor e atenta ao seu ensinamento. A partir daí, assume a missão de ser pastora das ovelhas deste mundo. Portanto, ela é pastor-ovelha.

Do seguimento do mandato de Jesus, nasceram as pastorais na Igreja, que são meios para a Igreja continuar a missão de Cristo na história, atenta aos sinais e necessidades dos tempos. Sendo assim, há muitas pastorais no seio da Igreja conduzidas pelo Espírito por meio de lideranças leigas e/ou religiosas. O mundo de hoje exige especialização e competência para poder executar qualquer coisa para o bem das pessoas. A Igreja, atenta a isso, organizou as suas pastorais de maneira a melhor atender as necessidades dos tempos e das pessoas. Assim, existem pastorais para cada área específica, como: Pastoral da Criança, Pastoral Carcerária, Pastoral dos Migrantes, Pastoral da Juventude, Pastoral da Saúde etc. Estas formam o conjunto das Pastorais Sociais, pois há também pastorais voltadas para o ambiente interno da Igreja, litúrgico e teológico. Portanto, pastoral é o exercício do pastoreio de Cristo em socorro às necessidades do povo à luz do Evangelho.

Focando agora especificamente o nosso meio, isto é, o mundo da saúde, precisamos ficar apenas com a Pastoral da Saúde. De acordo com o Celam (Conselho Episcopal da América Latina e do Caribe), Pastoral da Saúde "é a ação evangelizadora de todo o povo de Deus comprometido em promover, cuidar, defender e celebrar a vida, tornando presente a missão libertadora e salvífica de Jesus no mundo da saúde" (CELAM, 2010, n. 89). O texto do Celam continua e afirma que a Pastoral da Saúde é uma resposta às "grandes interrogações da vida, como o sofrimento e a morte, à luz da morte e ressurreição do Senhor" (CELAM, 2010, n. 89). Dessa forma, a Pastoral da Saúde atua em três dimensões: solidária, comunitária e político-institucional (cf. CELAM, 2010, n. 90).

Dentro dessa definição, a Pastoral da Saúde tem como objetivo "evangelizar com renovado espírito missionário, numa opção preferencial pelos pobres e enfermos, participando da construção de uma sociedade justa e solidária a serviço da vida" (CELAM, 2010, n. 90). E assume como características os seguintes valores: ser encarnada na realidade concreta; ser integral na sua ação e na concepção antropológica; anunciar o Deus da vida; ser transformadora e libertadora.

Quem atua na Pastoral da Saúde são seus agentes. O agente é todo aquele que, "a exemplo de Jesus, expressa o amor misericordioso do Senhor; a solidariedade e a gratuidade com os mais necessitados. Com o seu testemunho, anuncia o Deus da vida e se compromete na construção de um mundo mais humano" (BALDESSIN, 2007, p. 56). Qualquer pessoa motivada pela fé em Cristo com disponibilidade de tempo para realizar a pastoral e para se preparar (formação), responsável, disposta a trabalhar em equipe, livre de preconceitos e comprometida com a defesa da saúde e da vida pode ser um agente. Pessoas de boa vontade, independente de serem cristãs, motivadas pelo amor ao próximo e pelo desejo de promover a sua dignidade, também podem atuar na Pastoral da Saúde.

Por meio da atuação dos agentes, a Pastoral da Saúde está presente em todo o Brasil com grupos ligados a uma comunidade católica e a hospitais. Eles atuam nos diversos ambientes ligados à saúde, desde instâncias políticas, como os conselhos locais de saúde, até visitas solidárias aos enfermos em hospitais e domicílios. Há uma Coordenação Nacional da Pastoral da Saúde da CNBB, que tem a missão de unir todo esse trabalho pastoral voltado ao mundo da saúde, e um instituto que trabalha na capacitação e formação de agentes, o Icaps (Instituto Camiliano de Pastoral da Saúde e Bioética).

2. A Pastoral da Saúde, sua antropologia e o transcender

A concepção de ser humano é fundamental para qualquer ação voltada diretamente para o próprio ser humano. Geralmente é a antropologia tida por base que determina a maneira como se lida com as pessoas.

Uma das missões da Pastoral da Saúde é o cuidado com os doentes na sua dimensão espiritual, um cuidado que vem complementar o trabalho dos profissionais da saúde, que se detêm mais na dimensão biológica e, no caso dos psicólogos, na psicológica. Dividir o ser humano em dimensões é algo complicado a princípio, pois não somos partes passíveis de divisão. Somos um ser integral, no qual as partes não vivem separadas, mas entrelaçadas sempre. Contudo, a divisão em dimensões, por motivos didáticos, ajuda a entender melhor a concepção antropológica que temos por base na Pastoral da Saúde.

Sem dúvida alguma, a antropologia de base é a cristã, com seu fundamento na teologia veterotestamentária, do ser humano criado à *imagem e semelhança* de Deus, e neotestamentária, de *filhos de Deus*. Deus criou o ser humano para que ele viva ao seu lado como um ser livre, responsável pelo cuidado com a criação e em relação íntima com o Criador. Um parêntese: não queremos entrar na polêmica entre criacionismo ou evolucionismo. Estamos extraindo do ensino bíblico a sua sabedoria, que vai além de qualquer polêmica e nos ensina a conceber o ser humano de uma forma que a relação estabelecida ajuda a promover o humano.

Jesus mostra que o ser humano é filho amado e querido de Deus. Jesus, sendo o verbo encarnado de Deus, fazendo-se humano, faz com que todos se tornem filhos de Deus no Filho. Isso permite à humanidade participar da natureza divina (cf. 2Pd 1,4).

Essas duas teologias se completam em continuidade e apresentam duas dimensões da vida: a natural e a sobrenatural, isto é, a humana e a divina (cf. CONGREGAÇÃO PARA A DOUTRINA DA FÉ, 2008, nn. 8-9). O ser humano é completamente humano, e como tal é frágil, mutável, limitado e finito, mas Deus vem até ele para torná-lo grande na sua fraqueza e apresentar uma dimensão muito maior do que a possibilitada pela experiência no mundo na relação com a matéria. O humano é demasiadamente humano, mas é banhado pelo divino, ou melhor, pelo transcendente, que o torna capaz de transcender a si mesmo e às limitações da contingência, como o sofrimento, o tempo e o espaço.

O ser humano é bidimensional, do ponto de vista da sua origem. Isso nos permite dizer que, do ponto de vista da sua constituição antropológica, ele é *quadridimensional*, pois, além das dimensões do corpo e daquilo que o anima, chamado por muitos de *alma* ou *psique*, ele tem algo que lhe possibilita ter uma relação consciente capaz de fazer transcender, no sentido primeiro do termo latino, *trans-ascendere* ("ir além de"). Isso leva, no instante, como diriam os místicos das grandes tradições religiosas, a ultrapassar o tempo e o espaço, num movimento espiritual de "subida", que no retorno possibilita o sentido da existência em meio a qualquer sofrimento. Esse movimento não está restrito a uma tradição religiosa nem o transcender é necessariamente para a transcendência em Deus. Como diz Vaz,

> pretende designar um aparentemente incoercível movimento intencional pelo qual o homem transgride os limites da sua "situação" no Mundo e na História e se lança na direção de uma suposta realidade transmundana e trans-histórica que se eleva como cimo do sistema simbólico através do qual as sociedades exprimem suas razões de ser (VAZ, 1992, p. 444).

Para o ser humano, a realidade material e a relação com o semelhante (a ética) não são suficientes para proporcionar verdadeiro e autêntico encontro com aquilo capaz de dar sentido e satisfazer seu desejo intrínseco. Para Kierkegaard, as relações materiais e a ética não são suficientes para satisfazer a busca mais profunda do ser humano, que vive imerso em um paradoxo, entre a finitude e o anseio pelo infinito, e deseja transcendê-lo. Para isso ocorrer é preciso uma realidade que não sofra com o peso da finitude, uma realidade infinita, encontrada apenas no transcender.

A experiência da transcendência ocorre num campo gravitacional ontológico, onde se dá o movimento do ser. Esse campo é a dimensão que banha todo ser do humano, chamada de *pneuma* — espírito, pela tradição grega. Quando essa experiência ocorre, seu desdobramento é a experiência noética da verdade, ética do bem e metafísica do Uno e do Absoluto (cf. VAZ, 1992, p. 454). Temos o transcender da contingência humana, pois proporciona sentido mesmo imerso no grande peso da finitude, que sentimos de forma latente quando sofremos.

Apresentamos tradições que se fundiram e formaram as bases sustentáveis da cultura ocidental. Uma síntese realizada pelo Cristianismo ao conseguir unir a cultura

semítica-abraâmica e a grega. O encontro entre as dimensões de origem, *humano e divino*, e as dimensões constituintes, *corpo, alma, nous* (termo grego de difícil tradução, que especifica o que permite transcender) e *espírito*. A lapidação desse encontro compõe o corpo filosófico-teológico do Cristianismo e, mesmo que muitos pensadores neguem, está na base da cultura ocidental, apesar do ambiente secular dos tempos modernos.

Essa reflexão antropológica que fizemos permite-nos perceber o ser humano como um ser integral. Todas as dimensões apresentadas formam um único ser e não existem separadamente. Essas dimensões não são dadas ou atribuídas por outros seres humanos, mas provêm de um Ser Transcendente — Criador e da constituição própria do ser humano que faz ser ele mesmo e não outro ser. Isso nos remete ao conceito de "dignidade", que de acordo com essa concepção não é algo atribuído, mas algo intrínseco à humanidade do ser. Algo muito claro para a Pastoral da Saúde:

> A dignidade da pessoa não é atribuída, mas reconhecida, não é outorgada, mas respeitada. Está inscrita no íntimo de todo ser humano, não depende de seu estado de desenvolvimento, de sua saúde, de suas qualidades e capacidades, nem mesmo de seus comportamentos. Todo ser humano, sejam quais forem seu estado e condição, é uma unidade inseparável, corpo e espírito, aberto à transcendência (CELAM, 2010, n. 83).

Essa antropologia e o decorrente conceito de dignidade, que não exclui ninguém, permitem à Pastoral da Saúde ter uma atuação de promoção de saúde e defesa da vida e, por meio da presença solidária dos agentes ao lado dos sofredores, possibilitam ao enfermo o resgate da sua dimensão noética que o faz transcender e ressignificar sua existência, mesmo em meio ao sofrimento.

Uma antropologia como a apresentada valoriza a dimensão espiritual na qual se encontra com a fonte da vida, algo além da realidade material, em que se encontra o equilíbrio para uma existência fortalecida para enfrentar as dificuldades da contingência e da fragilidade humana. O mundo da saúde tem a maravilhosa missão de cuidar do corpo, mas esse cuidado não exclui o cuidar do ser humano em todas as outras dimensões, pois quem fica doente não é o corpo, mas a pessoa com toda a sua constituição antropológica. A Pastoral da Saúde vem para contribuir na promoção do ser humano em sua integridade, destacando dimensões que às vezes são omitidas pelo excessivo uso da técnica, que coloca de lado o ser do humano. A Pastoral da Saúde não é uma concorrência nem algo que dificulta, atrapalha ou desmerece o trabalho dos profissionais da saúde. Ela vem, sim, para contribuir na humanização do atendimento aos doentes, no cuidado com a espiritualidade e na luta pela dignidade, sobretudo dos mais pobres e vulneráveis.

3. A saúde a partir da utopia do cuidado

Saúde é um conceito amplo e complexo. Nosso caminhar reflexivo quer mostrar que para conceituar saúde é necessário ter por base uma antropologia integral. Para dizer que alguém tem saúde é preciso passar por todas as dimensões constituintes do ser humano. Não seria exagero dizer que seguimos a conceituação básica da OMS (guardadas as devidas proporções e diferenças, sobretudo no que diz respeito à linguagem), na qual saúde não é apenas ausência de moléstia, mas completo bem-estar físico, social, mental e espiritual. Essa conceituação pode ser facilmente questionada a começar pelo uso da expressão "completo bem-estar". Mas não é esse o nosso objetivo.

Estamos próximos da conceituação da OMS e a julgamos muito adequada para o que se propõe. Porém, ela não tem uma equivalência direta com aquilo que, não de forma categórica, entendemos por saúde. Na verdade, estamos mais preocupados com o cuidado com a pessoa em situação de sofrimento, do que em dizer quando ela alcança esse tal "completo bem-estar".

No cuidado com os enfermos, sobretudo os que se encontram em situação de abandono e desamparo, a preocupação com o outro no seu sofrimento, uma preocupação ativa, que leva a se desprender de si para socorrer a quem precisa, ganha proporção muito maior do que qualquer definição de saúde. Aliviar o sofrimento do outro é o principal norte de toda ação em prol dos enfermos.

"Aliviar" é uma palavra-chave no cuidado com o outro em sua dor. Não deveríamos ter a pretensão de sanar totalmente o sofrimento, pois este faz parte da contingência humana. Às vezes mais intenso, outras vezes menos. A pretensão é apenas aliviar para tornar o sofrimento suportável; permitir que a vida mostre seu dom e não deixar a existência cair no desespero do viver sem sentido, o que reduz a pessoa humana a apenas um ser com funções biológicas e retira o sabor do existir. É muito complicado dizermos isso para alguém em extrema situação de sofrimento, do mesmo modo que é difícil afirmamos se nós vamos chegar a esse patamar quando estivermos sofrendo além daquilo que achamos ser a nossa força e limite. Porém, discursos e teorias não são para aliviar as dores, por mais belos, lógicos e verdadeiros que sejam. A reflexão teórica, tal como essa que fazemos agora, é apenas para compreendermos o processo que leva a pessoa a buscar transcender de forma consciente. A presença solidária do agente ao lado de quem sofre pode aliviar o sofrimento, mas não é a sua presença que faz ressignificar a vida. O agente desperta, mas quem faz o caminho de "ir além de" é a própria pessoa que sofre.

O alívio do sofrimento não vem pela teoria ou pelo uso da mediação ou técnicas corretas, mas pelo cuidado, que ocorre na simplicidade do amor. Vivemos em uma era de muita tecnologia e de profundos avanços no tratamento de doenças. Temos muitas drogas capazes de extirpar a dor, mas em relação ao sofrimento, a tecnologia e a ciência não têm muito que fazer. Dor tem um sentido objetivo, geralmente ligado a algo que feriu o corpo; sofrimento é algo subjetivo, está relacionado ao modo como a pessoa lida com suas dores, é algo existencial, pois afeta as bases sobre as quais ergueu sua vida, afeta o sentido do viver e os valores. A ciência, algo bem objetivo, fica imóvel diante do sofrimento, pois uma existência despedaçada não é reconstituída simplesmente com a aplicação de técnicas perfeitas. O cuidado, exercido nas coisas simples da relação com o outro, pode fazer o sofrimento se tornar suportável. Dra. Cicely Saunders dizia: "O sofrimento somente é intolerável quando ninguém cuida" (1980, p. 43). É por meio dessa grande arte chamada cuidado que a Pastoral da Saúde, o exercício do pastor no cuidado com suas ovelhas, se entrecruza com as ciências da saúde:

> Após séculos de cultura material, buscamos hoje ansiosamente uma espiritualidade simples e sólida, baseada na per-

> cepção do mistério do universo e do ser humano, na ética da responsabilidade, da solidariedade e da compaixão, fundada no cuidado, no valor intrínseco de cada coisa, no trabalho benfeito, na competência, na honestidade e na transparência das intenções (BOFF, 2004, p. 25).

O cuidado não está em primeiro lugar no discurso eloquente que mostra para o outro que seu sofrimento tem algum sentido ou que é possível encontrar sentido mesmo na dor. O cuidado está na relação com o outro, na atenção e na solidariedade capazes de perceber as pequenas necessidades, que ao serem contempladas fazem toda a diferença. De acordo com um antigo mito latino, na essência da constituição do ser humano está o cuidado. O mito diz que o deus Cuidado moldou do barro uma forma e pediu para Júpiter soprar o espírito para animar aquela forma. Na hora de colocar um nome nessa forma, Júpiter e Cuidado começaram a brigar, pois queriam colocar os seus nomes; para esquentar ainda mais a discussão, Terra entrou no meio, pois ela tinha fornecido o material, então era justo que se chamasse Terra. Saturno, chefe do panteão, interveio na confusão para resolver o conflito e decidiu: Júpiter receberia o espírito, quando morresse, e a Terra o corpo. Durante a vida, Cuidado, o primeiro a moldar, ficaria responsável por ele, que iria se chamar homem, de húmus, terra fértil.[1]

Esse mito ensina-nos que a nossa vida é regida pelo cuidado. Aprendemos como este é fundamental para a nossa existência, algo manifesto no detalhe, na gentileza, que faz mudar todo o gosto de viver. Algo semelhante a dois

---

1 Veja esse mito na versão original em latim e com mais detalhes em: BOFF, 2004, p. 45-46.

apaixonados quando veem o singelo sorriso da pessoa amada: tudo muda, tudo faz sentido. Dá sabor à vida, pois integra toda a pessoa num instante *kairótico* da existência.

Jesus, quando conta a parábola do Bom Samaritano (Lc 10,29-37), não fala de outra coisa senão da compaixão que faz desprender-se de si para ir ao socorro do próximo. Ele não despreza a técnica, pois o Samaritano leva o enfermo para uma hospedaria a fim de ser tratado das suas feridas com os medicamentos existentes na época. Porém vai além da técnica e, movido pela compaixão, acolhe o enfermo na sua fragilidade e o ama. O cuidado é esse movimento da compaixão que se desprende de si para estar ao lado do outro que sofre. A ternura pode aliviar o sofrimento e torná-lo suportável. A Pastoral da Saúde, guiada pela luz do Evangelho, mostra a importância de se curvar diante dos sofredores sendo solidário e amando gratuitamente. Com isso oferece uma grande ajuda aos profissionais da saúde, mostrando-lhes que a técnica deve ser complementada com a ternura do cuidado.

A Pastoral e todo o resgate da espiritualidade humana não são para fazer milagres no mundo da saúde, mas para proporcionar sentido para quem sofre, sentido que a pessoa vai encontrar ao transcender, que a faz reunir os cacos de uma existência despedaçada pelo sofrimento e encontrar forças, conforto e esperança.

Referências bibliográficas

BALDESSIN, Anísio. *Como organizar a Pastoral da Saúde.* São Paulo: Loyola, 2007.

Bíblia de Jerusalém. São Paulo: Paulus, 2004.

BOFF, Leonardo. *Saber cuidar*; ética do humano — compaixão pela terra. 11. ed. Petrópolis: Vozes, 2004.

______; LELOUP, Jean-Yves. *Terapeutas do deserto:* de Fílon de Alexandria e Francisco de Assis a Graf Dürckheim. 5. ed. Petrópolis: Vozes, 2007.

CELAM. *Discípulos missionários no mundo da saúde*; guia para a Pastoral da Saúde na América Latina e no Caribe. São Paulo: Centro Universitário São Camilo, 2010.

CONGREGAÇÃO PARA A DOUTRINA DA FÉ. *Instrução Dignitas Personae*; sobre algumas questões de bioética. São Paulo: Loyola/Paulus, 2008.

MARTINS, Alexandre A. *É importante a espiritualidade no mundo da saúde?* São Paulo: Paulus/Centro Universitário São Camilo, 2009.

LELOUP, Jean-Yves. *Cuidar do ser*; Fílon e os terapeutas do deserto. 4. ed. Petrópolis: Vozes, 1998.

KIERKEGAARD, Søren. *Temor e tremor.* 3. ed. São Paulo: Nova Cultural, 1988.

MARTINS, Alexandre A. *É importante a espiritualidade no mundo da saúde?* São Paulo: Paulus/Centro Universitário São Camilo, 2009.

SAUNDERS, C. *Caring to the end.* Londres: Nursing Mirror, 1980.

VAZ, Henrique C. de Lima. Transcendência: experiência histórica e interpretação filosófico-teológico. *Síntese nova fase*, 1992, v. 19, n. 59, 443-460.

VENDRAME, Calisto. A cura dos doentes, parte integrante do Evangelho. In: PESSINI, Leo; BARCHIFONTAINE, Christian de Paul. *Buscar sentido e plenitude de vida*; bioética, saúde e espiritualidade. São Paulo: Paulinas/ Centro Universitário São Camilo, 2008. pp. 263-288.

Parte V

Anexos

Anexo 1

Vida e morte, uma questão de dignidade[1]

Mônica Manir

Leo Pessini

Padre Camiliano, membro da Associação Internacional de Bioética e vice-reitor do Centro Universitário São Camilo.

Ex-capelão do Hospital das Clínicas de São Paulo, o catarinense Leo Pessini lança um sopro ético sobre o momento certo de abandonar a tecnologia e aceitar o fim.

"Diante dos recursos da tecnologia e também por medo de parecer omissa, a medicina tende hoje a medicalizar a existência o máximo possível e visualizar a morte como inimiga. Por isso a visão de que toda pessoa sã é sempre um doente mal diagnosticado. Por isso a prática cada vez mais comum da distanásia — prolongamento fútil e inútil da vida, que não estende a vida propriamente dita, mas sim o processo de morrer."

Por mais de doze anos o padre Leo Pessini fez de um hospital sua paróquia. À beira dos leitos ou pelos corredores, compartilhou graças de cura, ministrou unções, prestou

1 Entrevista concedida ao jornal O *Estado de S.Paulo*, Caderno Aliás, domingo 27 de março de 2005.

pronto-socorro às dores da alma. Nunca se sentiu tão perto do ser humano e tão longe da humanização. O problema não era a instituição em si. O Hospital das Clínicas da Faculdade de Medicina da Universidade de São Paulo é referência no país. Sua aflição vinha principalmente dos casos em que ele não via respeitado o direito do paciente de morrer em paz e com dignidade. Pessini lembra em especial de uma senhora que, à beira de entrar no centro cirúrgico, implorou a ele como capelão e amigo que não fosse atada a aparelhos caso algo não desse certo. Não deu. Mas ele não pôde evitar sua longa e inútil permanência na UTI.

"O procedimento *standard* da medicina é investir em todas as possibilidades tecnológicas de cura, como se a morte fosse uma inimiga, e não um processo consequente da vida", diz. Angústia semelhante ocorreu nos últimos dias de Tancredo Neves, dos quais foi testemunha de fé e razão. Durante quase um mês o padre acompanhou o calvário de Tancredo, da família e nação com a dúvida sobre por que um presidente não pode morrer — ou melhor, por que nenhum ser humano pode sair da vida, pelo menos no mundo ocidental. Daí nasceu o livro *Distanásia*, que tem tradução até em croata, por conta do longo tempo de agonia do marechal Tito ligado a aparelhos na época em que a Iugoslávia ainda sobrevivia Iugoslávia.

"Distanásia" significa prolongamento fútil da existência, em contraposição a "eutanásia", sobre a qual também escreveu. Termina a trilogia *Humanização e cuidados paliativos*, que resume o que considera o *top* na bioética hospitalar. Em entrevista para o Aliás, o padre, como bom camiliano, oferece caminhos para a boa morte; como um dos diretores da Associação Internacional de Bioética, explica a que vem essa ciência; e, como estudioso dos dilemas terminais, discorre sobre o porquê a celeuma Terri Schiavo não ser nem branco, nem preto, mas cinza.

O caso da americana Terri Schiavo, que teve o tubo de alimentação removido por ordem do Tribunal Federal da Flórida, dividiu a opinião pública. Uns apoiam a decisão do marido de desligar o aparelho, outros se alinham com os pais, que querem mantê-la viva. Para qual lado o senhor pende?

Há três verdades envolvidas nesse caso. A verdade científica afirma que Terri está em estado vegetativo persistente e irreversível. No entanto essa condição ainda é um quebra-cabeça para a medicina. Dizem alguns especialistas que ela jamais voltaria a se recontactar com outras pessoas, ter consciência do que se passa com ela. É uma hipótese, não uma certeza. Existe também a verdade afetiva, da família e do marido, que infelizmente se bifurcou. Michael, o marido, atesta que, antes de sofrer a parada cardíaca que a deixou nessa condição, Terri teria expressado para ele a vontade de não aceitar a manutenção de um estado vegetativo. Não há nada escrito, o suposto pedido foi verbal. Já a verdade dos pais se apega à esperança de que ela poderia responder a algum tratamento no futuro e reconquistar a lucidez. Pela proximidade afetiva, pendo para eles.

O senhor acredita que ela possa recobrar a consciência?

O estado de Terri não é terminal. Ela não tem morte cerebral, não depende de respirador artificial, estava ligada apenas a um tubo pelo qual recebia água e alimentação. Os cientistas afirmam que o seu estado vegetativo é irreversível, mas, de vez em quando, alguém sai dele. Quando vejo os pais dizendo "devolva-nos Terri, que vamos cuidar dela", honro

essa vontade, a dos cuidados paliativos e da humanização. Ao cortar a água e a comida, os médicos abrem um precedente muito perigoso. Consiste num ato de violência contra um dos direitos humanos mais sagrados, que é o de saciar a fome e a sede. O fato de ter ficado dependente ou inconsciente não lhe tira a dignidade de ser.

Os especialistas insistem em que não há sofrimento nessa opção. Como saber? Como ter certeza disso?

A verdade afetiva dos pais lê expressões de sofrimento no rosto de Terri. O irmão dela, Bobby Schindler, chegou a afirmar que "parece uma imagem dos prisioneiros dos campos de concentração". Já o advogado do marido afirma que Terri apresenta uma fisionomia serena e expressa paz. São duas verdades afetivas e uma científica nem tão absoluta assim.

Para fugir do rótulo de eutanásia proibida pela legislação, os médicos retiraram o tubo em vez de oferecer algum medicamento que lhe tirasse a vida. Ainda assim a opção é vista como eutanásia?

Sim, é uma eutanásia passiva ou por omissão, moralmente inaceitável. O termo "eutanásia" quer dizer, literalmente, morte boa, sem dor nem sofrimento, assistida por um médico, ao doente moribundo. No século XX, porém, esse tom benévolo ganhou um caráter pejorativo depois que o nazismo "eutanasiou" cerca de 100 mil pessoas, principalmente recém-nascidos, idosos e deficientes físicos e mentais. A eutanásia pode ser ativa ou passiva. Um exemplo de eutanásia ativa é a administração de uma overdose de morfina. O caso de Terri ilustra a passiva.

A Igreja condena a eutanásia, mas autoriza os médicos a deixar uma pessoa morrer em paz. Qual é a diferença?

Deixar a pessoa morrer em paz é aceitar a condição humana e evitar que se usem procedimentos médicos desproporcionais em relação aos resultados esperados. É negar o abreviamento da vida ou eutanásia, mas também o prolongamento exagerado da agonia, do sofrimento e da morte do paciente por meio da tecnologia e dos medicamentos — a chamada distanásia. Tratamento fútil e inútil, distanásia não estende a vida propriamente dita, mas sim o processo de morrer. Diante de um prognóstico certo de que não há mais cura para determinada doença — e nem sempre é fácil chegar a isso —, paira uma obstinação terapêutica em busca da cura da morte. Nesse sentido, em vez de manter a pessoa indefinidamente presa a uma máquina, seria mais apropriado investir em cuidados paliativos que dessem mais conforto ao doente numa fase terminal.

Negar os recursos da tecnologia a um paciente não seria ferir um dos objetivos clássicos da medicina, que é prolongar a vida?

Não sou contra a tecnologia, mas contra a "tecnolatria", que coloca os aparelhos e a farmacologia num pedestal. Diante das possibilidades da área e também por medo de parecer omissa, a medicina tende hoje a medicalizar a vida o máximo possível e entender a morte como inimiga. Daí a visão de que toda pessoa sã é sempre um doente mal diagnosticado e que um remédio e um check-up são sempre necessários. Daí a prática cada vez mais comum da distanásia, que não existia enquanto os recursos tecnológicos não eram tão disponíveis. Hoje as UTIs (Unidades de Terapia Intensiva) são modernas catedrais do sofrimento humano. Só deveria ir para a UTI quem tem esperança de cura e saúde, mas não é bem isso o que acontece.

Quando o governador de São Paulo Mário Covas assinou uma lei que dá aos usuários dos serviços de saúde no Estado o direito de recusar tratamentos dolorosos ou extraordinários para tentar prolongar a vida, essa lei já foi chamada de "eutanásia branca". Trata-se de distanásia, então?

Qualquer ação que se faça no sentido de não investir no prolongamento da vida é logo codificada como uma ação eutanásica. Na verdade, a lei estadual n. 10.241, de 17 de março de 1999, é um não à distanásia, à morte prolongada futilmente, agredindo a dignidade. Essa mesma lei tem outro inciso, que permite ao doente optar pelo local da morte. Segundo depoimento do infectologista David Uip, que foi médico particular do governador, Covas preferiu não ficar na UTI nos seus últimos dias. Isso é se dar de presente uma morte digna, em paz, sem abreviações de um lado nem prolongamentos do outro.

Os cidadãos têm conhecimento de seus direitos como pacientes?

No Brasil, temos uma mudança de cultura no sentido de respeitar a autonomia e a autodeterminação da pessoa e de informá-la sobre seus direitos diante da doença, mas isso é incipiente. Ainda vivemos uma ética paternalista, em que a verdade está sempre nas mãos do cuidador, isto é, do médico. E uma subserviência perigosa. Diante de um diagnóstico qualquer, dizem: "O senhor é quem sabe, doutor". O que o médico sabe é que o Código de Ética da categoria, de 1988, diz que o profissional de medicina deve ter absoluto respeito pela vida humana. Esse conceito foi reforçado em 1994 pelo adendo "desde a concepção até a morte". O respeito absoluto pela vida acaba dando uma ênfase enorme ao plano biológico. O sofrimento, a dor e a própria morte viram problemas técnicos, que vão ser resolvidos como tais. Mas existe uma proposta de emenda para o art. 121 (homicídio), parágrafo 4º, Código Penal Brasileiro, que diz: "Não constitui crime deixar de manter a vida de alguém por meio artificial, se previamente atestada por dois médicos a morte como iminente e inevitável, e desde que haja consentimento do paciente ou, em sua impossibilidade, de cônjuge, companheiro, ascendente, descendente ou irmão".

E como ficam aqueles casos em que, ao administrar doses de morfina para abreviar um sofrimento, o médico acaba abreviando a vida por tabela?

A legislação penal prevê e autoriza esses casos. Segundo a ética católica, a prática também é perfeitamente aceitável. O médico não está visando à morte, mas ao cuidado da dor e do sofrimento, que pode ter como consequência inevitável e indireta a abreviação da vida física. Do ponto de vista biológico não é um valor absoluto, mas um bem fundamental, não polarizado na questão biológica, porém intimamente ligado à alma. Por isso a Igreja é contra o prolongamento de vida que nega a subjetividade humana.

Os cuidados paliativos em fases terminais são acessíveis à população?

Não são nem nos Estados Unidos, quanto mais aqui. Cuidados paliativos, de acordo com a Organização Mundial de Saúde, englobam cuidados com a dor física, psicológica, social e espiritual. São também conhecidos como cuidados de Hospice, pois se referem aos lugares, nos tempos antigos, em que peregrinos e viajantes podiam procurar abrigo e cuidado. Em 1950, Cicely Saunders fundou o St. Christopher Hospice, em Londres, no qual se tratavam as pessoas que estavam agonizando. De lá para cá os cuidados paliativos também ficaram conhecidos como filosofia de Hospice. Hoje, pesquisas americanas mostram que mais de 50% dos pacientes com câncer em fase terminal tiveram sofrimento físico durante os últimos dias de vida, atenuado, quando muito, apenas por sedação. Cerca de 40% da população ainda morre com dor. No Brasil, não há estatísticas, mas a situação com certeza é muito pior, já que o SUS deixa a desejar e os planos de saúde não cobrem esses cuidados. Na maioria das vezes, as pessoas em estágio terminal são devolvidas às famílias, que se viram como podem para amparar o doente. Há um grande silêncio quanto a isso. Ninguém fala nas nossas Terris Schiavos, abandonadas pelas residências Brasil afora. Aliás, também não se menciona a mistanásia — morte triste, ao pé da letra —, que é a eutanásia social, uma abreviação coletiva de vida, em que a exclusão e a desigualdade dizimam as camadas mais vulneráveis da sociedade.

Em 1990, cerca de 10 mil pacientes em estado vegetativo persistente oneravam o sistema de saúde americano em mais ou menos US$ 10 mil por mês. Como está essa situação hoje?

Acredita-se que, passados dez anos, esses pacientes já cheguem a 20 mil, com um consumo enorme de investimento. O temor é que o caso Terri abra um precedente no sentido de negar água e comida para esses pacientes com o argumento de que o Estado deixa de investir em saúde pública, prevenção de doenças e assim por diante para tratar essas pessoas. O estado vegetativo não é o mais exemplar, pelo juízo duvidoso quanto à recuperação, mas nos casos de certeza de prognóstico o ônus do tratamento prolongado deve ser levado em conta. O primeiro ônus é o do sofrimento, não só para o doente como também para a família. Qual é o custo-benefício de uma intervenção cirúrgica, por exemplo? Ela será eficaz? O segundo encargo é o financeiro, tanto para o indivíduo quanto para a família, o plano de saúde e os cofres públicos. Será que o procedimento sugerido, ou imposto, é proporcional aos resultados que se esperam?

Na contramão dessa proposta de diminuir o ônus do governo como tratamento de doentes em estado vegetativo, Bush tentou reverter a decisão do tribunal, o que significa manter os cuidados de Terri sob o Estado. Ele fez bem?

Essa paciente virou um joguete de interesses políticos entre republicanos e democratas. Bush não tem currículo para se dizer defensor da cultura da vida. Quando governador do Estado do Texas, autorizou cerca de 150 execuções capitais, e hoje avaliza a guerra no Iraque. Também representa um segmento fundamentalista cristão reacionário no poder, que afeta em cheio a bioética porque dificulta o diálogo com o mundo científico.

O Martírio de Tancredo

Sete cirurgias em dois hospitais

Tancredo Neves ficou 39 dias internado antes de falecer, no dia 21 de abril de 1985. O padre Leo Pessini acompanhou o drama do presidente no instituto do Coração (Incor), que virou centro de romaria da população, aflita por notícias sobre o processo infeccioso abdominal que afligia Tancredo. Antes de ser sedado para a última das sete cirurgias, ele teria dito ao neto Aécio: "Eu não merecia isso".

Como a bioética vê essas questões de vida e morte?

A bioética é um grito pela dignidade humana. Defende a vida num sentido amplo, que se estende pelos níveis ecológicos e cósmico. Nasceu pelas mãos do oncologista americano Van Rensselaer Potter e é uma ciência nova, com apenas 35 anos. No seu credo de ativista, Potter defendia direitos individuais e responsabilidade social e ambiental. Ele trabalhou por mais de meio século na Universidade de Wisconsin, em Madison, com pesquisa sobre o câncer, passou os últimos dias de vida cuidando da esposa, deficiente por causa da artrite. Há um outro pesquisador que reivindica a paternidade do termo "bioética", o obstetra holandês Andre Hellegers. Estimulou a discussão crítica sobre o progresso médico-tecnológico, que apresentava sérios desafios aos sistemas éticos do mundo ocidental. A bioética, portanto, está intrinsecamente ligada aos prolongamentos e às abreviações de vida. Ela prega, na verdade, a ortotanásia, que é a morte no seu tempo certo, reta, digna, sensível ao processo de humanização.

As faculdades de medicina adotam a bioética no currículo?

Nas áreas de saúde e ciências da vida, já se incorpora a disciplina de bioética. É impossível imaginar um médico que não se preocupe com esses valores humanos em sua prática diária. Para além da mera informação, procura-se a formação. Já temos no Brasil o primeiro mestrado *stricto sensu* em bioética, no Centro Universitário São Camilo, que estende o curso para diferentes áreas além da medicina, como direito, enfermagem, psicologia, ciências humanas, jornalismo.

Pode-se falar em bioética global? Ou ela depende do contexto sociocultural?

A Unesco tenta elaborar uma declaração universal da bioética, mas ela depende muito da cultura e da história de cada povo. O jeito de viver do americano não é igual ao do latino, do brasileiro. A cultura anglo-saxônica privilegia a razão, a ação, o pragmatismo e o individualismo. Nós valorizamos o coração, o sentimento e o estar junto. Lembro bem que, quando estava nos Estados Unidos, a primeira coisa que um americano dizia ao perceber meu sotaque no corredor do hospital era "What are you doing here?". Depois, "Who are you?". No Brasil, querem primeiro saber quem você é para depois descobrir o que você faz. Nessa linha, a bioética precisa levar em conta as diferentes percepções e os diferentes valores, incluindo os religiosos.

Como capelão de um hospital por mais de doze anos, o senhor já se viu em xeque diante de uma pessoa que lhe pediu para morrer?

Sim, várias vezes. Nessas horas, o que me ajuda muito é a minha formação em filosofia, teologia e aconselhamento. Eu diria que o grande desafio é ser criativo nessas horas e combinar razão, realidade, fé e coração humano. Quem pede para morrer está gritando por um sentido numa vida sem sentido. Não é um belo sermão ou uma pregação que vai ajudar, mas a presença solidária de estar junto, acolher a dor e respeitá-la. A morte, assim como o nascimento, é o momento de maior vulnerabilidade do ser humano. É preciso uma atitude de reverência e respeito, sem juízos de valor ou imposições para mudar o curso das coisas. Há quem encontre razões para transcender o sofrimento. O médico austríaco Victor Frankl, sobrevivente do nazismo, lembra no livro *Em busca de sentido* que só aguentou as agruras do campo de concentração porque pensava na mulher e nos filhos. Já o espanhol Ramón Sampedro, cuja história foi retratada no filme *Mar adentro*, não viu perspectiva alguma. Estava determinado a morrer, apesar de todas as propostas feitas em termos de cuidado, amor, vida, fé. Estou convicto de que, se alguém pede para interromper sua vida, está lutando por mais sentido, mais transcendência e melhores condições humanas e éticas de vida.

É possível deixar claro, em um testemunho escrito, a vontade de não ter a vida prolongada futilmente. O senhor já fez o seu?

Na minha família, todos conhecem o meu desejo de me deixarem morrer em paz. Mas, depois do caso Schiavo, em que os familiares se dividiram, talvez seja melhor deixar isso por escrito.

Anexo 2

A vida em mãos alheias[1]

Mônica Manir

Um jornalista assume ter asfixiado o parceiro, que padecia de uma doença terminal. É o estopim para repensar a eutanásia

Vinte anos podem parecer uma eternidade, mas para o jornalista britânico Ray Gosling é o passado que conta. Em um documentário realizado pela rede BBC sobre cerimônias fúnebres, ele confidenciou ter asfixiado há duas décadas um companheiro que padecia de AIDS em um hospital. Asfixiou com um travesseiro, depois de os médicos terem afirmado que o parceiro enfrentaria dores terríveis e nada mais poderiam fazer a respeito.

"Quando se ama alguém, é duro ver a pessoa sofrer", disse. Deve ter revelado muito mais no dia e meio que passou preso. A público, porém, não vieram o nome do hospital, tampouco o do companheiro, tampouco ainda em que estado de finitude ele se encontrava. Por enquanto. Obviamente, a polícia britânica não terá dificuldade para chegar à crueza dos fatos. Mas a coisa extrapolou porque Gosling dividiu a cumplicidade de seu ato extremo com a vítima. Ambos teriam feito um pacto de suicídio assistido caso um deles

---

[1] Entrevista publicada no jornal *O Estado de S.Paulo*, Caderno Aliás, domingo, 21 de fevereiro de 2010.

sucumbisse a alguma enfermidade incurável. Para os amigos que sabiam da história, foi o que aconteceu. Para os cumpridores da lei, a suspeita é de homicídio.

O padre Leo Pessini sabe dessa missa tanto quanto você. De sua experiência de trinta anos com situações de fim de vida, no entanto, ele deduzia que logo seria questionado sobre o dilema da eutanásia. Autor de 23 livros sobre o assunto, um deles, *Ibero-American bioethics: history and perspectives*, agora disponível na Amazon, Pessini se apega menos aos detalhes do caso e mais à problemática humana diante da dor excruciante. Daí ser pregador ferrenho dos cuidados paliativos, aqueles em que se oferece conforto e dignidade ao paciente em sofrimento.

De sua mesa na vice-reitoria do Centro Universitário São Camilo, Pessini retira um texto sobre a experiência da Federação Belga/Flamenga de Cuidados Paliativos. É dela que parte seu principal raciocínio sobre a legalização da eutanásia e o aumento (ou não) da procura pelo processo, que seguem nas linhas abaixo. O ex-capelão do Hospital das Clínicas da USP também reflete sobre as reviravoltas da própria vida. Antes conselheiro de pacientes e familiares em aflição, hoje ele é fonte de amparo bioético para os médicos, que o requisitaram na elaboração do novo código de ética da categoria. "Finalmente a medicina brasileira entrou no século XXI admitindo o princípio da finitude humana", diz. Antes, elucida, a morte parecia não existir.

A confissão pública do apresentador Ray Gosling de que, há vinte anos, teria matado por asfixia o parceiro que sofria de AIDS foi nomeada ora como suicídio assistido, ora como eutanásia, ora como ambos. De que estamos falando?

Quando se fala em suicídio assistido, imaginam-se casos em que a pessoa doente é quem completa a ação. A morte do tetraplégico Ramón Sampedro, ilustrada no filme *Mar adentro*, é um exemplo: uma amiga de Ramón lhe deixou acessível um copo com cianureto, e ele, por opção, tomou a substância. Já no caso contado por Gosling, o apresentador é quem teria executado a ação, embora com suposta anuência do companheiro. Por definição, isso escapa ao conceito de suicídio assistido. Vejo o caso como eutanásia, e eutanásia com violência. O apresentador acabou impondo dor e sofrimento ao companheiro quando dizia querer evitar exatamente essas duas coisas.

Gosling afirma ter trazido o caso à tona depois de vinte anos porque era o momento de compartilhar esse segredo com os telespectadores, com quem tem uma "relação íntima". Ao mesmo tempo, diz não sentir remorso pelo que fez. Pode ser um conflito de consciência?

Pode ser necessidade de holofotes. Ao mesmo tempo, por que arrumar uma encrenca dessas aos 70 anos, sabendo que a eutanásia é proibida na Grã-Bretanha e que ele estaria sujeito a penalidades policiais e jurídicas? Para mim, Gosling pode estar tentando se reconciliar com uma questão não tão bem resolvida. Se de fato houve cumplicidade e lealdade naquela ocasião, não haveria necessidade da confissão — e confissão pública.

A opção de Gosling de não dar o nome do companheiro, do hospital e das condições em que se encontrava o parceiro complica a avaliação do caso?

Para a investigação jurídica, esses dados são importantíssimos, já que se buscam provas concretas para analisar o caso e ver como ele se enquadra na legislação. Não estou tão curioso em saber quem foi o companheiro, e sim na problemática que o caso levanta, que é a ligada ao sentido da vida humana diante de um sofrimento excruciante — no caso, uma pessoa em fase terminal de AIDS. Essa questão não está resolvida.

O "turismo de eutanásia", como tem sido chamada a procura por clínicas da Suíça autorizadas a realizar o procedimento, é sinal de mudança no sentido da vida humana?

O fato de legalizar a eutanásia não implica, necessariamente, um aumento exponencial na procura pelo fim antecipado da vida. Veja o caso da Holanda e da Bélgica, por exemplo, Países Baixos que são irmãos até nas questões jurídicas. Eles foram os primeiros do mundo, em 2002, a legalizar a eutanásia. Na época, a Associação Europeia de Cuidados Paliativos dizia que seria o início da *slipery slope* ("escada escorregadia"), em que haveria danos para pacientes vulneráveis, como os idosos e as pessoas com necessidades especiais. Surpreendentemente, isso não aconteceu.

Por que não?

Porque os serviços de saúde checam as vontades, as informações de que o paciente dispõe, o diagnóstico e o prognóstico da doença. Mais que isso: oferecem tudo que for possível para a pessoa e seus familiares, disponibilizando meios de alívio e controle dos sintomas angustiantes. O filtro paliativo torna desnecessários muitos pedidos de eutanásia.

E se o pedido de eutanásia persistir?

Há os *casus perplexi*, os casos de necessidade. Um exemplo seria o de uma pessoa com uma doença degenerativa, que deseja tomar uma decisão sobre a própria vida enquanto dispõe de consciência. Você propõe todas as possibilidades de cuidado, mesmo com essa pessoa vivendo como demenciada, e ela persiste na convicção de interromper a vida. Se não houver objeção de consciência por parte do médico, ou seja, se o procedimento não conflita com os princípios éticos e morais do profissional, acata-se a decisão tomada.

Muitos afirmam que quem é religioso é a favor dos cuidados paliativos e quem é a favor da eutanásia é agnóstico ou ateu. Trata-se de um estereótipo?

Claro que, se eu tenho uma visão cristã da vida, vou me colocar na perspectiva de preservar essa vida sem abreviá-la ou prolongá-la desnecessariamente. Nesse sentido, os cuidados paliativos servem como uma luva. Você não está abandonando a pessoa, está proporcionando cuidados para que não sofra, não sinta dor, não se sinta só. Agora, todo estereótipo é um reducionismo. Muita gente que milita com cuidados paliativos também defende, do outro lado, o movimento da eutanásia.

O senhor mencionou a objeção de consciência médica. Ela está presente também em países em que há legalização da eutanásia?

Os hospitais de confessionalidade cristã fazem muito isso.

Mas quem chega a um hospital cristão e insiste na eutanásia tem outro médico indicado?

Normalmente, o que acaba sendo feito na prática é o encaminhamento para outro serviço. A gente vem avançando, nos tempos da pós-modernidade, para uma pluralidade de valores. Nessa área de cuidados, temos mais possibilidade de colidir. Esse tipo de situação de conflito está muito presente; daí requisitarem a bioética para buscar um mal menor.

O novo código brasileiro de ética médica entra em vigor em março. O que ele prevê quanto à fase final da vida?

É muito curioso que o código anterior, de 1988, avançado para o seu tempo, realizado no ano da Constituição, trazia 19 princípios, porém em nenhum deles o paciente morria. É curioso como culturalmente se nega a finitude da vida... Nesse sentido, o novo código traz uma mudança importante. Finalmente a medicina brasileira entrou no século XXI admitindo o princípio da finitude humana ao admitir que, em situações terminais, o médico evitará processos terapêuticos desnecessários, oferecendo todos os cuidados paliativos apropriados.

O código, então, oferece proteção contra exageros da tecnologia?

Os códigos, em geral, protegem a vida humana da prática da eutanásia, mas é a primeira vez que temos um documento em que protegemos o ser humano da prática da distanásia, ou seja, da obstinação de manter o paciente vivo à custa de internações sofridas e de tecnologias mirabolantes e, algumas vezes, sem eficácia. Enquanto não quero eutanásia também posso não querer a distanásia.

Mas não temos ainda uma estrutura para a implementação dos cuidados paliativos no País.

Isso está começando no Brasil. Temos um núcleo no Hospital do Servidor Público Estadual de SP, outro no Hospital do Câncer, mas só agora a medicina brasileira assume oficialmente a expressão “cuidados paliativos”, que envolve uma equipe multidisciplinar. É muito recente isso. Mesmo a expressão “paliativo” trai a etimologia. Pálio era o manto protetor dado aos peregrinos durante as intempéries. Significa “cuidado”, e não algo que não resolve. Espero que, de fato, tenhamos mais desdobramentos nesse sentido, especialmente na área do SUS. Há uma perspectiva de o Conselho Federal de Medicina reconhecer os cuidados paliativos como uma área de atuação ou como especialidade médica no Brasil.

Na mão contrária do "turismo da eutanásia", existe a peregrinação por clínicas de células-tronco que oferecem tratamentos sem respaldo científico. Pode vir por aí uma "distanásia molecular"?

Essa pergunta nos coloca no movimento do transumanismo porque, no fundo, existe a busca honesta e legítima de aperfeiçoar sempre mais a vida do ser humano, eliminando enfermidades, aumentando a expectativa de vida. Agora, o problema é que, quando não há pesquisa séria de base, vingam propostas milagrosas de imortalidade, uma aposta cega no artefato científico. Mas pode vir a tecnologia que for que os problemas fundamentais serão sempre éticos. Como diz o bioeticista Hans Martin Sass, do Instituto Kennedy de Ética, em Washington, a tábua de valores do paciente é tão importante quanto seu exame de sangue. A conjugação entre o organismo e a identidade é, no fundo, o respeito. Se eu percebo que a pessoa está desinformada, eticamente meu dever é passar dados corretos. Mas a esperança — ou a desesperança — pertence apenas a ela.

A morte da americana Terri Schiavo fará cinco anos no próximo mês. Tal como no caso do companheiro de Ray Gosling, o marido de Terri não tinha nenhum documento escrito por ela afirmando aprovar a eutanásia, mas ainda assim a Justiça autorizou o desligamento da sonda que a mantinha viva. O que o caso deixou de lição?

O caso deve ser discutido dentro do contexto da cultura americana, mas ficou patente, em primeiro lugar, o despreparo da sociedade em geral para lidar com uma situação crítica desse gênero. Ocorreu uma briga legislativa, ética, familiar e uma discordância médica. Um segundo dado foi a mobilização provocada na população. A terceira coisa é que Terri não estava sendo mantida viva com tecnologia de prolongamento, mas por uma simples sonda de alimentação. A negação do básico mostrou-se para muitos um ato de violência. Curiosa a similaridade entre Terri e Gosling. Para ela foram negadas alimentação e água. Para o companheiro dele, negou-se o ar.

Anexo 3

Unidade dos cuidados paliativos no Instituto Brasileiro de Controle do Câncer (IBCC): uma experiência em andamento

Débora Montezemolo
Marcelo Alvarenga Callil
Paula Madureira

Os cuidados paliativos fazem parte do tratamento de doenças para as quais não podemos proporcionar a cura. Os cuidados visam atender as necessidades nas dimensões biológicas, psicológicas, sociais e espirituais, aliviando sintomas, propiciando melhor qualidade de vida. Vital é o aspecto da comunicação com permanente diálogo entre cuidadores, paciente e seus familiares da doença e sua evolução natural. Relatamos neste artigo o início e a implantação dessa atividade no Instituto Brasileiro de Controle do Câncer (IBCC) e apresentamos casos ocorridos nessa unidade.

O Instituto Brasileiro de Controle do Câncer (IBCC)

O Instituto Brasileiro de Controle do Câncer (IBCC), fundado em 4 de maio de 1968, instituição filantrópica, especializada em oncologia, atende pacientes do SUS, convênio e particular. Tem como missão levar ao alcance de todos a prevenção e o tratamento do câncer de forma humanizada.

A experiência e os conhecimentos em oncologia e saúde pública fizeram com que Dr. João Sampaio Góes Júnior idealizasse e efetivasse o IBCC. Ele transferiu o simples prédio da Rua Galvão Bueno para a Mooca e construiu um dos hospitais oncológicos mais importantes do Brasil, referência mundial, conhecido inicialmente por tratar mulheres com câncer de mama na maioria dos casos (CAPUCCI, 2003).

Em 1988, a Instituição foi assumida pelos religiosos camilianos, unindo assim o caráter humanitário desta última e estreitando as ligações com os valores do carisma das organizações camilianas brasileiras. O atendimento à população cresceu e em 1995 o IBCC passou a ser o representante no país de "O câncer de mama no alvo da moda", campanha esta que visava angariar recursos para o aumento do atendimento em câncer de mama na prevenção, diagnóstico, tratamento e reabilitação. Ela passou a ser a principal e mais bem-sucedida campanha beneficente realizada no Brasil, seja em termos de comercialização dos produtos licenciados, seja como imagem ou adesão de personalidades famosas ligadas à imagem da logomarca e conscientização da necessidade de cuidar da saúde. A campanha realizou 41 corridas em 11 diferentes capitais do Brasil com mais de 100 mil participantes no total. Com a ajuda da campanha, inicia-se uma nova fase no IBCC: a ampliação no atendimento das especialidades oncológicas, com o consequente aumento do atendimento à população.

Além disso, o IBCC também vem se consolidando como um centro emérito de pesquisas e ensino. Por meio de seu Centro de Estudos, conquistou destaque internacional e hoje realiza pesquisas em parceria com grandes instituições estrangeiras, na busca de alternativas para a prevenção, diagnóstico, tratamento e reabilitação dos pacientes do câncer.

O IBCC, hoje com mais de quatro décadas de existência, é prova de que a filosofia do tratamento humanizado é indispensável. Identificado por seu dinamismo e elevada confiabilidade, investe constantemente em recursos avançados para novos tratamentos e capacitação de seus profissionais. Crescendo a cada dia e se modernizando, preocupa-se não só com a doença mas sobretudo com a pessoa, com o seu estado emocional e espiritual. Tratar câncer não é tão simples assim; é necessário preocupar-se com o paciente, com a família, acompanhando de perto todos os problemas, sinais e sintomas existentes, controlando a doença e mantendo o paciente e seus familiares confiantes e seguros.

Os pacientes com diagnóstico de câncer detectado precocemente podem obter a cura. O câncer é uma doença crônica, invasiva, e possui tratamentos específicos para cada caso. Quando não há possibilidade de cura, o paciente pode ser encaminhado para os cuidados paliativos. Estes procuram oferecer o maior grau de autonomia possível ao enfermo em suas atividades, tratar os sintomas, a dor, os problemas de ordem psicológica, social e espiritual.

O objetivo principal desse tratamento é melhorar a qualidade de vida do paciente e de seus familiares, identificar as necessidades, atuando nelas, não antecipar nem adiar a morte, mas respeitar o desejo (MACIEL, 1999).

O Centro Universitário São Camilo, em parceria com o IBCC e a Universidade de Toronto-Canadá (Faculdade de Medicina), tendo como objetivos trabalhar a formação de lideranças em cuidados paliativos no Brasil, promover diálogos e ações contínuas visando à educação e ao desenvolvimento de serviços em cuidados paliativos, realizou três *workshops* internacionais entre Brasil e Canadá. Os temas focavam a qualidade de cuidados no final de vida, com suas respectivas questões éticas e desafios. Os encontros foram realizados nos meses de outubro de 2006, 2008 e 2010. A iniciativa partiu do Prof. Dr. Leocir Pessini, que convidou o Dr. Laurence Librach, Diretor do Programa de Cuidados Paliativos no Mount Sinai Hospital/ Universidade de Toronto (Canadá), o qual apresentou temas de reflexão sobre dignidade ao morrer, cuidados com pacientes em fase final de vida, conceitos sobre a eutanásia, distanásia e ortotanásia. O público presente foi de funcionários da instituição e convidados. Esses eventos contribuíram para a mudança da cultura do "curar e cuidar" do hospital, promovendo a sensibilização e o rompimento de paradigmas. Até hoje são lembrados como marco histórico no IBCC.

A realização desses eventos mudou o perfil do hospital. Hoje nos sentimos responsáveis pela existência da Unidade de Cuidados Paliativos inaugurada pelo Dr. Laurence Librach no último evento, em outubro de 2010, e que leva o seu nome. A Unidade de Cuidados Paliativos é composta por seis leitos, sendo duas enfermarias com três leitos cada, uma masculina e a outra feminina. Elas proporcionam conforto e têm à sua disposição uma equipe multidisciplinar bastante preparada. O acompanhante é incentivado a permanecer junto ao paciente durante o período de internação. As visitas são liberadas e acompanhadas pela equipe multidisciplinar (médico, enfermeiro, psicólogo, fisioterapeuta, fonoaudiólogo, assistente social, entre outros). Possui uma copa para atender as necessidades individuais de cada paciente e também uma sala de convivência de uso coletivo com cronograma específico anexado, som ambiente, livros, televisão, poltrona, jogos, entre outros.

O próprio paciente, a partir da orientação médica, opta pela internação na unidade. Consideramos de extrema importância que a autonomia seja exercida, porém, se o paciente não estiver em condições de optar, um membro da família poderá fazê-lo.

Hoje, no Brasil, em média 80% dos indivíduos sem possibilidade de cura morrem em hospitais (Instituto Nacional do Câncer – Inca). Essas pessoas podem não ter sido capazes de exercer a autonomia no período que antecedeu sua morte. As informações oferecidas podem não ter sido claras ou verdadeiras. O diagnóstico, o tratamento e as possíveis complicações podem não ter sido evidenciadas ou discutidas com pacientes e familiares.

Não podemos deixar de ressaltar que o profissional deve oferecer informações claras, que auxiliem o paciente a refletir e posicionar-se diante da situação. Consideramos adequada a sensibilização da equipe intra-hospitalar em relação à prática paliativista. Sabemos da necessidade de expandir tais ações ao domicílio do paciente. O grande desafio é a implantação de equipe para realizar assistência domiciliar, pois o luto será mais bem elaborado no ambiente em que a pessoa viveu.

Relato de casos

Relato 1

Paciente M. A. S., 80 anos, portadora de câncer de mama, fez mastectomia há oito anos e tratamentos complementares.

Chegou à unidade com fortes dores em região lombar decorrente de metástase óssea comprovada. Foi admitida na Unidade de Cuidados Paliativos acompanhada da filha. Evidenciaram-se ainda metástases pulmonares. Realizado cuidados na internação, além de medidas médicas para alívio dos sintomas respiratórios e álgicos. Paciente solicita adequação dos medicamentos e liberação para que vá à festa de sua neta que completaria 15 anos, de quem ela havia cuidado desde o nascimento. Foi liberada e presenciou o evento de importância familiar e pessoal. Retornou à internação e faleceu na manhã seguinte.

Relato 2

Paciente C. C., 42 anos, divorciada, um filho, portadora de câncer de mama em 2008 com recidiva no mesmo local, invasão tumoral em parede torácica e metástase pulmonar. Foi internada com dispneia intensa e queixa álgica, quando foi evidenciado derrame pericárdico. Levada ao centro cirúrgico para drenagem de pericárdio, evidenciou-se também invasão tumoral em pericárdio e miocárdio. Após consenso médico, o prognóstico do paciente fica reservado aos cuidados paliativos. Em setembro de 2010, a paciente é transferida da UTI para a Unidade de Cuidados Paliativos. Após três dias da internação e controle dos sintomas, a paciente é visitada pelo Dr. Marcelo Alvarenga Callil, diretor-médico do IBCC, e Dr. Lawrence Librach, médico paliativista do Canadá. A paciente mostrou-se ciente de sua doença e satisfeita com os cuidados recebidos. No mês seguinte, a paciente demonstra vontade de passar o aniversário de seu filho em seu domicílio. Após várias tentativas de alta hospitalar, foi sugerido que a comemoração do aniversário fosse feita no próprio hospital. Organizou-se assim uma reunião com familiares e amigos íntimos na sala de convivência da unidade com organização e acompanhamento dos serviços de nutrição e dietética, enfermagem e medicina da instituição. A paciente foi a óbito três semanas depois.

Relato 3

Paciente G. J. S., 49 anos, caminhoneiro, casado, um filho, portador de câncer de testículo em 1996 com recidiva da doença em reto em 2009. Em abril de 2010, é admitido na UTI com sepse grave proveniente de Síndrome de Fournier (infecção polimicrobiana, necrosante, de início agudo, envolvendo fáscia muscular, com altos índices de mortalidade). Após controle de infecção, foi transferido para a unidade de internação para curativos e tratamento de ferida. Devido a tratamento da Síndrome de Fournier e seu estado debilitado, o paciente não conseguiu dar continuidade ao tratamento do câncer avançado. Em julho de 2010, o paciente solicita autorização para ir para casa e realizar curativos no hospital a cada dois dias. A liberação foi consentida, e ficou acordado que, caso o paciente piorasse ou não aguentasse o transporte até o hospital como tinha sido combinado, seria reinternado.

Em outubro de 2010, o paciente é reinternado na Unidade de Cuidados Paliativos com consentimento dele mesmo e de seus familiares, após explicação do avanço da doença e do que são os cuidados paliativos. Nessa internação, os princípios dos cuidados paliativos foram respeitados: autonomia do paciente, controle de sintomas, liberação de

acompanhante, visita diária, apoio psicológico, social e espiritual para o paciente e familiar, sessões de *Reiki*, cardápio especial, entre outras ações que melhoraram a qualidade de vida do paciente.

Em novembro de 2010 paciente foi a óbito. Uma semana depois, a esposa e o filho voltaram ao hospital e agradeceram todos os cuidadores de seu ente querido de forma plena, oferecendo-lhes um abraço e uma lembrança de gratidão.

Referências bibliográficas

BIFULCO, V. A. Reflexões sobre a morte e o morrer nos atendimentos psicológicos de cuidados paliativos. *Prática hospitalar*, São Paulo, mar./abr. 2004, VI, 32, 46-48.

CAMPBELL, A. V. Pessoas vulneráveis: experiências e esperanças. In: GARRAFA, V.; PESSINI, L. (orgs.). *Bioética*; poder e justiça. São Paulo: Loyola, 2003. pp. 87-93.

CAPUCCI, F.; GONÇALVES, T. *Filosofia Sampaio Góes*; IBCC 35 anos. São Paulo: Activa, 2003.

DRANE, J.; PESSINI, L. *Bioética, medicina e tecnologia.* São Paulo: Loyola, 2005.

FIGUEIREDO, M. T. A educação em cuidados paliativos, uma experiência brasileira. *Revista prática hospitalar*, set./out. 2001, ano III, n. 17, 43-48.

Jornal Bimestral da União Social Camiliana, São Paulo, jul./ago. 2007, ano IV, n. 21, 10-13.

KOSEKI, N. M. B. Decisão médica ética em casos de pacientes terminais. *Revista brasileira de cancerologia*, 1996, v. 42, n. 1, 15-29.

LEMME, A. C. *Ouvindo e encantando o paciente*. Rio de Janeiro: Qualitymark, 2005.

MACIEL, E. *A vida é agora*. São Paulo: Moderna, 1999.

MICHAELIS. *Moderno dicionário da língua portuguesa*. São Paulo: Melhoramentos, 2002.

PESSINI, L. *Cuidados paliativos*. Produção Centro Universitário São Camilo. São Paulo: Insight Produções, 1 fita de vídeo (30 min.) VHS.

_____; BARCHIFONTAINE, C. P. *Bioética e longevidade humana*. São Paulo: Loyola, 2006.

PESSINI, L.; BERTACHINI, L. *Humanização e cuidados paliativos*. São Paulo: Loyola, 2004.

POTTER, V. R. *Bioethics*; bridge to the future. Englewood Cliffs, N.J.: Prentice-Hall, 1971.

SCHRAMM, F. R. Autonomia difícil. *Bioética*, 2000, v. 1, n. 6. Disponível em www.cfm.org.br/revista/bio1v6/autodificil.htm

TWYCROSS, R. *Cuidados paliativos*. Lisboa: Climepsi Editores, 2004.

Sobre os autores

Alexandre Andrade Martins — Camiliano. Mestre em Ciências da Religião pela PUC-São Paulo. Especialista em Bioética e Pastoral da Saúde. Professor no Centro Universitário São Camilo. Diretor do Icaps (Instituto Camiliano de Pastoral da Saúde e Bioética). Capelão do Hospital das Clínicas da Faculdade de Medicina da USP.

Edson de Oliveira Andrade — Doutor em Pneumologia (UFRGS). Mestre em medicina (UFRGS). Especialista em Clínica Médica (SBCM-AMB) e em Pneumologia (SBPT-AMB). Professor adjunto da Universidade Federal do Amazonas. Professor do Curso de Direito do Centro Universitário Nilton Lins. Doutorando em Bioética pela Universidade do Porto-Portugal. Ex-corregedor (1994-1999). Ex-presidente do Conselho Federal de Medicina (1999-2009). Médico e advogado.

Débora Montezemolo — Enfermeira-chefe do IBCC (Instituto Brasileiro de Controle do Câncer). Mestre em Bioética pelo Programa de Pós-Graduação em Bioética, Mestrado e Doutorado, do Centro Universitário São Camilo, São Paulo.

Elma Zoboli — Enfermeira. Mestre em Bioética. Doutora em Saúde Pública. Pós-doutorado em Bioética. Professora da Escola de Enfermagem da Universidade de São Paulo.

José Eduardo de Siqueira — Médico cardiologista pela Sociedade Brasileira de Cardiologia e pela Associação Médica Brasileira. Doutor em Medicina pela Universidade Estadual de Londrina. Mestre em Bioética pela Universidade do Chile. Assessor de Bioética da Rede latino-americana de Bioética da Unesco. Membro da Diretoria da Associação Internacional de Bioética. Ex-presidente da Sociedade Brasileira de Bioética (2005-2007). Coautor e organizador da obra: *Bioética em tempo de incertezas* (São Paulo: Loyola, 2010).

Leo Pessini — Doutor em Teologia Moral/Bioética. Professor no Programa de Pós-Graduação em Bioética, Mestrado e Doutorado, no Centro Universitário São Camilo, São Paulo. Autor de várias obras na área de bioética. Coautor e organizador, com Luciana Bertachini, de: *Humanização e cuidados paliativos* (5. ed. São Paulo: Loyola, 2011; *Cuidar do ser humano; ciência, ternura e ética* (2. ed. São Paulo: Paulinas, 2010). Organizador, com José Eduardo de Siqueira e William Saad Hossne, de: *Bioética em tempo de incertezas* (São Paulo, Loyola/Centro Universitário São Camilo, 2010).

Luciana Bertachini — Fonoaudióloga. Mestre em Distúrbios da Comunicação Humana pela Unifesp-EPM. Fonoaudióloga da Disciplina de Geriatria e Gerontologia (DIGG) Unifesp. Doutoranda em Bioética no programa de Doutorado em Bioética do Centro Universitário São Camilo. Membro da Comissão Técnica Nacional de Terminalidade da Vida e Cuidados Paliativos do Conselho Federal de Medicina (CFM) — Brasília (DF). Coautora e organizadora, com Leo Pessini, das seguintes obras: *Humanização e cuidados paliativos* (5. ed. São Paulo: Loyola, 2011); *Cuidar do ser humano; ciência, ternura e ética* (2. ed. São Paulo: Paulinas, 2010).

Ludger Honnelfelder — Membro do Comitê Diretor para a Bioética do Conselho Europeu (*Steering Committee for Bioethics, Council of Europe* – CDBI). Membro da Comissão sobre Ética na Medicina no Parlamento Alemão. Presidente do Comitê Permanente de Ciência e Ética das Academias Europeias.

Maria Júlia Kovács — Psicóloga. Professora livre-docente do Instituto de Psicologia da Universidade de São Paulo.

Maria Teresa Veit — Socióloga e psicóloga clínica. Atuante, há anos, em Psico-Oncologia. Membro-assessor da diretoria da Sociedade Brasileira de Psico-Oncologia (2004-2006). Responsável pelo Serviço de Psicologia do IGM (Instituto de Ginecologia e Mastologia) e pelos Departamentos de Psicologia da Abrale (Associação Brasileira de Linfoma e Leucemia) e da Abrasta (Associação Brasileira de Talassemia). *Master Trainer* para o Brasil da *Global Initiative for Breast Cancer Awareness* (USA). Faz acompanhamento psicológico de pacientes com câncer.

Marcelo Alvarenga Callil — Doutor em Medicina. Diretor do corpo Clínico do IBCC (Instituto Brasileiro de Controle do Câncer) em São Paulo (SP). Docente no curso de Medicina do Centro Universitário São Camilo em São Paulo (SP).

Mônica Manir — Jornalista de *O Estado de S.Paulo*. Mestre em Bioética pelo Programa de Pós-Graduação em Bioética, Mestrado e Doutorado, do Centro Universitário São Camilo, São Paulo.

Paula Madureira — Graduada em Enfermagem e em Fonoaudiologia. Pós-graduada *lato sensu* em Administração Hospitalar pelo Centro Universitário São Camilo (São Paulo, SP). Enfermeira assistencial do IBCC (Instituto Brasileiro de Controle do Câncer), Unidade de Cuidados Paliativos.

Vicente Augusto de Carvalho — Médico psiquiatra. Presidente reeleito da Sociedade Brasileira de Psico-Oncologia. Membro do *Board of Directors* da Ipos (*International Psycho Oncology Society*). Presta atendimento a pacientes com câncer desde 1983 e tem diversos trabalhos publicados na área.

Virgínio Cândido Tosta de Souza — Médico. Pró-reitor de Planejamento e Administração da Universidade do Vale do Sapucaí (Univás, Pouso Alegre, MG). Professor titular do Departamento de Clínica Cirúrgica, Disciplina de Proctologia da Faculdade de Ciências da Saúde (Univás). Doutor em Medicina pela Escola Paulista de Medicina (Unifesp, São Paulo, SP). Membro titular da Academia Mineira de Medicina. Doutorando em Bioética no Centro Universitário São Camilo, São Paulo, SP.

Sumário

Parte III

Ternura
Eu te amo

Parte IV

Despedida
Adeus

Parte V

Anexos

Impresso na gráfica da
Pia Sociedade Filhas de São Paulo
Via Raposo Tavares, km 19,145
05577-300 - São Paulo, SP - Brasil - 2012